国际汉语教学与文化适应必备指南

GUOJI HANYU JIAOSHI SHENGCUN ZHINAN

国际汉语教师生存指南

工作篇 · 上 ·

主　编　Lisa Huang Healy（黄丽娟）

副主编　Heidi Steele（施海蒂）

编写组　刘艳君　杨忆慧　骆美婵　蔡怡虹
卢景富　游寅耀　李　柠　徐艳杰
吴静静　符红萱　Maggie Chen

高等教育出版社·北京

序　一

在越来越多的国家把汉语纳入国民教育体系、越来越多的大学把汉语列入学分课程、越来越多的人加入学汉语大潮的今天，世界范围内汉语教师紧缺的问题越来越尖锐和突出，而汉语国际教育所谓的“三教”问题，其核心则是教师问题。从总体上看，教师紧缺问题涉及两个方面，量的问题和质的问题——从量上说，我个人有一个保守的估算，全球汉语教师缺口至少在50万以上；从质上说，如果以比较专业的标准来要求的话，各国现有汉语教师队伍合格的未必是多数，优秀的更是凤毛麟角。

为缓解汉语教师紧缺的问题，十年前国内高校开始设立汉语国际教育专业硕士学位课程，旨在专门培养汉语教师。截至2017年，有150所高校每年招收5000名左右汉语国际教育专业硕士。在中国培养的教师如何才能适应世界各国汉语教育的实际需求，这是一个特别值得研究的问题。此外，应各国之请，中国现在每年派出近万名公派教师和汉语教师志愿者（多为在读的硕士生或刚毕业的本科生）赴世界各国支持当地的汉语教育事业。这些人此前几乎都没有在国外学习、生活和工作的经验，如何能让他们尽可能快地了解和适应该国的环境，胜任那里的汉语教学工作，也是特别值得关注的问题。

在今年北京这个特别寒冷的冬天，我收到美国大学理事会Lisa老师特别热情的邀请，坚持让我为她主编的《国际汉语教师生存指南》作序。躲在温暖如春的室内，听着室外呼啸的西北风，几乎是一口气读完书稿，我感觉特别兴奋！终于有这样一套书，可以给第一次赴外工作的公派汉语教师和志愿者提供最切实的指导，可以给专业硕士人才培养提供最重要的参考！

这套书名曰“指南”，并以“美国中文教师案例分析”为特色，内容涉及在美汉语教师工作和生活的方方面面。从初次见面寒暄到如何跟领导、同事及学生家长沟通，从开学前第一次全体员工会议到教学事务咨询，从课堂规则到课堂管理案例，从如何上第一堂课到中文测试和教学评估，从汉语课堂到文化推广活动和跨文化交流活动，从小学到初中和高中，从敏感话题到文化差异，从教学常用英语到如何面对特殊学生……工作与生活中可能遇到的重要问题及建议和对策，几乎无所不包、应有尽有。

浏览全书，我以为这套书最大的特点就是实用性和针对性。书中所涉及的问题都是新赴美的汉语教师必然会面临的问题。针对这些问题，书中先介绍与该问题密切相关但并不为我们所熟知的种种背景信息，再摆出具体案例（常常包括正、反两个方面的案例），然后分析这些案例，让读者通过阅读和思考掌握其中的关键点，从而获得解决问题的原则、策略、方法和技巧。案例分析之后，还提供拓展练习及参考答案，供读者自行训练。总之，全书针对真实问题，针对特定读者，提供解决方案，非常实用，也很好用。最后的一些附录在实际工作中大家可能都会用到，而所罗列的参考文献也便于有意者进一步深入拓展研究。

此外，书中涉及的很多内容都非常细致、周到。比如对具体教学法如沉浸式教学法的介绍，比如关于第一节课的教学设计、反思及相关讨论，再比如Lisa老师亲自执笔撰写的《海外成功中文教师的必备素质及案例》，具体罗列成为具有专业素养教师“要做”的20条和“不要做”的20条，真可以视为在美国中小学从事汉语教学工作的金科玉律与戒条，十分详尽和实用。在条款之后，再结合具体案例分析，并提供拓展练习和参考答案，对于帮助读者理解和掌握这些内容非常有用。

读书稿的过程中，我总在想，如果我是一名即将赴国外工作的公派教师或志愿者，对未来可能面临的种种挑战心有惴惴的时候，有这样一套书在手，心中定然会踏实许多。所以，我真心希望有更多的人能有机会看到这套书，并从这套书中获得教益与帮助。

需要特别指出的是，《指南》不仅对赴美工作的人可以真正起到“指南”的作用，即使是对其他一些人，也具有很重要的参考价值。因为尽管书中写的都是美国的案例，但是涉及的问题很多是具有普遍性和共性的，对在其他国家和地区工作的汉语教师同样具有指导和借鉴意义。同时，这套书不仅对国内汉语专业硕士人才培养、对公派教师及志愿者岗前培训有参考价值，对于世界各国汉语教师的来华培训，对于国内相关研究者及世界各国一线汉语教师，都具有很好的借鉴作用。事实上，这套书为世界各国汉语教师互相学习、互相启发、共同提高，提供了一个很好的机会和范例。

这套书有十多位作者，其中，既有像Lisa这样熟稔美国中小学汉语教学的资深专家——他们有十分丰富的经验，也有赴美从事汉语教学时间很短的“新手”教师。这些“新手”教师初来乍到，美国学校的一切对他们而言都是全新的体验，他们对很多事情有强烈的感受，可以敏锐地抓住一些关键和重要的问题——比如各种各样的情况介绍，常住美国的人习焉不察，初来乍到者却全无头绪，新手教师可以借助《指南》很好地告诉新来者，哪些问题、哪些方面需要特别注意。这样的作者团队为这套书的实用性、针对性乃至全面性提供了最可靠的保障。

我一向不喜欢给别人的著作写序，甚至连我自己的学生毕业后出版自己的博士论文，请我写序，我也多是婉言谢绝的——一来生性疏懒，二来自忖没有给别人写序的资格。这次Lisa老师来信，请我为《指南》作序。坚辞不获，故赘言如上，忝称之曰序。

朱瑞平

2018年2月12日于北京师范大学

序　二

中文成为近十年美国发展最为迅速的语种之一，中文教师为学习中文的学生打开了一扇通向未来的大门。有国际视野的人士都明白，掌握了中文，就等于拓宽了就业发展的门路，拥有了参与经济全球化的一项重要技能。

作为一名美国中文教师，我已投入一线教学三十余载，见证美国中文教学从大学急速扩展到各州、各地的中小学课堂，从过去寥寥无几的中文项目发展到目前全美有40多万学生学习中文，我感到特别欣慰。学生流利的中文，是中文教师辛苦教学的成果。经历过课堂上的无数挑战和不断磨炼，教师们深深体会到，唯有同行交流教学经验、共享教学资源，才能让我们的专业受到重视和肯定，才能携手继续向前。当我收到Lisa老师的热情邀请，要我帮她主编的《国际汉语教师生存指南》作序时，我义不容辞地答应了。这是Lisa老师组织策划、教学经验丰富的一线教师共同努力的成果，书中分享了他们课堂内外的鲜活案例和多年积累的教学经验，这是一套所有在职或即将入行的教师们值得参考的好书。作序的过程让我回想起当年初入行时，中文教学的“软件”和“硬件”都十分缺乏的坎坷和艰辛。

回首美国中文教育的历程，可谓历经风雨、一波三折。20世纪80年代末，美国道奇基金会执行长Scott McVay先生，启动资助六十所美国公、私立高中开设中文项目，掀起一波“汉语热”。这让我们当时任教的中文教师兴奋了一阵子，以为扬眉吐气的日子到了。但是那时海外中文教育未受重视，师资培训和教材研发各方面条件都不具备，得靠华人家长们去学区教育委员会不断争取，才能幸运地开设中文课程。但是能坚持开设下去的中文课堂不多，由道奇基金会资助的中文项目最后也所剩无几。学区财务紧张，必须减缩经费时，中文项目总是首当其冲被“牺牲”掉。全美中小学中文教师协会（Chinese Language Association of Secondary-Elementary Schools，简称CLASS）提供宣传中文的手册，为教师和家长们加油、打气，到处宣传“为什么要学中文”“学中文有什么好处”。虽然当时学习中文的时机尚未成熟，但仍然大大地提高了中文教师在美国外语教学界的“能见度”。20世纪90年代，美国外语教学协会（American Council on the Teaching of Foreign Languages，简称ACTFL）改革时，把外语学习标准纳入美国主流教育改革的核心课程之一。1996年CLASS受邀正式加入ACTFL，ACTFL成为全美十大语言组织之一，参与研发全美各语种的语言学习标准。1999年，在《美国21世纪外语学习标准》（5Cs）的发布会上，我喜极而泣，美国的中文教师终于可以很自豪地说：“我们做到了！”在学区的外语老师会议上，中文教师不再被孤立。

中文教学终于能够与其他的语言教学齐头并进，有共同的教学目标，有专业的教学质量标准。

美国中文教学史上另一个里程碑是在1994年，美国大学理事会（College Board）为美国高中学习中文的学生设立了SAT II中文测试项目。测试的对象是在美国中学学习了两年至四年中文的学生，他们可以把SAT II中文测试的成绩作为申请大学的一项学历资格。虽然题型以选择题为主，考试的内容仅包括听力、语法和阅读，但考题不能局限于任何一本教材，鼓励教师把真实语料带入教学，让语言学习与日常生活接轨，注重学生使用语言进行交际的沟通技能。2003年，美国大学理事会在该组织的理事会议上将中文正式列为新通过的AP课程之一， 这是标志着中文进入美国主流课堂的重要起点。2007年举行的第一次中文AP考试，特别强调以《美国21世纪外语学习标准》为基准的教学模块，提高学生运用中文流利沟通的表达能力。2010年，俄勒冈州通过议会立法推动中文教学进入中小学课堂。随后，美国一些公立学区和特许学校也陆续将中文列入必修课。

历经波折之后，如今中文作为外语教学正在美国日益普及，除了本土教师以外，急需中国外派教师承担教学任务，以弥补师资的匮乏，而他们将成为国际汉语教育的新生力量。教师们初到教学岗位时，无论工作还是生活上都需要经历一段适应期。欧美国家的中小学课程设置形式多样，课程设置随着学区政策的变化改动较频繁。新老教师的工作衔接，与校方主管和家长的沟通，以及如何快速适应文化差异，都是国际汉语教师需要面对的一些棘手且现实的问题和挑战。

国际汉语教师要讲好中国故事，“怎么讲”和“讲什么”都非常重要。《国际汉语教师生存指南》是一套国际汉语教师必备的参考书籍。它收集了美国优秀中文教师的课堂教学真实案例，结合本土教师的丰富经验，针对中文教师可能面临的生活和工作上的问题，提供了全方位、多层次的解决方案。本书提供了专业的课堂管理分析、课件模板、教学视频、评估样题、跨文化交流活动、中西文化差异的敏感话题、辅导特殊学生群体的方法，以及体现“以学生为中心”的中文教学模式。

《国际汉语教师生存指南》的亮点除了提供配套的电子资源（包括图片、音频、教学PPT和视频）以外，还提供了英语为母语的美籍汉语教师——Heidi老师精心设计、整理的各种生活、工作场景所需的地道英语对话，以及与家长、同事沟通的英语书面范例。实用的英语指导对中文教师适应海外教学有极大的帮助，有助于他们提高本土文化适应能力。

目前国际汉语教学事业在全球范围内蓬勃发展，红红火火、如日中天，但在阵阵喝彩和掌声中，更需要扎实的教学研究和教材分享。《国际汉语教师生存指南》不但给予在岗国际汉语教师及时的帮助，解决现实生活和教学中的问题，对于有意从事国际汉语教学的教师们也提供了实质性的介绍，并对如何准备、加入这项意义非凡的事业提供指引。我想为Lisa老师的编写团队热烈鼓掌，他们为海外中文教育增砖添瓦，锦上添花。期盼更多的国际汉语教师拿出灵活多样的教学成果，为国际汉语教学贡献心力，使其更加生机勃勃，更上一层楼。

竹露茜（Lucy Chu Lee）

2018年元旦于美国新泽西州李文斯顿

自序

一、编写背景

近年来，随着中国经济的不断发展，全球范围内学习中文的热潮方兴未艾。然而，国际汉语教师稀缺成为当前制约汉语国际推广和发展的重要因素之一。为此，一大批国内高校开设了汉语国际教育专业，汉语国际教育专业硕士的招生也如火如荼，国家汉办／孔子学院总部设立了海外公派汉语教师、汉语教师志愿者项目，并与美国大学理事会、英国文化协会等机构合作开展了中文项目、助教项目等。新手教师大量上岗、海外教学经验欠缺、跨文化适应能力薄弱等问题尤为突出。为此，本套指南凝聚了十多位优秀在美教师的中文教学经验，旨在帮助新手教师顺利度过美国教学适应期，加强专业发展，并填补市场上此类书籍的空白。

二、编写内容

本套指南共三册：“工作篇（上）”“工作篇（下）”及“生活篇”，全方位、多层次解读美国汉语教学工作与生活。本书为“工作篇（上）”，分为“开学”“教学”“课堂管理”三部分，主要版块有：背景、情景再现、案例分析、教学设计、关键词、文化点、友情提示、英语小智囊、拓展练习及参考答案。书中配有大量一手实用教学图片、实例及工作表格等。此外，本书还将提供配套的电子文件，包括每节的英语对话音频、案例视频，以及文档模板、各种有价值的表格等，力求以图文、音频、视频并茂的形式，达到多样立体、引人入胜的效果。

本书的内容涉及了中国教师在美国学校工作可能遇到的各种情景，包括如何与校方及同事沟通、如何与学生及学生家长沟通、如何进行有效的课堂管理、如何开展中国文化推广活动等。本书详细分析了正、反两面的真实案例，提供了在美国教学的正确策略与方法，展示了中、西文化的差异以及可能产生的误区，并为教师们提供了有针对性的指导。读者可以从正、反案例与分析中判断何为专业的教师行为，避开可能的误区和陷阱。同时本书也给教师提供了反思自身教学工作的实践机会，是名副其实的“国际汉语教师生存指南”，可以为读者打开一扇海外中文教学的大门。

三、编写特色

1. **前沿理念，专业素养。**本书立足美国教育环境，提供真实教育情境，准确解读美国教育及外语教学核心理念及实践经验，系统阐述美国资深教师认证的专业素养要素，帮助新手教师迅速了解美国教育状况，掌握在美从事汉语教育工作和生活的必备技能。
2. **典型案例，精炼分析。**本书收集了拥有美国教学经验的汉语教师们亲身经历的典型案例，他们之中有经验丰富的本土教师、也有初到美国的中国教师，他们全方位、多层次地分享了教学、工作经验，展现了汉语教师在国外工作、生活中面临的一些问题和挑战，并提供了专业的分析和解决方案、建议以及相应的理论指导。

3. **地道英语，高效沟通。**如何在教学和工作中使用准确、地道的英语和校方、同事、学生及家长等有效沟通也是汉语教师面临的一大难题。书中原汁原味的英语对话，为读者提供了各种工作和生活场景所需的英语口语及书面语范例与模板，英语对话配有美式英语音频，对教师适应海外教学和生活有极大的帮助。
4. **美国文化，实用策略。**本书展现了真实的美国社会文化和教育文化，详解中美文化差异，列举成功的跨文化交际策略，并提供了在美国环境下中国文化推广的多种方法与活动实例。
5. **一手资料，立体呈现。**本书汇集了美国本土教师珍贵的教学资料、实用的工作模板及PPT演示文稿，并提供了丰富的电子文件、美式英语对话音频、成功案例视频等立体资源。

识别二维码，获取相关资源

四、适用对象

本套指南适用于美国及其他英语国家本土、在任，或即将赴任的汉语教师及志愿者，对其他国家汉语教师及志愿者也有极大的参考价值。本套指南可作为汉语国际教育专业本科生和硕士生的教材或教辅材料，也可作为教师培训资料、教师资格考试备考用书及教学工具书。

五、编写团队

编写团队经过两年多的辛勤努力，精耕细作，最终完稿。主编Lisa老师作为美国大学理事会中文教师项目管理人员，长期从事教师培训及美国汉语教学规划和实施工作，也曾在中国和美国的大、中、小学教授中、英文多年，深知中美教育及文化的差异、国际汉语教师面临的巨大挑战及解决方案。副主编Heidi Steele作为美国公立学校的资深优秀汉语教师，也拥有丰富的教师培训和辅导经验，同时她作为英语母语的教学专家，保证了本书中、英文部分在文法上的准确无误及在文化上的合适恰当。

编写组成员有：刘艳君、杨忆慧、骆美婵、蔡怡虹、卢景富、游寅耀、李柠、徐艳杰、吴静静、符红萱、Maggie Chen。他们都有在美国和其他国家的汉语教学经验，均为优秀的一线教师，在教学和教师培训中积累了丰富的、可同其他国际汉语教师分享的宝贵经验。

除了编写团队的努力，我们还同美国汉语教学专家和教师约稿，特别感谢为本套书做出贡献的教师们：Marty Chen、杨娜、彭洁、李晶、楼巧英、王步银、盛群杰、杨璐、杨莉、李雪梅、金山等，感谢美国资深汉语教育专家Pat Lo（罗赵文萃）、谭大立老师为书稿提出的宝贵建议。衷心感谢在百忙之中欣然为本书拨冗作序的北京师范大学汉语文化学院执行院长、北京师范大学汉语国际推广新师资培养基地主任朱瑞平教授和美国罗格斯大学星谈中文教师培训项目主任、美国大学理事会AP中文顾问暨汉语教师志愿者导师Lucy Chu Lee（竹露茜）老师，他们在国际汉语教育领域有着卓越的影响力和杰出成就，分别是中国和美国在此领域的领军人物，非常了解国际汉语教学及师资需求。

为了使国际汉语教师更好地适应海外教学，少走弯路，使教师自己的职业生涯取得成功，进而为海外汉语教育增砖添瓦，促进汉语国际传播事业蓬勃发展，这就是我们编写此书的初心。虽为用心之作，但由于水平和时间有限，书中难免会有一些不足之处，敬请读者朋友不吝赐教，我们不胜感谢。

编写组

2018年元旦于美国纽约

CONTENTS 目录

第一章、开学

第一节 初次见面寒暄

背景

Apple Public Schools**学区**[1]新到了两位中文教师，李婷（Ting）和王丽（Lily）。见面之前，王丽已经通过电子邮件跟Apple Middle School（**AMS**[2]）学校的**mentor**[3] Pat White就学生、学校和住处情况沟通过很多次了。王丽还通过学校网站和前任志愿者教师对AMS学校的校长Lucy Brown、副校长Mark Green有了一定的了解，并通过邮件介绍了自己。

情景再现

- **情景一：机场和去公寓的路上**

晚上7:30，Pat到机场迎接刚刚到达机场的李婷和王丽，并把两位教师送到提前为她们订好的公寓去。Pat把她的皮卡车停在停车场后，站在扶梯下面等着两位中文教师。

李婷

Hi, Pat! Nice to meet you!

王丽

Nice to meet you, Pat!

Pat White

Nice to meet you too, welcome to Apple City!

Pat分别拥抱了两位教师。

李婷

My name is Ting. I'll be teaching at Apple High School.

王丽

I'm Lily. We have been talking via email. I am so glad to finally see you in person! I apologize for the flight delay, you must have been waiting for a long time.

Pat White

Actually I just got here. Delays are common here because Apple City is a gulf city and tornadoes and hurricanes are common.

王丽

The clouds were so lovely when we were getting close to landing. It's really beautiful here.

Pat White

Yes, it is a beautiful city, I will show you the view on the way to your apartment.

王丽

Thank you so much!

来到车旁，Pat帮两位教师把行李搬上皮卡车。

王丽

Thank you so much for your help! Pat, thanks for loading my luggage onto your truck. I know it's heavy!

Pat White

No problem! We did it!

去住处的路上，Pat问两位教师是否吃过了晚饭。而她们来之前以为学区或学校会有欢迎晚宴之类的，Pat问的时候也没有说她或者学区会请客，她们这才意识到事情并非如此。王丽提议去吃海鲜，因为A城是个海滨城市。当她们坐下来准备点餐的时候，Pat看了一眼菜单，说："All of the entrees are over 20 dollars, I think it's too expensive, let's go and find another place."（每道菜都要20多美元，太贵了，我带你们去别的地方吃吧！）然后就把她们带到住处附近一个现做披萨的小店，两人自费点了一个披萨、一份鸡翅和可乐打包去了住处。等大家把行李卸下来提上楼，看了每个房间之后，已经晚上9：30了，Pat跟她们说再见，并告诉她们第二天早上会来接她们，带她们去办**SSN**[4]（社会保障卡），因为去年的中文教师SSN没能顺利办下来，学区为此花了很多钱请**sub**[5]（代课教师）。

• 情景二：在校办公室和学校领导见面

这是Pat第一次带王丽去学校，并把她介绍给学校领导。在学校停车场停好车后，Pat带着王丽边走边介绍：

Pat White

Lily, this is the **school bus**[6] pick-up and drop-off area. You need to be sure to get your students out of class on time at the end of the day so they can make it to the bus.

王丽

Thanks, I'll remember that.

Pat White

This is where administrators park. Teachers park in a different area.

王丽

OK, got it.

Pat White

But if you become the **Teacher of the Year**[7], you will have a reserved parking spot. See the sign over there? I was the Teacher of the Year twice at AMS.

她们走进办公楼，下面是她们与校领导的对话：

Pat White

Hi, Lucy, hi, Mark, this is our new Chinese teacher, Lily.

校长

Good morning, Lily. Welcome to AMS! We are glad to meet you!

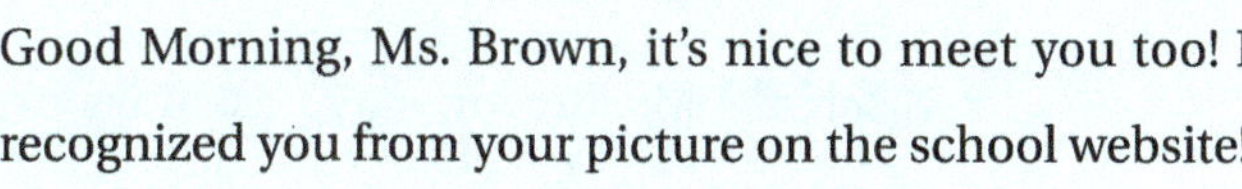

王丽

Good Morning, Ms. Brown, it's nice to meet you too! I recognized you from your picture on the school website!

校长

Lily, Mark will help you set up your classroom, so please let him know what supplies you need.

副校长

Ni hao, Lily, I am the assistant principal, just call me Mark, I am responsible for supporting the Chinese program at our school.

王丽

Ni hao, Mark! You can speak Chinese?

副校长

（开玩笑地说）*Wo ting bu dong Zhongguohua,* that's just about all I can say.

王丽

Haha, so you are the Mark we have heard so much about!

副校长

I am famous, am I?

王丽

Yes, the previous Chinese teachers talked a lot about all that Ms. Brown, you, Pat and Margi have done to support the Chinese program. They were so grateful for your help. Ms. Healy from **the College Board**[8] also mentioned that you were very nice when she visited the school's Chinese program two years ago.

副校长

That's very nice of them to say so, I remember Ms. Healy from when she came to visit Mr. Chang.

王丽

Yes, we Chinese teachers all really like her a lot.

王丽

（对校长说）Ms. Brown, may I ask if it's okay to call you by your first name?

副校长

（故作严肃）No, you are not allowed to do so.

校长

Sure you can, Lily, just call me Lucy, everyone calls me Lucy.

Pat White

Don't worry, Lily, Mark is just joking.

王丽

Oh, thank you Lucy, I feel much more relaxed now. You are all so nice.

跟领导们见完面以后，Pat带着王丽熟悉了一下校园，告诉她可以去图书馆打印、复印、扫描、借中文书，以及开学后可能会在哪里做**duty**[9]。Pat把王丽带到她自己的教室后，告诉她前任教师留给她的东西在哪里；如果需要购买装饰教室用的材料，可以带她去采购；如果是办公用品或桌椅，可以找副校长Mark帮忙；如果需要装饰教室墙面的大彩纸，可以去图书馆找；开学前，Pat还会带王丽去熟悉校办的各个办公室，跟今后要经常打交道的教师见面。

1. **学区：school district。**狭义的学区指英、美两国的地方教育行政区域，也是地方学区的通称，或简称为学区（school district）。现行的学区制（district system）起源于1789年美国马萨诸塞州（Massachusetts）修正通过的州宪法，该法规定地方政府成立“学校委员会”（school committees）负责教育事务。1826年，该法再次修正，将学校委员会独立于地方政府之外，并享有教育行政权以及决定与征收教育税的权力，奠定了今日美国地方学区制度的基础。广义的学区通常包括一到若干所公立学校，小的学区可能只设有一所小学，大的学区可能设有几所小学或中学。设有多所学校的学区，为方便学童就近入学，学生以邻近区域就近入学为原则。

   美国学区一般由多个部分组成，包括学区教育委员会（Board of Education，也叫校董会school board）、学区教育局（Central Administration）、学监（superintendent）和若干所小学、初中、高中。教育委员会的成员通常由民众直接普选产生，学区教育局是学区下设的教育执行部门，其负责人是教育局长或学区学监。学监由教育委员会任命或聘任，负责区内各个学校的日常运转及政策执行。学区内的学校有权自主选择教育目标和计划。

2. **AMS：Apple Middle School的简称。**初到美国时，大量简称会给新手教师造成一定的困扰，因此需要尽快熟悉并学会使用与自己工作相关的简称。后面的章节中会介绍更多的简称。

3. **mentor：指导新教师适应新环境和新工作的导师。**美国的许多岗位都配有mentor。学校里的mentor一般分为教学导师和文化导师。教学导师会按照学区要求，依据新教师指导手册按部就班地对新教师进行大约一年的指导；文化导师则会帮助新教师尽快熟悉周边的工作和居住环境，帮助教师找住处、办理社会保障卡、银行卡、工作牌等。
4. **SSN：social security number，社会保障卡。**在美国工作和办理银行卡必须先获得社会保障卡，SSN号码也会出现在驾照上。由于社保号印在一张纸上，平时应注意把它放在干燥、安全的地方，万一遗失或泄露将会给犯罪分子可乘之机。值得注意的是，不同于中国，美国人更常用驾照或护照作为身份证件。
5. **sub：substitute teacher的简称，即代课教师，有长期和短期之分。美国学校有代课教师，任课教师生病、参会或者有其他重要事情需要请假时，可以申请代课教师。**每个学区的代课教师人数不一样，有些学区sub人数多，所以教师们可以在休假、出去开会或参加培训的时候请sub代课；有些学区sub紧缺，所以教师们参加会议、培训的几率会小很多。

   只要在学区规定的合法假期内（包括personal day，sick day，professional development等，各学区的各种假期数量不一样），任何科目的教师都可以免费申请sub。在非假期时间申请sub，则需要自己付费，如王丽所在的学区付费标准是150美元／天。

   无论免费还是付费，教师需要sub都必须提前申请，比如王丽所在的初中学校规定，如果周一早上才发现自己不能来上课，需要在当天早上7点之前向校办秘书申请，因为sub赶到学校需要时间。

   代课结束后，学校会让双方互评，以检验这名任课教师和sub的受欢迎度。
6. **school bus：美国校车，是一种运送美国中小学生的特殊车种。**校车通体橙黄、外形厚重，指示灯明显并有黄色的闪光灯和红色的停车（Stop）标志，在学生上下车时起调节交通的作用。美国校车是除了警车、救护车、消防车以外，街道上少数享有额外特权的车辆之一。20世纪40年代，美国大多数的州就已立法，要求在有学生上下校车时，双向其他车辆都要停下来，等学生上下车结束之后才能行驶，即使是美国总统专车也要停车等待。违反此法规的驾车人常常被处以巨额罚款，甚至判以重刑。

   为了在方便校车接送学生的同时节省经费，大部分学区错开了小学、初中、高中上学和放学的时间。除了教师组织的field trip（校外旅行考察），校车上除了司机，一般没有其他保护人。

7. **Teacher of the Year：类似于国内的年度优秀教师，一般由学生选出。**有些学校会为获此殊荣的教师专门保留停车位，而享有专门停车位的一般还有学校领导、校警和残疾人。

8. **the College Board：美国大学理事会，它是成立于1900年的一个美国会员制协会——大学入学考试委员会，由6000多个中小学、学区、大学和其他教育机构会员组成。**现总部位于纽约曼哈顿下城。它提供的标准化考试被高等教育机构用来测试学生的学术能力，旗下拥有许多知名教育项目，包括SAT、AP、the PSAT/MSQT等考试和课程项目。该协会不仅把美国的大学联系在一起，而且把在世界各地求学的高中学生和美国大学联结起来，为美国大学提供优质生源的服务。

   赴美汉语教师志愿者项目是孔子学院总部/国家汉办和美国大学理事会合作的项目，也是国家汉办志愿者项目中的旗舰项目。该项目录取的教师会被派往美国的高中（9—12年级）、初中（6—8年级）或小学（学前班—5年级）教授中文。这些学校分布在美国的市区、郊区和农村。该项目根据学校需求和志愿者教师的个人特点及教学经验将志愿者分配到美国各地的不同学校，教授不同年级和不同中文水平的学生，可能教授与中国文化、中国历史、中国文学等相关科目的课程，也可能教授沉浸式课程。一般要求志愿者有两年以上的语言教学经验。

9. **duty：美国教师除了常规教学任务外，还需要完成的非教学任务。**

   Morning duty一般会安排给第一节是备课时间（prep period，即preparation period）的教师，任务是在学校的某处迎接刚下校车的学生，同时在学生去食堂的路上观察学生的着装是否符合学校着装规定（如是否穿着容易藏匿枪械的卫衣、着装是否过于性感等，而美国学校大都不发校服），学生之间是否有打闹、遗弃食物等现象。

   Lunch duty的任务是在午餐时维持纪律，美国很多中小学都在食堂和校园里设有桌椅，方便学生就餐。

   Study hall duty的任务是监督学生在教室或者图书馆自习。

   Bus duty任务是监管学生上下校车，防止发生意外。这个任务共有两个时段：早上校车到校前，教师需要到校车停车场，站在指定的位置，负责指定的区域，看护学生下校车，直至所有学生进入学校，校车启动开走。第二个时段是下午放学后，教师需要在放学前赶到校车停放点，在停车场的指定位置负责指定区域，看护学生上校车。有时教师需要帮助学生解决问题，比如帮学生找到指定的校车等。校车离校后结束duty。Bus duty有可能按年级分组，如李婷所在的中学是7月、8月由六年级组的教师完成bus duty，9月、10月是七年级组，11月、12月则是八年级组，然后再循环，每一组都执行两个月的bus duty；也有可能是指定的教师负责一个学期；还有可能是由学校领导和校办教师专门负责，如王丽所在的学校。一般bus duty会由10—20位教师一起完成，具体取决于学校大小和校车多少。如果遇到自己不能解决的问题可以寻求本校教师的帮助。

分析

• 案例分析

1. 美国人，尤其是教师通常会毫不吝啬地安慰、鼓励、称赞和夸奖别人，他们在这方面做得比大多数中国人更自然。原因请参见“友情提示”中的第一个提示。情景一中，Pat说“We did it！”（我们搞定了！）的时候，她用的词是“我们”，而不是“我”，这样一个小词却能让人感受到莫大的鼓舞，在实际生活和工作场景中，新教师将经常感受到这一点。
2. 情景一中，在mentor询问晚饭的事情时，王丽在不知就餐价格和由谁买单的情况下提议去餐馆就餐的做法不太明智，这才出现后面进入餐厅又离开的尴尬场面。应该客随主便，先问问在本地工作多年的mentor有什么好建议。至于为什么Pat最后也没有为两位教师点的餐买单，一是学区没有给Pat提供接待两位新教师的费用，二是美国人习惯于AA制，一般不会替人买单，也不会像中国人请客一样讲面子和客气。
3. 在这两个情景里，王丽初次与美国人见面基本上做到了大方得体。背景里交代了一部分原因：她在到达学校之前就已经跟自己的mentor联系过多次，并通过学校网站了解了学校和学生的概况。通过前任教师和邮件，她对校领导以及他们对中文项目的支持度也比较清楚，因此她很自然地把这些关系进行联系，在初次见面的寒暄中表达了称赞与感谢。除此之外，她还通过以前学过的英美概况课和参加的项目培训等其他渠道对美国文化积累了一定的了解，知道美国人更喜欢轻松随意、非正式的交谈方式和喜欢赞美他人的习惯，因此她能敞开心扉，以融入的姿态做好初次见面寒暄，故而给美方留下了良好的第一印象。

※ 新教师平时可以多看看旅游卫视的全球旅游纪录片《行者》，积累跨文化交际的经验。

• 文化点

1. 像Pat一样，大多数美国人都很节俭，他们会认为花100多美元买名牌包、名牌衣服或者吃一顿比较贵的饭是疯狂的行为。他们经常会去Goodwill之类的二手店或者Costco之类的批发超市购买所需物品。刚到美国的新教师要注意，不要在美国人面前太过大手大脚，否则容易招致反感，甚至引来麻烦。
2. 当王丽看到Pat一个人把那么多大箱子搬上皮卡车时觉得很不可思议。其实在美国，很多女人和男人一样干重体力活，有些高中女生为了挣大学学费自己饲养家禽、家畜然后拍卖，有些女人还会自己修车。到了美国，女教师得慢慢适应这种差异，不然很多事情都得支付昂贵的人工费了。

3. 如果不确定如何称呼学校的校长和其他学校管理层人员，新教师可以看他／她如何称呼你。比如情景二，Mark直接称呼王丽为Lily，并告诉王丽可以称呼他为Mark。对于领导，也可以请教mentor怎么称呼较好。如果mentor也拿不定主意，为免失敬，用“Ms.（Mrs.）/Mr.＋姓（family name）”比较礼貌、安全，除非他们说请称呼他们的名字（first name/given name）。如果同事或领导是博士毕业，那么称呼他／她为Dr.绝对是合理之举，因为在美国拿到博士学位很不容易，人们十分在意这个称号。

   对于其他同事，通常直接称呼他们的名字（given name）。

   后来Mark告诉王丽，通过初次见面寒暄，校长认为王丽很有经验，与同事和领导的第一次对话就自然大方、清楚明白地展示了自己的个性，这一点是美国人十分欣赏的。

4. 社会保障卡通常要在入境两周后待社会保障局（SSA，Social Security Administration）收到国土安全局的入境信息后才能办理。情景一中，王丽和李婷已经在入境后参加了十多天的项目集中培训和实训，所以到达学区时已经符合时间要求；有些项目的PDO（Professional Development Orientation，职业发展培训）在国内已经完成，新教师一入境就进入学区，所以需要等待一段时间。其次，填写表格时一定要注意把自己的姓放在后面，名字放在前面，否则与入境信息不符就无法办理。有不少新教师在办理SSN的时候会遇到问题，如王丽所在的学校前后共有三位教师在3—6周后才拿到SSN号。

   SSN对于新教师而言非常重要。首先，在取得SSN号码之前，中文教师的身份是不合法的，即使有国内的教师资格证英文件和公证书，也仍然等于没有教师资格（有些州还要求教师在入境前取得美国的教师资格证），学区必须付费请一位有教师资质的sub与中文教师同在教室里，中文教师才能上课。其次，取得SSN号之后就可以办理工作牌（出于校园安全管理的需要，教师们每天上班都必须配戴工作牌）、银行卡和领取工资（一般两周发一次或者一个月发一次）了。

   由于枪击事故频发等原因，美国的校园安全管理非常严格，不仅每个学校都会配备荷枪的警察和警车，要求学生不得穿着可能携带枪支的服装，而且任何人进入校园都必须佩带相应身份的胸牌，如王丽的家人来美访问期间帮助王丽做中餐文化课，每次都必须去校办领取“志愿者”胸牌。家长接送小孩也只能在指定区域，不能进入校园。非上班时间，学校一般会上锁，此时如果不经允许私自进入校园甚至教室将被视为非法闯入。新教师如果需要非工作时间进入教室，应当提前获得学校管理层的同意。

- **友情提示**

1. 在美国人的价值体系里，个人主义排第一位，减少和舒缓他人的疼痛或痛苦排第二位（这也解释了“案例分析”里提到的美国人为什么在称赞和夸奖他人方面比中国人做得更加自然），而热情好客则属于第三个等级——最不重要的层次（唐德根，2017）。

   初次抵达美国时，建议新教师不要期待像在国内招待国际、国内友人一样，有一桌热饭热菜等着为自己接风洗尘。很多在泰国或其他亚洲国家教过汉语的教师会想：至少冰箱里会有东西吃吧。在很多情况下，事实通常是：没有，即使在住家也是这样。并不是美国人小气，而是“接风洗尘”这个词确实不在他们文化的字典里。如果新教师知道自己到达的时候会过饭点，建议提前在机场吃饱或打包。

   以上是通常情况，而非绝对情况。由于各州情况不一以及存在城乡差异，有些去过中国或者经常跟中国人打交道的美国人已经意识到了这一差异，所以他们会在中国代表团来访的时候准备礼物或者在新教师到达的时候准备饭菜，不过这样的情况不是很常见。即使以后与美国同事出去吃饭，新教师也应做好准备，AA制付款，不要期待对方付款或者强行为对方买单，做到入乡随俗，尊重对方，彼此相处才会轻松、舒服。

   需要意识到，在跨文化沟通中，人们往往容易原谅语言的错误，最容易造成沟通问题，也最不容易被人容忍的是漠视对方的文化习俗，而将自己的习俗强加于人（李杏，2004）。

2. 跟美国人说话的时候，称赞别人很重要，知道如何称赞、以及在什么时候称赞也同样重要。下面是一些实用的建议：

   真诚：要实事求是，发自内心。

   及时：不要迟疑，也不要等到下一个话题开始后再称赞。

   自然：要就事称赞，不要夸张。

   更多关于称赞和感谢的技巧，可以在日常生活中观察美国同事的做法并慢慢积累。

3. 初次与美国人相见，新教师最大的感受可能是美国人都很友好，脸上永远洋溢着微笑，说话轻松随意，跟谁仿佛都是自来熟。去上班的路上，会有陌生人骑着单车微笑着友好地跟你打招呼，下班回来的路上，你可以随意跟路边遛狗的老人聊上几句。去超市和商场，服务员见到你第一句话总会说：“How can I help you?”或是“How are you today?”，而你也可以看着他们的胸牌直接称呼他们的名字与他们交谈。走进速食店，你也许会看到一个顾客对店员说“Hello my friend, can you help me make a pizza?”下了公交车或出租车，人们总会对司机说声“Thank you!”，同时加上小费。即使有同学在课上打了个喷嚏，其他同学也会说“Bless you!”。这些情景与生活在“礼仪之邦”、实际上却不轻易与陌生人搭腔的中国人形成了巨大的反差。

到了美国之后，建议大家敞开心扉，卸下对陌生人的防备，真诚、积极、主动地去体验当地人的生活和文化，这样，新教师很快就会受到当地人的欢迎。即使初次寒暄也完全可以做到和老友说话一般随意。实际上，即使是在西装革履的正式场合，美国人也喜欢把气氛搞得轻松幽默。新教师即使是初次去，也不要太拘束。

4. 初次与校领导见面不要赠送礼物。美国人没有“见面礼”一说，初次见面就送礼，会让他们觉得很奇怪，不知送礼方有何意图。如果要示好，建议不要在初次见面的时候，而是在得到别人的帮助之后。美国人通常喜欢事后写张小卡片或者购买20美元以下的礼物表示感谢。

拓展练习

1. 到任不久，王丽每天早上都在做morning duty的时候跟学校的其他教师主动打招呼，或在放学后跟他们聊几句。然而有不少教师在得知王丽三岁的孩子还在国内时，不仅表示不理解，而且天天问她想不想家和孩子。你认为这是什么原因？如果是你，你会怎样回答这些教师？
2. 王丽到学校后不久就开始装扮教室。一天，她在装饰教室的时候，有两个学生和他们的家长进来参观中文教室。其中有一个学生向她表达了对上一任中文教师的不满，认为他不负责，每天只让他们打乒乓球，自己在语言上没有长进。他出去以后，另外一个学生跟王老师说她很喜欢前任教师，那个学生是因为自己平时不认真听课，所以成绩不好。如果你是王丽，你如何应对这两个在初次见面时就提出这种问题的学生？

参考文献

【1】李杏.跨国企业管理中的跨文化沟通问题探究[J].广东教育学院学报，2004（4）.

【2】唐德根.跨文化交际学[M].长沙：中南大学出版社，2017.

【编者　骆美婵】

英语小智囊

语言误区

✕避免使用的词：Teacher Smith

✓应该使用的词：Mr./Mrs./Ms. Smith

● 有博士学位的人更喜欢被称作Dr. Smith。

实境范例

1. 如何在不同情况下跟同事打招呼?

词汇：Hi, morning, afternoon, evening, greetings

例句：

（1） 日常：—Morning! How are you doing? —Good, and you?

（2） 好久不见：Hi there! How have you been? How are things going?

（3） 快到周末 / 快放假了：(on Friday) TGIF! (Thank God! It's Friday!)
(before a holiday) Do you have any plans for the holiday/break?

2. 如何请求同事帮助?

词汇：favor, handle, rough

例句：

（1） I have a favor to ask of you.

（2） How would you handle this situation?

（3） (with good friends) Things are a little rough right now.

情景范例：初次与学校联系人进行邮件沟通

Dear Mr./Ms. XXX,

Greetings! I am Ting Li, the new Chinese teacher. I am so glad to have this opportunity to work with you and look forward to a great year together. To serve our school and students better, please give me a rough idea of your expectations for our school and students. When you have a moment, could you tell me how many classes I will have and approximately how many students there will be in each class? This information will help me prepare my classroom materials. In addition, I am wondering if my host family has been arranged. If so, I would love to have their contact information so we can start getting acquainted.

Thank you for your help!

Regards,

Ting Li

第二节 第一次全体员工会议

背景

李婷是新赴任的中文教师，明天就要去新学校报到了。她既担心又兴奋。担心的是不知道会遇到什么样的学生和同事，不知道自己能不能出色地完成今年的教学任务；兴奋的是之前做的各种教学准备终于有机会施展了。听mentor说，第一周是教学准备周，没有学生，这周的第一项工作就是明早的全体员工大会。Mentor好像看出李婷有点紧张，告诉她明天跟自己坐在一起，跟着自己就行了。

情景再现

• 情景一：校长致辞

早上八点，第一次全体员工大会在学校图书馆准时举行，出席的有校长、副校长、教学秘书、各科教师、纪律专员、辅导员、学校警察、IT专员和行政人员。会议日程表已经打印好放在了桌子上，大家就座后就开始浏览。第一天主要是校长致辞，然后是校长、副校长（assistant principal）主持的workshop（工作坊 / 研讨会），后面几天各科教师自行布置教室，做开学前的各项准备。

校长致辞：

校长

Dear colleagues,

Good morning! I hope everyone had a good summer vacation. I really hate to pull you back to work, but it's time to launch a new school year. I am pleased to announce that we have some new members of our staff. Ms. Miller will teach language arts for 6 graders, Mr. Miller will be our new history teacher, and Ms. Ting Li joins us as our new Chinese teacher. Welcome to our AMS family!（带领大家鼓掌欢迎）

Last year, our students did very well on the **State Standardized Tests**[1]! We are now ranked as an A school in our district. Please welcome our assistant principal Mr. Green to tell us more about last year's school evaluation.

副校长打开PPT介绍了去年在校生参加州考的分数统计结果，还有跟其他学校的分数比较结果。

接下来教师被分成两组，一组留在图书馆参加校长组织的"**州教学标准**[2]workshop"，一组去另外一个大教室参加副校长组织的"**安全演练（drills）**[3]workshop"。结束后是午饭时间，下午两组对调再参加对方的workshop。一天的workshop结束后，李婷觉得信息量很大，有点似懂非懂。她认真做了会议笔记，并把自己不明白的地方标注了下来，准备会后向mentor请教。

• 情景二：结识外语部的同事

AMS目前开设了三门外语课，包括李婷在内有四位外语教师。一位教法语的教师，他是外语部**Chair**[4]，两位教西班牙语的教师，还有李婷。进行第一个workshop时，外语部的教师们热情地招呼李婷坐在一起。

Workshop后，李婷同mentor还有几位教师一起去吃了午饭。吃饭期间，mentor跟大家介绍了李婷。李婷也很礼貌地问候了大家。

※ 美国中小学没有课间十分钟，也没有统一的教师办公室，教师们都在自己的教室办公。所以教师们在学校见面交流的时间很短，常常就是路上匆匆点个头，打印的时候寒暄一下，或者开会前说几句话。

• 情景三：教学准备

1. 听课

从第二天开始，各位教师在自己的教室里做开学前的准备工作。李婷认真地整理了前任中文教师留下来的教学资料，有空的时候也不忘去其他教师的教室转转。

她还请求mentor给自己安排第一周听课（class observation）的事宜。Mentor很爽快地答应了，还把email**抄送（cc）**[5]给了她。

Dear fellow teachers,

Our new Chinese teacher would like to observe some classes during the first week of school. If you are willing to have her sit in on your class, please let me know what period is most convenient for you. Many thanks!

Pat White

IB Coordinator[6] of AMS

听课的事很快就有了回复，有三位教师同意让李婷听课。李婷看到mentor转发来的email，心里暖洋洋的。

2. 了解**在线课程管理系统（Gradebook）**[7]

开学前，mentor代表学区给了李婷她的登录名和密码。并告诉她登录成功后，密码可以自行修改。外语部的Chair午饭时间经过她的教室，告诉她这几天外语部有一个workshop，专门介绍如何在Gradebook中设置成绩分类（categories）和各类成绩的计算比例（weighting）。

Chair

（在线课程管理系统workshop中）As you know, we are an IB school, so four categories are required in your grading system. These are A) comprehending spoken and visual text; B) comprehending written and visual text; C) communicating in response to spoken, written and visual text; and D) using language in spoken and written form. Now I will give you a demo on how to set them up in the Gradebook, and then you will try it on your own laptops. First, log into your Gradebook, click the options icon, select categories, and key in these four categories. Next, set up the weight of each category and color code them.

3. 了解**特殊教育学生（special needs students）**[8]

李婷从Gradebook里打印出学生名单，根据学生人数向图书馆借了中文教材和练习册。又清点了教室里的彩纸、剪刀、彩笔、胶水等手工材料，写了一份采购清单。今天上午学校辅导员专门给她送来一份文件，她当时正忙着就没有打开看。现在有空了，她打开仔细地看了看，是几页特殊教育学生表格。

下面是其中的一页。

From: Ben Black（辅导员）

Sent: Tuesday，September 20，2016 10:41AM

To: Mike Jones, Alice Miller, Mary Hill, John Brook, Scott Kent, James Hawk, Ting Li（学生的各科老师）

Subject: Updated 504 information

504[9] Classroom and Testing Accommodations

Jack Wood

Update by 10/9/2016

Disability- Concentration & Learning

Classroom	**FCAT**[10]/Testing
• Allow student to type if parent/student chooses • Unlimited time for written assignments • Use positive praise • Allow breaks • Extra time on assignments/tests • Preferential seating	• Read, repeat, clarify, explain, summarize directions if needed • Additional time • Allow breaks • Small group

PHY SCI（科学课）	Mike Jones
MATH 1（数学课）	Alice Miller
LANG ARTS1（英语课）	Mary Hill
CHIN BEG（中文课—初级）	Ting Li
KEYBD（音乐课—电子琴）	John Brook
US HIS（美国历史）	Scott Kent
YP M/J COMP PE（体育）	James Hawk

Ben Black

School Counselor

AMS Apple Middle School

Ben.Black@ams.com

这个表格中有几个名词李婷不太懂，她Google了一下，又跟辅导员（counselor）约了个时间请教。

关键词

1. **State Standardized Tests：州（标准化）考试。**美国没有国家统考，每个州有自己的标准化考试，州考主要包括三门主课：英语、数学和科学。

   家长、学生和教育工作者将州考成绩用于：

   - Follow students' progress.
   - Identify strengths, weaknesses, and gaps in curriculum and instruction.
   - Fine tune curriculum alignment with the statewide standards.
   - Identify students who may need additional help.

   州考结果也作为学校、学区及学生的教学效果考核：

   - Schools and districts: Elementary and Secondary Education Act
   - Students: Passing the state tests is a graduation requirement. Students are given multiple opportunities to pass the tests. Alternatives also are available for students who have attempted but not passed one or more exams.

2. **州教学标准：美国除了一些国家级的教学标准，如《21世纪外语学习标准》外，各州都有自己的教学标准，并且根据自己的教学标准对学生和学校进行考核。**
3. **安全演练（drills）：美国的学校每年定期对学生进行火灾、地震、极端天气及反恐等方面的安全演练。**每个教室都有安全演练指导手册和配套资料，教师需要按照手册步骤，组织学生参加演练。如果遇到真实灾害，按照演练流程避灾。
4. **Chair：首席教师。**本文指外语部的负责教师。
5. **抄送（CC）：写邮件涉及多个部门或个人时，可以把收件人分为主送和抄送。**如：本案例中，mentor给教师们发邮件安排李婷听课的事宜。Mentor把邮件主送（To）给学校的各位教师，同时将这封邮件抄送（CC）给李婷，希望李婷能了解这件事的始末。
6. **IB Coordinator：IB教学项目协调员。**IB即国际文凭组织IBO（International Baccalaureate Organization），为全球学生开设从幼儿园到大学预科的课程。
7. **在线课程管理系统（Gradebook）：Gradebook是美国学校使用的一种在线课程管理系统（course management system）。**Gradebook可以帮助教学及管理人员：（1）记录学生考勤、学生成绩、学生违纪情况及沟通记录。（2）查看学生各科成绩、学生各科教师的姓名及联系方式、学生监护人姓名及联系方式；群发电子邮件给学生或家长。在查看学生信息时，请注意特殊教育学生（special needs students）的姓名上会有特殊标记，这是学生隐私，不要让其他学生看到。（3）设置分值比例并自动计算分数。（4）将学生名单按照姓氏或成绩排名，打印学生名单、成绩单等。学生和家长在登录后也可以查看学生自己的最新成绩；将自己的成绩跟班级平均分（class average）做比较；掌握自己分数的动向，预测自己是否能够及格，提前补救或请求教师帮助。

除了以上的日常教学教务管理，Gradebook还可以帮助教师促进教学。教师可以尝试如下方法：每天或每周定时更新学生成绩，让学生尽快掌握自己的学习状况；就某项教学活动给学生写评语，指出问题、提出希望；鼓励学生根据班级平均分估计自己在班里的位置；对额外或者有难度的教学活动给予额外加分（extra credit）奖励，激发学生参与的积极性；通过Gradebook加强对有可能不及格的学生的监管和帮助。

温馨提示：家长和学生有权对教师的考勤记录和成绩提出质疑。所以教师最好保留好考勤和打分的原始记录，以备核对。

8. **特殊教育学生（special needs students）：美国特殊教育法《残疾人教育法》规定13个类别的3岁—22岁的残疾或障碍学生，不管程度如何，都有权接受学校免费并满足其个体需要的特殊教育服务。**
9. **504：504计划。**该计划致力于消除隔阂，使残疾或障碍学生能够在公立中小学接受教育。
10. **FCAT：佛罗里达州的州考，即佛罗里达州每年的综合评价测试。**

分析

• 案例分析

1. 全体员工大会是认识学校其他教师和工作人员的好机会。在美国教学，教师不是“单打独斗”，而是跟一个团队共同工作。这个团队包括校长、副校长、辅导员、纪律专员、行政人员、同教研组的同事等。遗憾的是，很多美国学校没有课间休息或者课间休息时间很短，上完课后教师们也不在学校逗留，所以要抓住开会的机会认识其他同事。如果有机会跟其他教师一起出去吃午餐，也是介绍自己、增进同事感情的时机。共进午餐的话一般AA制就可以了，不用主动给别人买单，有些美国人可能不懂中国人礼尚往来的传统，以为你总是乐意给大家买单。

2. 全体员工大会是全面了解学校教学理念和学校对教师的要求的好时机。学校一般会先回顾去年的工作，然后做出新学年的总体安排。比如，会上校长会宣布本校在去年标准化考试中的全州排名及学校评级，去年教学、纪律、考试等各个方面的成绩和问题等，这些都可以为新教师安排自己的教学工作提供有价值的参考。全体大会的培训资料中一般还有校历和校内所有人员的联系表。要注意校历中全年的重要日期，比如每个学期的开始和结束日期、打分登记成绩的日期、节假日、火灾等灾害演习日期等。校内的联系方式表中有每个人的姓名、职务、教室或办公室地址、内线电话等，应该放在方便的地方以便随时查阅。
3. 第一周除了全体员工培训，其他时间教师都可以在自己的教室里准备教学。主要需要：

   （1）布置教室：按照教学设计划分活动和展示区域，摆放桌椅、装饰教室。

   （2）熟悉学生情况：开学前教师应该能够拿到学生名单，要特别注意504学生和有过敏史的学生，在准备教学和安排座位时要特别考虑。

（3） 备课：根据学校要求备课、调整课件。

（4） 拜访有经验的教师：多跟mentor沟通，主动去其他教师的教室转转，有什么疑问多请教。

• 文化点

IB学校：IB是国际文凭组织（International Baccalaureate Organization, 简称IBO）为全球学生开设从幼儿园到大学预科的课程，为3—19岁的学生提供智力、情感、个人发展、社会技能等方面的教育，使其获得学习、工作以及生存于世的各项能力。IBO成立于1968年，根据IBO官网2018年2月的数据显示，全世界已有4500多所IB学校，学生数量超过125万人。IB课程被全球教育界认可为具有较高学业水准的教育项目，被众多大学、中学接受，在全球范围内已有一千多所大学认可国际文凭。

IB项目分为大学、中学和小学三个阶段。大学预科项目DP于1968年开始实施，旨在为国际学生设立一个共同的课程，方便他们从一个国家转学到另一个国家，并获得世界各国大学的认可。其教育理念是培养具有国际视野、理解和尊重文化多元性、富有人道主义精神的世界公民。中学项目MYP于1994年开始实施，小学项目PYP于1997年开始实施。

• 友情提示

开学前请认真阅读本校的教师手册（staff handbook）。手册中一般会包括学校的教育目标、教师守则、学生守则、各种教学／教务表格等。学生守则部分一般会列举学生不当行为及处罚措施，这对于进行有效课堂管理非常具有指导意义（处罚过轻，学生会不在乎；处罚过重，会遭到家长投诉；按照手册上的建议来进行课堂处罚才能有据可依）。另外，新教师也要学习和熟悉学校的管理规定，比如如何请病假和事假等。

拓展练习

1. 利用网络查找一本美国学校的员工手册（staff handbook）。根据员工手册中学生守则（student codes of conduct）的规定，思考学生出现以下行为教师应如何处理：

   （1）上课不认真听讲、跟同学交头接耳；

   （2）不服从管教，口头顶撞教师；

   （3）打架或者恃强凌弱。

2. 查阅员工手册，学习填写请假表。

英语小智囊

语言误区

✕避免使用的词：teachers' meeting

✓应该使用的词：staff meeting, faculty meeting

实境范例

1. 如何跟同事交朋友？

例句：

（1） It would be nice to get together sometime.

（2） Would you like to take part in our Chinese class activities sometime?

（3） I'd love to invite you to visit my classroom and show you some crafts from China.

2. 如何选择与同事攀谈的话题？

话题：sports, music, hobbies, weather, cultural comparisons, travel, our children, our jobs

> 小提示：应当回避的话题：
>
> （1） "Hot button" social issues: abortion, gay rights, gun control, immigration
>
> （2）Religion
>
> （3）Politics
>
> （4）Personal matters: marriage status, salary, income

情景范例：在全体会上向同事和校长介绍自己

Hi, I'm... and I will be teaching Chinese this coming school year. To share a little bit about my background, before arriving here, I taught at... for... years. I like .... I am excited and a bit nervous about this new job and environment, but I look forward to learning from all of you and collaborating throughout the school year!

第三节　开学前教学事务询问

01 开学前教务工作询问

背景

美国的学校不是千篇一律。每个州、每个学区、每个学校的教学安排、教学管理、教学方式、教材都不尽相同。美国教育体系中没有统一的教材、没有统一的教学大纲，语言教学法也是“百花齐放”。

美国教育体系中有学区和学校这两个概念，学区大于学校。美国一个学区可能是一所学校，也可能由多所学校组成。如果一个学区只有一所学校，这所学校可能有多个不同的教学部门，如幼儿园、高中教学部、夜校、驾校等。如果一个学区由多所学校组成，各学校之间可能相距几个小时的路程。

在美国任教，教师在开学前就需要具体了解任教的学校，如学校所在学区、学校环境、教学设施、教室、办公室、食堂等。也要了解学校管理体系，如：上下班时间、上下课时间、午餐时段、校车时间等。美国中小学教学工作事无巨细，细节决定工作效率。

情景再现

- **情景一**

学校副校长带领中文教师李婷参观学校，了解打印室的位置、**信箱**[1]的用途，介绍她认识学校的管理教师。

Good mooring, Ms. Li.

副校长

Good morning, Dr. Green.

李婷

How is everything going?

副校长

Just fine. I like my classroom. I am decorating it to make it look like a Chinese classroom.

李婷

副校长

If you have time now, I will show you around and let you meet some of the other teachers at our school.

Sure, I am free now. Thank you very much!

李婷

副校长

（离开汉语教室）This is **400s hallway**[2], if we head down this way and turn left, we'll come to the school office. This is the faculty work room. If you want to print handouts for your class, you can use these two printers. And next door, you will see all of our staff boxes. This one is yours. It's labeled with your name.

What are those boxes for?

李婷

副校长

Your mail, notes from other staff members, students' homework, or other paperwork. You should check your box every morning before class, just to make sure you don't miss important information.

OK. I will check my box every day before 7:40AM.

李婷

副校长

The front office is here. And here is where you will find all of the forms you may need. If you don't know which form to use or how to fill one out, you can ask your mentor, Mrs. White. She can help you.

Can I take copies of some of these forms now so I can review them before the school year starts?

李婷

副校长

Help yourself.

（在办公室）Hi everyone, this is Ting, our Chinese teacher.

副校长

（副校长介绍办公室的各位教师）Mrs. Smith.

李婷

Nice to meet you, Mrs. Smith. I am Ting Li.

副校长

Mrs. Rose.

李婷

Nice to meet you, Mrs. Rose.

副校长

Mrs. Becker.

李婷

Nice to meet you, Mrs. Becker.

副校长

The other members of our office staff, Aura, Jasmin and Judy are not here now, you will meet them later.

• 情景二

学校开学之前，教师要装饰教室，需要申请教学用品，如彩纸、剪刀、刻刀等；也需要准备好马克笔、铅笔、打印纸等教学用品。中文教师向其他教师询问如何申请这些教学用品：

李婷

Hello Mrs. Estelle, how are you this afternoon?

Mrs. Estelle

Hi Ting, I am good!

李婷

I have a few small questions.

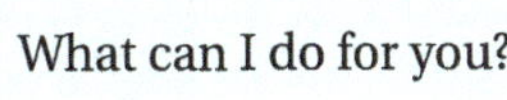

Mrs. Estelle

What can I do for you?

李婷

Could you tell me where I can get some markers? I need some to let students practice writing Chinese characters on the small white boards.

Which colors do you need?
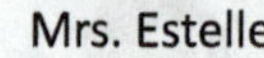
Mrs. Estelle

Black or blue.
李婷

I have some black markers you can use.
Mrs. Estelle

Thank you very much. I only have three now, but I need 25, one for each student in my Chinese 1 class.
李婷

We may not have enough now, but you can fill out this form and give it to me. I should be able to get them for you in a few days. I'll leave them in your box.
Mrs. Estelle

I really appreciate your help.
李婷

No problem!
Mrs. Estelle

1. **信箱：信箱是美国教师之间、教师与学生之间的联系平台。**收发室会把教师私人信件放在个人信箱里，教师申请的教学用品、学生补交的作业、学生给教师的小卡片、学校给学生的通知、管理教师需要转给学生的通知等信息也都会放在信箱。信箱里每天的信息都不同，需要及时查看。
2. **400s hallway：以教室门牌号码区分的走廊，该走廊内是400到410的教室。**

分析

• 案例分析

新教师要在短时间内熟悉新学校，需要了解不同的工作部门的不同职责，需要认识管理教学的副校长、管理学生的副校长、mentor、附近教室的教师。教师要与学校领导、教师、工作人员保持良好的人际关系，遇到问题就能及时找人询问、主动寻求帮助、及时解决问题。新教师也需要在短时间内熟悉学校环境、布局，知道不同办公地点的位置、用餐地点、打印室；需要学会使用学校的打印机、复印机、电子白板；需要熟悉学校的在线课程管理系统、学校各项申请表格等。

此外，美国人与人之间的交往都属于低频接触，很多问题都通过电子邮件或者信箱沟通、解决，而不是面对面解决。每天早晨应把查看电子邮件和信箱作为工作流程的第一步。

• 文化点

1. 电子邮件：学校每天的工作信息，如开会通知、教研活动的时间地点、家长见面会的邀请信等，大多通过电子邮件传递。教师应该养成每天早上到学校以后查看电子邮件的工作习惯。非紧急状态下，如果想去找某位教师请教某件事情，最好的方法是先写一封电子邮件给对方，跟对方约定好时间、地点，再去拜访，而不要贸然前去。如果是约见校长，最好的方法是给校长秘书写一封电子邮件，告知相关事宜，请校长秘书帮忙安排约见校长的时间。
2. 学校各种名目的表格：学校教务办公室有一个公共区域放着各种表格，如教学用品申请表、报账单、学生违反纪律的记录表等。这些表格用途各不相同，建议新教师认真查看这些表格（看不懂的表格可以向mentor或者熟悉的美国教师询问），并把需要的表格留一份在教室。例如，你需要20支白板笔，你就需要填写“教学用品申请表”向学校办公室申请。当然，具体的手续每所学校都不一样，有的学校教室用品都在系主任处领取，不需要填写申请表格，只需给系主任写一份电子邮件告知申请事宜便可。
3. 教室的固定电话：中国的中小学教室里一般没有安装固定电话，教师在上课时一般不允许接听电话。但在美国中小学，很多学校每间教室都有一部固定电话或对讲机（intercom）。上课的时候，教师可能经常听到电话铃响或者对讲机在呼叫，如果需要任课教师回复，则需要接听电话或回复对讲机——这可能是学校办公室或者其他任课教师有事要和你联系。例如：通知某学生去办公室报到，某学生早退，某学生会晚到教室等。上课接听教室里的固定电话或回复对讲机也是教师工作的一部分。教室里的固定电话可以接通学校里任何一间教室或办公室。一般每位任课教师都有学校每间教室、每个工作部门的内线号码。如果你们班级有任何突发状况，没有经验的时候，建议新教师不要单独、自行处理，请拨打办公室电话，很快就会有教师来教室帮助你。如果上课时遇到棘手的问题不会处理，可以立即打电话给mentor求助。

- **友情提示**

1. 请记住汉语教室周边同事的姓名、办公室各位教师的姓名及职责、计算机中心的教师和图书管理员的姓名。新教师如果在教学或管理中遇到问题，请及时向学校教师求助。在美国任教，汉语教师做到有礼貌、有亲和力、做事有礼有节，与周围的人建立良好的人际关系，才可顺利推进汉语教学。
2. 教师用餐点：参观校园的时候，记得问清楚你的用餐地点。学校教师的用餐地点叫staff room。有的学校每个教学组或者每层楼都有固定用餐点，有的学校只有一个用餐点。用餐点可能有冰箱、微波炉、咖啡机或烤面包机等，每个学校情况不同。教师可以去用餐点用餐，也可以选择在自己的教室用餐。有的私立学校的教师可以在学生餐厅吃饭，有的时候会有lunch duty。建议新教师利用用餐时间和美国本土教师打交道，并经常和他们交流，有什么管理问题或者学生出现违纪状况也可以向本土教师咨询。
3. 学校提供的教学资源：有时教学内容或者课堂活动需要用到笔记本电脑或者iPad，有的学校上课时会为学生提供这些电子产品，一般需要上网预约或者去学校计算机中心预约；有的学校没有专门的计算机中心，需要去学校图书馆预约。上课前，请提前领取装有笔记本电脑或者iPad的推车，并清点数量。上课时按照学号把电脑或iPad分发到每个学生手里，并监管学生正确使用和操作。下课之前，必须如数收回所发电子产品，确认数量无误且无损坏后，学生才能离开教室。任课教师一定要妥善保管好电子产品，防止学生损坏学校财物。
4. 电子白板：美国中小学的教室可能配有电子白板。在开学前，请新教师向计算机中心的教师或者其他任课教师虚心请教，及时学会使用。
5. E-school：美国学校的教学管理可能在E-school上操作，如学生考勤、学生成绩都要登入E-school。每位教师都有自己的用户名和密码，可以登录进入本校的E-school。E-school上的考勤和成绩，学校的管理教师和家长都可以在线查看。每天上课之前请登录E-school做好课前准备。
6. 保洁部门：美国的学校有专门的保洁部门和保洁人员。可以向保洁部门借用梯子、扫把、拖把等清洁用品。开学之前装饰教室，如果要用到梯子、挂钩这些用具，可以向保洁部门借用。

【编者　符红萱】

02 开学前教学工作询问

背景

美国的学校可能会为新教师安排mentor。Mentor负责帮助新教师尽快适应学校的教学和管理。Mentor是新教师得到信息的一个重要来源，和mentor保持良好的关系是非常必要的。遇到教学或者管理方面的问题也可以及时向mentor咨询，但这并不代表mentor为你解答任何问题都是应该的。有的学校没有mentor，新教师遇到问题可以向同事或者管理教师及学校领导咨询。

中国和美国中小学的教学安排差异较大。中国的中小学一般每天上午四节或五节课，下午两到四节课，课间休息10分钟，中午有午休时间。美国中小学可能有课间休息，但没有午休时间。在开学前新教师需要清楚了解学校教学和管理的每个细节，如教师到校时间、离校时间、上课时间、下课时间、午饭时段、有事早退需要跟哪位教师联系、生病的时候如何请假、如何申请sub（代课教师）、如何写**代课教案**[1]等。

• 情景一

李婷

Hello Mr. Smith. I am still not too clear about my schedule. Could you tell me when I need to arrive at school in the morning and when I should leave after school?

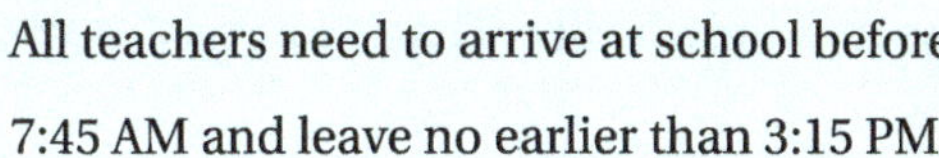
All teachers need to arrive at school before 7:45 AM and leave no earlier than 3:15 PM.

Mr. Smith

李婷

How does the bell schedule work?

Mr. Smith

We have four periods each day. The first class is at 8:45 AM, and each class is 85 minutes long. We have five-minute passing times, and a half hour for lunch. Here is what it looks like.（拿出一份日常安排表）

7:45 AM	arrive at school
8:45 AM to 10:10 AM	the first class
10:15 AM to 11:40 AM	the second class
11:45 AM to 1: 40 PM	the third class
1:45 PM to 3:10 PM	the last class
After 3:15 PM	teachers can leave

李婷

The schedule seems really fast-paced. How are lunches organized?

Mr. Smith

There are four lunches:

A Lunch: 11:35 AM to 12:05 PM
B Lunch: 12:05 PM to 12:35 PM
C Lunch: 12:35 PM to 1:05 PM
D Lunch: 1:05 PM to 1: 35 PM

World language teachers have C lunch, so your lunch is from 12:35 PM to 1:05 PM. This means your third period class is divided into two parts. The first part is from 11:40 to 12:35, and the second part is from 1:05 PM to 1:40 PM, it is a little bit hard to teach.

李婷

This schedule is completely different from school schedules in China. The first day I have Chinese 1 and Chinese 2 students, and the second day I have Chinese 3 and Chinese 4 students. This will be challenging for me.

Mr. Smith

I understand that Ting. I know it will be a challenge, but I am always here if you have any questions. My phone extension is 5992.

李婷

I am glad you are here, otherwise I don't know what my work would be like. Thank you very much, Mr. Smith.

Mr. Smith

I know it is very hard for new teachers, especially because this is your first year in the United States. One more thing about our schedule that you need to understand is that we have even days and odd days.

This is your schedule for even weeks.

Monday		Tuesday		Wednesday		Thursday		Friday	
Even day		Odd day		Even day		Odd day		Even day	
P1	Chinese I	P2	Chinese III	P1	Chinese I	P2	Chinese III	P1	Chinese I
P3	Chinese I	P4		P3	Chinese I	P4		P3	Chinese I
P5	Chinese II	P6	Chinese IV	P5	Chinese II	P6	Chinese IV	P5	Chinese II
P7	Chinese II	P8		P7	Chinese II	P8		P7	Chinese II

This is your schedule for odd weeks.

Mr. Smith

Monday		Tuesday		Wednesday		Thursday		Friday	
Odd day		Even day		Odd day		Even day		Odd day	
P2	Chinese III	P1	Chinese I	P2	Chinese III	P1	Chinese I	P2	Chinese III
P4		P3	Chinese I	P4		P3	Chinese I	P4	
P6	Chinese IV	P5	Chinese II	P6	Chinese IV	P5	Chinese II	P6	Chinese IV
P8		P7	Chinese II	P8		P7	Chinese II	P8	

注：P代表Period（上课时段）

P1代表Even day第一节课中文一A班
P3代表Even day第二节课中文一B班
P5代表Even day第三节课中文二A班
P7代表Even day第四节课中文二B班

P2代表Odd day第一节课中文三
P4代表Odd day第二节课
P6代表Odd day第三节课中文四
P8代表Odd day第四节课

Mr. Smith

I know this may be a little confusing. On Monday you have class the whole day. On Tuesday you have two classes. During Period 4 and Period 8, you don't have any students, so you can use this time to lesson plan or grade.

OK. So tomorrow I have class the whole day and will see my Chinese 1 and Chinese 2 students.

李婷

Mr. Smith

Yes. Don't worry. If you have more questions, please call me.

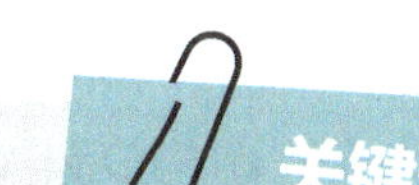

1. **代课教案：代课教案要根据每个学校规定来设计，由于代课教师可能没有专业背景，通常情况下，代课教案不是课堂使用的教学教案。**任课教师可以根据教学内容为学生准备好课堂练习、课堂作业、测试等内容，以便代课教师监督学生在教室里完成代课内容。代课教案的设计可以针对教学内容、教学对象、教学时长来考虑。中文一可以考虑编写词汇或者简单的语法练习作为代课内容，中文二可以考虑编写汉字测试或者阅读练习作为代课内容（可参考本节附录）。

鉴于代课教师可能不懂中文，最好用英语来编写代课教案。听、读、写的内容可以用来编写代课教案，听力材料则需要提前为学生们准备好。安排学生观看与中国有关的电影或视频时，内容必须先经过学区和学校领导审核（有些学区需要填表申请），确保没有不合适的内容，以免被学生或家长告到学校，引起纠纷甚至导致教师被辞退。因为美国的电影分级制度十分严格，学生在家里能看什么并不意味着在学校也能这么做，在中国能给学生看的，在美国可能就会引来麻烦。除此以外，也可以做一些手工活动或者让学生进行复习，前提是用英语写好详细的步骤，准备好相应的材料或便于学生抄写的复习材料。

分析

• 案例分析

美国中小学的作息安排、课程安排与中国完全不同，到学校了解学校的作息时间和课程安排，才能在第一周很好地适应整个学校的教学，安排好自己的教学工作。

美国中小学教学时长从40分钟到90分钟不等。可能没有课间休息，课间5或10分钟就是让学生从一间教室换到另一间教室上课。高中都是选课制度，没有统一、固定的班级。学校没有统一的就餐时间，就餐人数根据餐厅的大小安排，午餐时长一般是30分钟。有的课中间可能有午餐时段。如果一节课以85分钟计算，可以分为午餐前55分钟、午餐后30分钟，午餐后学生回到教室，建议教师安排一个warm up再继续上课。

• 文化点

1. 上课时长：美国学校的上课时段和时长都不同，有的小学是45分钟一节课，有的高中是80分钟或90分钟一节课，即block schedule。在备课时需要根据学生的水平和上课时长来准备课堂教学内容和课堂活动。
2. 汉语课程安排：每个学校中文课的课时量和课程安排都有一定的差异，中文课开课的方式也不同。一位教师可能同时承担多个级别、多个班级的中文课程。单双周的教学可能交替进行。开学前，新教师需认真查阅课程表，了解每天的教学班级和教学内容，认真准备教学内容。
3. 教室安排：美国初、高中教师的教室大多是固定的，学生根据自己所选的课到不同的教室上课。但也有不同课程的教师共用一间教室的情况，共用教室的教师需要把上课需要的教学用品放在小推车上自己带去教室。如果任课教师有固定中文教室，应该用心布置，桌椅的摆放、教学空间、活动

空间、阅读空间都可以精心安排。教室四周可以设计不同的主题墙面。其目的是让学生走进中文教室就能感受到中文的氛围，将中国语言、中国文化、中国元素带入教学空间。

4. 课外活动：每天放学后，学生社团、学校球队有丰富的活动，篮球、排球、橄榄球、棒球、曲棍球、行进乐队、合唱团都深受欢迎。美国高中体育比赛项目很多，不同时段有不同体育赛事，如9月到11月是橄榄球赛季。了解学校的社团活动、认识不同的教练、关注本班学生的课外活动，也是拉近师生关系的一个好方法。

5. 课外辅导（tutoring）：为了让每个学生都能进步，学校会为因故缺课的学生安排课外辅导。课外辅导时间根据师生课余时间灵活安排。上课时段和上课时长都不固定。李老师任教的学校，每周为学生提供两次课外辅导，周二早上上课前一次，时长30分钟；周四下午放学后一次，时长60分钟。新教师到学校可以向mentor具体咨询所在学校的相关信息。
6. 校车：中小学校车接送时间不同，根据学校上课时间而定。有的学校最早的校车7:45到学校，最晚8:40到学校；下午最早的校车3:30离校，最晚的校车5:30离校。如果校车遇到特殊情况晚到学校，会在广播或者电子邮件里通知相关教师。有的中小学会安排任课教师做morning duty，教师则需要提前到校，在校门口等待校车、迎接学生。
7. 学校例会：有的学校每月开一次教工例会。例会可能发布各种通知或者公布学校喜讯、介绍学校近况、各教学组的教学或者管理情况、宣读家长的感谢信、教师之间的感谢信（如果有教师经常帮助你，可以在教职工例会上写一封感谢信来表达感激之情）。除此之外，例会也会安排各种培训。参加学校例会是非常必要的。通过例会可以认识不同教学组的教师，也可以了解学校的整体情况。

• 友情提示

1. 在任何一个地方教学都要养成良好的作息习惯，不要迟到、早退，要按照学校规定的作息时间上、下班。每天应提前到学校，查阅电子邮件，查看信箱，准备好教学用具、教学课件、教具等从容上课。
2. 美国中小学通常不是提前10分钟到教室上课，有的学校要求任课教师提前1小时或者30分钟到学校。课前1小时，学校可能会安排教研会、新教师培训、学校例会、家长见面会等。有的事项会用email提前通知，有的事项会早上临时通知，到学校后，教师应立即查看电子邮件，安排当天工作日程，并按照各项通知按时参加各项安排。

3. 有的学校在E-shcool登记学生缺席、迟到的情况。如果学生持有管理教师签字的便条，证明该生是因故迟到或早退，任课教师不必记录该生旷课或者缺席。准备一个记录考勤和登记分数的名册，以便及时记录学生的各类情况及学生课堂成绩。放学后及时录入电脑。
4. 在教室里准备好不同班级的文件袋，在文件袋封面标注各班名称，如："中文一A""中文一B""中文三A"等；或者按照上课时段标注班级名称，如：P1、P2、P3等。然后把文件袋贴在墙上或放在讲桌旁。为缺席的学生准备教学资料，并在资料上写上该生的名字和日期，把资料放在相应的纸袋里，以便学生能拿到当天的学习资料回家自学，补齐当天的功课和作业。做好这些细节更有助于教学管理。
5. 美国中小学可能每间教室都有电视。电视可以播报学校的新闻、社会热点、学校的通知等。每天早上第一节课前，8:40电视里开始放新闻，学生可以看五分钟的新闻，然后开始宣读美国公民誓词，8:45准时开始上课。新教师到学校后，记得咨询学校相关规定。

拓展练习

1. 李婷老师是Apple Middle School的中文教师，这是她第一次在美国教中文。学生开始上课的时间是早上8:45。这天由于路上堵车，李婷老师8:10才赶到学校，但她没有告知任何管理教师，因为按照中国的习惯教师在打铃之前到教室即可。但是Apple Middle School要求任课教师必须在7:40以前到学校，8:40迎接学生进教室，8:45开始上课。你觉得李婷老师的做法恰当吗？
2. 开学第一周李婷老师对长段的英语阅读有畏难情绪，加上教学任务繁忙，所以她很少查看电子邮件。到学校的第一周也没有给学校教师发电子邮件介绍自己。看到校长要求大家交一周的课时计划时，已经过了规定时间，所以她就没有回复，也没有立即交课时计划，而是打算下周再交。你觉得李婷老师的做法可以吗？
3. 开学三个月以后，新教师李婷要去新泽西州参加教师岗中培训，她向学校申请了代课教师，但是离开之前，她留下的代课教案是看电影。代课教师来了以后带着中文一、中文二的学生看了两天的电影。但是中文二的学生不守纪律，副校长刚好从中文教室门口经过，询问了中文班的情况。李婷老师回来后，副校长约谈了李婷老师。你认为李婷老师什么地方安排不妥当呢？

附录：代课教案

Lesson Plan for My Substitute Teacher

May 7th, 2017

Periods 2，3，4，5

Quiz on Lessons 21&22

- ✔ Give students 15 minutes to review.
- ✔ Put on the quiz words on the Active board. (In the folder: *Quiz May 7,8,9th*, file name: *Quiz word L21 & 22*)
- ✔ Distribute the quiz paper *Lesson 21&22*.
- ✔ Collect the quizzes when they are done. (If students finish early, they can do missing assignments or read.)

Guidelines for the Quiz:

- ✔ Students can use the references posted on the walls of the classroom.
- ✔ Students cannot use handouts.
- ✔ Talking during the quiz will be regarded as cheating.

Period 6

- ✔ Content: Chinese movie *The Happy Sheep and the Big Bad Wolf*
- ✔ Computer login: 054396, password: Brook12
- ✔ Show the movie.

1. Open Internet Explorer.
2. Click the link“喜气洋洋过蛇年”.
3. Period 6 should start watching at the beginning of the movie and stop at 25 minutes.
4. Ask the students to take notes while watching in order to answer these two questions:
   (1) Who are the main characters in the movie?
   (2) What are three *new* Chinese words you learned from this movie?
5. Collect the students' answers at the end of class.

【编者　符红萱】

英语小智囊

语言误区

✕避免使用的词：I want...

✔应该使用的词：Would/Could you please...?

实境范例

1. 如何与同事或上级约谈?

例句：

（1） Is this a good time for you?

> 小提示："I have a couple of minutes."表明对方现在很忙。

（2） Do you have a moment/a couple of minutes?

（3） Could I bother you for a second?

2. 如何表达自己的疑问?

例句：

（1） I have a concern about a student.

（2） I could use a hand figuring something out.

（3） I would love your input on how I might go about...

情景范例：通过邮件向某位同事咨询或求助

Dear Mr Black,

My name is Ting Li. I am the new Chinese teacher this year, and I am in the process of planning for the first month of school. I would love to read *The First 20 Days of School*. If you by chance have an electronic copy, could you please email it to me? If you only have a hard copy, could I borrow it for a few days? Thank you for your help!

Ting Li

Chinese Teacher

Apple Middle School

Room 403

Landline: (555) 555-5555

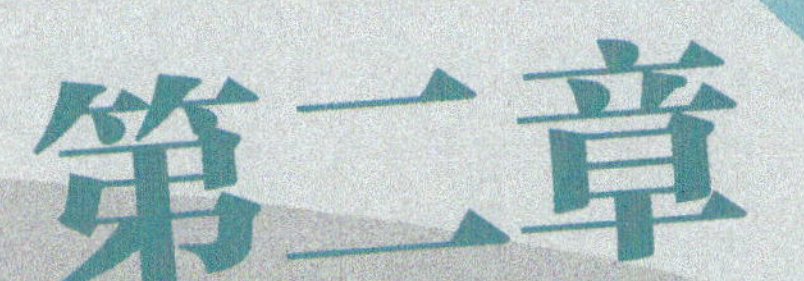

第二章 教学

第一节 上好开学第一课

01 开学第一课（小学）

背景

杨龙是美国特许学校Riverside Charter School的一名中文教师，所教的年级是幼儿园到小学五年级。他任教的这所学校是一所三语（英语、西班牙语和中文）学校，学生从幼儿园开始一直学习这三种语言直到十二年级。中文项目分两个阶段，分别是小学的**FLES**[1]和中学的**LOTE**[2]。虽然中文只占三语里的10%（英语和西班牙语的比重各是45%），但学生每六天有四节中文课，每节课45分钟。

情景再现

开学的第一课至关重要，第一节课没上好的话很容易对后面的教学产生长期的负面影响。但第一节课的教学重点并不是让学生记住多少词语，而是让学生通过认识教师来了解中文，让学生对学习中文感兴趣。另一个重点则是树立规矩。

杨老师做了充分的准备。首先是个人着装：干净、整洁的正装，给人一种稍有威严而不失亲切的感觉。其次，检查了教具和材料，包括个人电脑和教室投影仪是否连接好，手偶和发给学生的一些worksheet是否准备齐全等。

> ※ 如果教师有自己的教室，最好把教室布置得有中国特色一些，可以多加入一些中国元素，比如中国国旗、中国结、灯笼、熊猫、筷子、京剧脸谱等。

教学案例

Lesson 1 开学第一课	
Student Can-Do Statements: Students can greet each other using the Chinese phrases“你好，再见”. Students know the basic rules of class. Students can recognize the phrase“你好”.	
Motivation/Warm-up/Routines: Class rules and procedures, get to know the new teacher	
Instructional Activities: To: How does the teacher model the learning? • Demonstrated thought TPR by teacher, by doing with the students. With: How does the teacher practice with the students? • The gradual release model: I do, we do, you all do, you do By: How does the teacher provide support when students practice on their own? • Encourage and compliment	
Description and Estimated Time Needed for Each Activity:	
Activity 1 (about 7 mins)	Get to know the new teacher with numbers.
Activity 2 (About 10 mins)	Practice class rules and procedures.
Activity 3 (About 8 mins)	Learn how to sing the greeting song“你好歌”.
Activity 4 (About 10 mins)	Write and draw a picture of the characters“你好”.
Support/Setup You Need to Arrange Beforehand: Hand puppet (panda); computer and projector	
Materials/Resources/Technology Used: PPT (pictures); characters form	
Grouping Considerations: Two students per group	
Consideration of Using Multiple Intelligence Strategies: TPR, think-pair-share	
Formative Assessments: Sing the greeting song to family and friends; Students will use the worksheets with pictures of the Chinese characters.	

• 具体教学过程展示

1. 开场破冰（2分钟）

杨老师走进教室跟大家挥手说：“你好”（反应快的学生马上就会跟着说“你好”），然后指着自己的工作牌对大家说：“杨老师”，接着拿出之前准备好的熊猫手偶对自己说“你好，杨老师”。

2. 认识教师（8分钟）

杨老师打开PPT并反复指着PPT上的教学目标、再用手指着眼睛对学生说：“看，看。”PPT展示本节课教学内容：Get to know your Chinese teacher; Quarter agenda；Classroom rules and greeting song（教师说的同时一定要演示“看”的动作，并让学生自己阅读并了解本节课内容）。因为是开学第一天，很多学生放不开，所以杨老师准备了一个破冰游戏——用数字认识我。

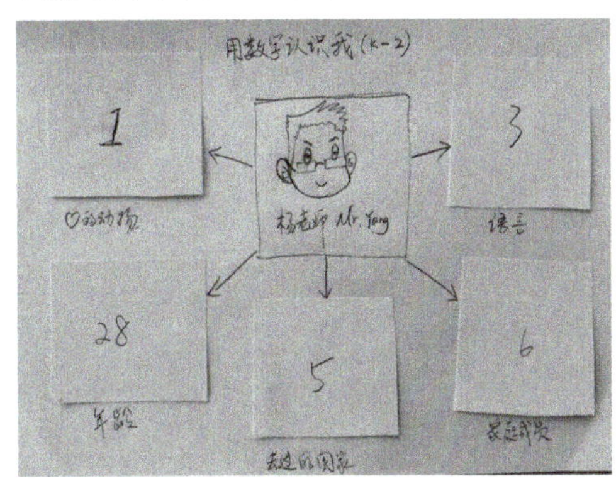

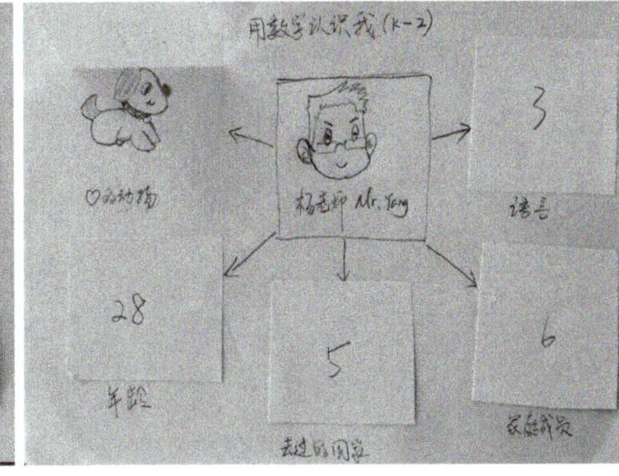

用数字认识我

杨老师拿出事先准备好的小白板，白板中间是杨老师的头像简笔画和名字，周围贴着写有数字的小贴纸，比如数字1（代表杨老师喜欢的动物——小狗），然后让学生猜这些数字与杨老师有什么联系，猜对了还有小奖励。这样现场立刻就变得活跃起来。杨老师给出的数字有3，有的学生猜是3岁，杨老师就故意装成是个三岁的小孩，把同学们逗得哈哈大笑，等杨老师说“安静”并做了一个“安静”的手势后，全场又变得鸦雀无声。然后另一个学生猜我们学校有三个中文教师，杨老师没有否定他，而是给了这个学生一个赞许的目光，并鼓励学生继续猜……最后杨老师说了三个词：“你好”“hello”“hola”，学生一下就猜出来原来杨老师会说三种语言。

3. 课堂规则（15分钟）

杨老师为了让学生能够更直观地理解课堂规则，特别制作了一幅海报。在教学的过程中一直贯穿着**TPR**[3]教学法和**Gradual Release Model**[4]原则。

课堂规则

1 说中文 

4 上课要坐好 

2 眼睛看老师 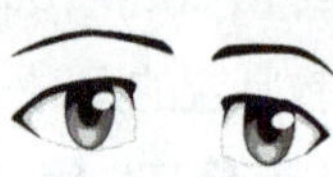

5 举手问问题 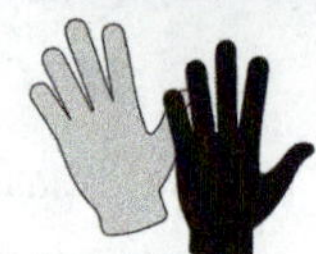

3 耳朵听老师 

6 排队要整齐 

课堂规则

I do：杨老师指着耳朵说“听”，指着眼睛说“看”，做个安静的手势说“不说话”。

We do：杨老师指着学生和自己，说“听、看、不说话”。学生跟着教师一起做动作，但不说话。

You all do：杨老师指着学生们，并发出“听、看、不说话”的指令，但这次教师不做动作，所有学生一起跟着教师的口头指令做动作。

You do：杨老师举手示意学生单独举手，依然是教师只说指令，学生根据指令做出相应的动作。

※ 在教学生的正确坐姿时，教师首先给学生示范对的姿势（就像图片里的那样），做完做一个竖起大拇指的动作并说“对”。然后演示错误的姿势，比如翘着二郎腿或者把腿放椅子上，手晃桌子或者坐着晃椅子，每次做一个错误演示，都要双手打一个叉，并说“不对”。

正确坐姿

4. 歌曲：《你好歌》（8分钟）

适合低年级学生的教学，运用动静结合的教学法非常重要。只有这样，才能有效集中学生的注意力。

你 好 歌
nǐ hǎo gē

你好！ Nǐ hǎo!	Hello!
你好！ Nǐ hǎo!	Hello!
老师，你好！ Lǎoshī, nǐ hǎo!	Hello, teacher!
谢谢！ Xièxie!	Thank you!
谢谢！ Xièxie!	Thank you!
谢谢，老师！ Xièxie, lǎoshī!	Thank you, teacher!
再见！ Zàijiàn!	Goodbye!
再见！ Zàijiàn!	Goodbye!
老师，再见！ Lǎoshī, zàijiàn!	Goodbye, teacher!

I do：杨老师根据音乐的韵律，给学生示范怎么唱《你好歌》。

We do：杨老师唱一句，学生跟着唱一句，直到学生学会说唱每一句歌词。

You all do：杨老师打节拍，学生集体跟着节拍、做着动作说："你好！你好！老师你好！谢谢！谢谢！谢谢老师！再见！再见！老师再见！"此环节操练多次，杨老师在学生中来回走动，帮学生纠正读得不准的词语。

You do：杨老师示意愿意尝试演唱的学生或小组表演。其他小组打节拍。

5. 学习汉字"你好"（8分钟）

很多学生觉得写汉字很难，尤其是小学生，但是小学生有个特点——特别喜欢画画，因此，可以把两者相结合，杨老师就设计了下面的worksheet：先让学生根据汉字的笔顺给汉字填色，然后让学生把汉字融入画中，而且要求画出来的画和汉字的意思相关联。

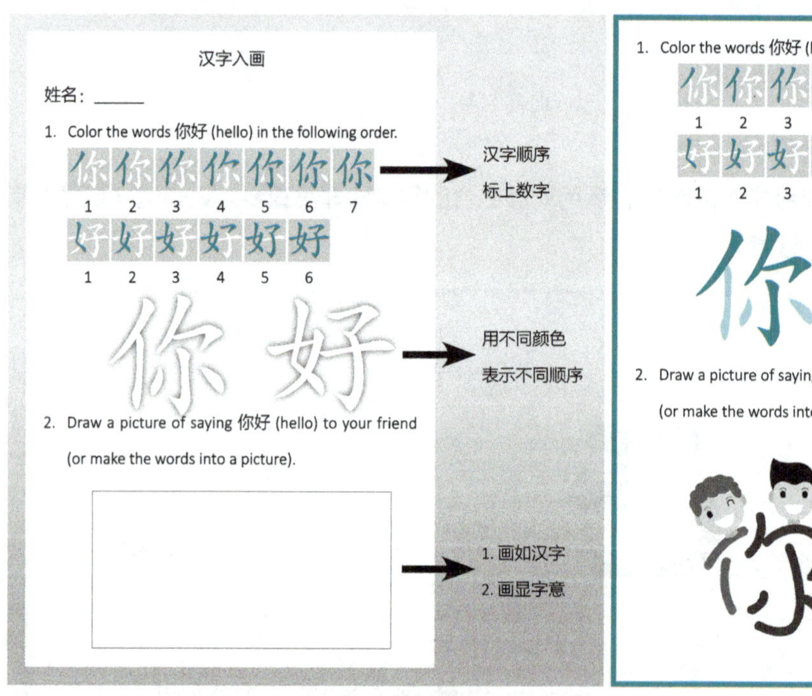

学生通过"汉字入画"练习，一是可以更好地记住汉字的笔顺，二是可以激发想象力和创造力，让学生把汉字的意义用图画的形式表现出来，认读汉字的同时也深化了其含义。而且，学生回家后可以把画给父母看，还可以教父母学中文，解释画的含义，既是复习，又是一次很"高级"的输出。

6. 复习（4分钟）

杨老师指着教学目标，让学生自己再默读一遍，并示意学生：全部学会了的展示三根手指头，基本学会的展示两根手指头，还不太会的展示一根手指头。

杨老师在下课前一分钟和学生说：“同学们，再见！”学生回答：“谢谢杨老师，再见！”

1. **FLES：foreign Language in the elementary school的简称**，指小学外语。
2. **LOTE：language other than English的简称**，指英语之外的语言。
3. **TPR：Total Physical Response的简称**，也叫“全身反应法”，是美国加利福尼亚州圣约瑟大学心理学教授詹姆士·阿歇尔（Dr. James J. Asher）于20世纪60年代提出的。他提倡把语言和行为联系在一起，通过身体动作教授外语。
4. **Gradual Release Model：该模式“I do”“We do”“You all do”“You do”是一个逐渐放手的教学过程。**这种教学模式在美国广泛应用。

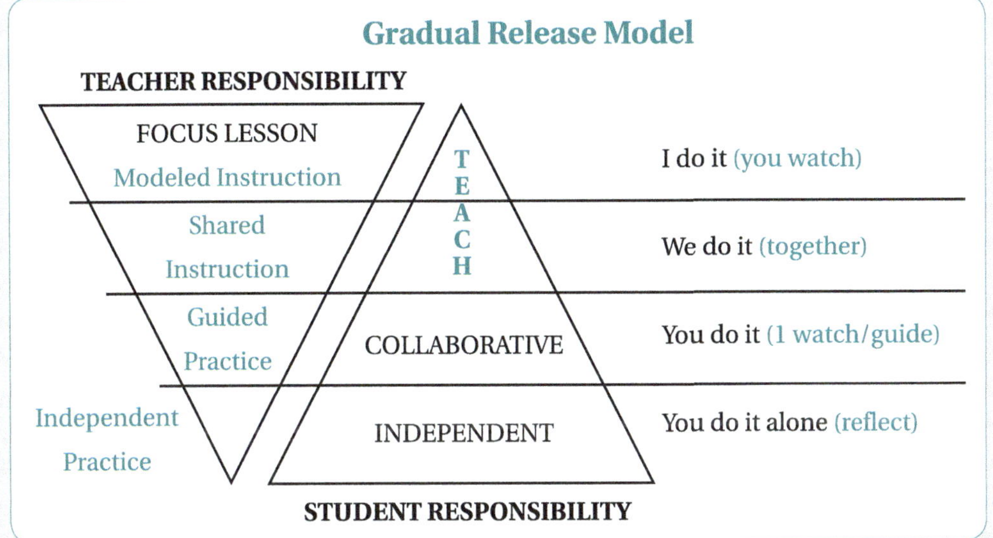

分析

• 案例分析

杨老师的第一节课值得我们学习的地方：

1. 教学设计细致有趣，使得课堂氛围轻松愉快：无论是教师自我介绍时和学生的互动，还是有趣的汉字入画和朗朗上口的中文歌曲，都体现了在快乐中学习中文的精髓，同时也展示了教师的个人魅力。

2. 让学生明确本节课的教学目标并在下课时再次检测学生的学习成果（check for understanding）。
3. 符合美国外语教学理念和方法，目标语教学和听说读写贯穿始终。
4. 跨学科和文化相结合：教师的自我介绍采用数字（高年级可以采用算术题）的方式，熊猫的引入也增加了文化元素。
5. 利用TPR教学法进行课堂管理，学生记忆深刻且有效。

拓展练习

1. 针对幼儿园和五年级两种不同年龄段的学生，教师该如何介绍自己?
2. 如果学生最后给教师的反馈是这节课的目标还掌握得不是太好，你是选择忽视还是调整教学?

【编者　王步银】

02 开学第一课（初中）

背景

陈锋今年刚到美国的一所公立初中Eagle Middle School教书，他教的是初中**G6—G8**[1]（六—八年级）。其中G6学生进行的是九周一个quarter（四分之一个学期）的汉语体验课。学生们在G6一年（四个quarter）中要分别体验、学习学校里所有的语言，包括西班牙语、德语、日语和中文，通过9周的体验课决定未来G7—G8选修哪一门语言，并且通过G7—G8两年完成此语言一级的学习并获得一个高中学分。语言体验课的学生很有可能在高中继续学习所选语言的二级甚至更高级别的课程。

情景再现

• 情景一：沟通失败的例子

今天是开学的第一天，陈老师充分准备了quarter计划、课堂规则和一个体现了自己专业水准的自我介绍。

陈老师一身正装，教室墙壁上贴着名言警句、书法作品和国画作品，教室里桌椅摆放整齐。他站在讲台上，等着学生们入座。学生们入座后，陈老师和学生们打招呼。

陈锋

Good morning, everyone! My name is Feng Chen, I am your new Chinese teacher. I'm glad to meet you all!

学生

Good morning! Mr. Chen.

陈锋

I am from Daqing, China. My province is famous for producing oil. I graduated from Yunnan University, which is a famous 211 University in China. My undergraduate major was Teaching Chinese as a Second Language. I did my graduate work at Beijing Normal University and majored in Teaching Chinese to Speakers of Other Languages (MTCSOL). During this period, I published a lot of papers in famous Chinese teaching magazines. These are some photos of my teachers, the papers I published, and the books I have written. In 2010, I began teaching undergraduate students. I have taught...

陈老师越说越自豪，可学生们开始窃窃私语，有的甚至开起了玩笑。

It seems like it's time to tell you the rules of our Chinese class.（打开制定好的规则，并分发给学生）

I will ask you to read our class rules one by one, starting from this line... You! First!

Don't talk in class.

Don't use your cell phone in class.

……

介绍完规则后，学生都不说话了，默默地看着，听着陈老师的“自说自话”。

Now please read the course outline for this quarter...

……

一节课45分钟过去了，下课铃一响，学生们都迫不及待地冲出教室，还有人说着：“我以为中文课多好玩呢，看来还是西班牙语好一些。”

陈老师听了后，觉得很伤心：在国内，自己是那么“专业”的一位老师，今天居然被学生否定了。

问题诊断

1. 教师完全没有用目标语教学，中文课没有说一句中文。
2. 整节课没有涉及中国文化方面的知识。
3. 课前准备不充分：没有教学大纲，没有给学生指出明确的教学目标。
4. 没有考虑学生的年龄特点，没有细节解释和指引。
5. 课程过于乏味，几乎没有和学生互动，无法调动学生的积极性和参与性；不符合美国外语教学理念，没有将听、说、读、写训练贯穿在课堂中。

• 情景二：给六年级（G6）学生第一节课的范例

让我们来看看同在一所学校的方玲老师的第一节课。

方老师的教室：

针对G6—G8学生年龄特色装扮的教室，充满丰富的中国元素，颜色多样、内容充实。教室门口贴着一张手绘熊猫图，上面用中英文写着：“你好！欢迎来到中文教室！”教室墙上贴着中国地图和中国元素装扮的展示板（用于以后粘贴学生作品），墙的空白处贴着中英双语的课堂规则、简单的日常用语、简单的象形字及其演变过程图等，还有各种形状的中国结装饰。讲台旁边的墙上有一个挂着灯笼的展板，上面贴着各种从中国带来的小物件、传统工艺品。白板上写着中文的日期、本节课的教学目标。

方老师的着装：

方老师穿着整洁、干净的休闲正装。

课前材料准备：

在上课前，方老师把一节课需要使用的文字材料放到每个学生桌子上。

具体准备的内容大致有：本课教学目标，分组积分原则，对老师的尊称，上下课流程，quarter教学内容，worksheet：你知道的中国，**exit card**[2]，**影像协议**[3]。

TPR教学法融入课堂：

意思	动作
你好	在胸前挥手
谢谢	抱拳
再见	举高手挥手
老师	指着自己
看	指着眼睛
听	指着耳朵
说	指着嘴巴
写	用手做笔写的动作
鼓励的话语：好，很好，棒，真棒！	竖起大拇指

Lesson Plan:

*** Please note that every lesson must have a reading and writing component.**

Lesson Name: First Chinese Class

Description of Intended Student Population:

American public school 6th grade students. 70% white, 15% African American and 15% other.

5Cs Standards :

Communications: See below

Connections: Lesson is connected to music because we use rhythm to learn how to greet others in Chinese, and it is connected to art because we practice writing Chinese characters, which are image-based.

Comparisons: The way of addressing a teacher is different in China. In China, we must address a teacher using his/her title. We will also learn Chinese-style class routines, which differ from those in the U.S.

续表

Cultures: Student will learn about Chinese culture as it relates to Chinese characters and class routines. **Communities:** Student can use Chinese to greet Chinese people in their communities. **Other Learning Standards:** (math, science, etc.)
Stage 1: Lesson Learning Targets – Student Can-Do Statements (after the lesson) **Interpretive Mode**: Student can greet others in basic Chinese. Student can write the Chinese character "好". **Interpersonal Mode:** Student know how to respond when meeting a new friend from China, and how to express appreciation to someone for doing them a favor. **Presentational Mode:** Student can use rhythm to sing the greeting song and present it in class.
Stage 2: Lesson Assessments – Summative Assessments (after the lesson) **Interpretive Mode**: Student can find the right Chinese symbols and match them with their images. **Interpersonal Mode:** Student can use basic Chinese to greet each other. **Presentational Mode:** Student can present the greeting song to their family and make a recording.
Stage 3: Learning Experiences
什么样的教学活动才能引导学生达到预期的学习目标? * Describe your activities in lesson plans.

Lesson 1
Student Can-Do Statements: Student can use a simple Chinese phrase to greet others. Student can sing a greeting song. Student can write the character "好".
Motivation/Warm-up/Routines: Classroom routines, first day of Chinese class, meeting new teacher.
Instructional Activities: **To:** How does the teacher model the learning? Demonstrate by teacher himself/herself, by doing with students. **With:** How does the teacher practice with the students? Through: I do, we do, you all do, you do **By:** How does the teacher provide support when students practice on their own? Giving constructive praise and repeating the correct answers.

续表

Description and Estimated Time Needed for Each Activity:	
Activity 1 (5 mins)	**Learn language point with TPR teaching method** **I do:** Teacher uses a TPR gesture while saying a greeting phrase in Chinese. **We do:** Teacher leads students to make the same gesture and say the same phrase. **You all do:** Students do the gesture and say the word together. Teacher walks around and helps students if needed. **You do:** Individual students volunteer to demonstrate the gesture and say the phrase to the class.
Activity 2 (8mins)	**Learn how to sing "Ni Hao Song"** **I do:** Teacher shows how to sing the greeting song "Ni Hao Ge" with rhythm. **We do:** Teacher leads students to sing after her, line by line. **You all do:** Teacher encourages students to sing together. The first few times, the teacher may sing with students. Students practice as a group, and teacher provides help. **You do:** Teacher encourages students to present the song as a group or as individuals.
Activity 3 (7 mins)	**Write Chinese character "好"** **I do:** Teacher shows how to write this character on a big *"Tianzi"* form（田字格）on white board. **We do:** Teacher leads students to write the character stroke by stroke. **You all do:** Teacher asks students to practice and circulates among students to help. **You do:** Students volunteer to show how to write this character on the white board.
Support/Setup You Need to Arrange Beforehand: Instruction sheets, worksheets, and handouts.	
Materials/Resources/Technology Used: PPT, big *"Tian zi"* form	
Grouping Considerations: 4 groups, 5 students to a group	
Consideration of Using Multiple Intelligence Strategies: Verbal linguistic, rhythmic, bodily kinesthetic, interpersonal	
Formative Assessments: Exit card, singing the greeting song to family members and recording it, worksheets (including the character writing practice sheets)	

▶发给学生的材料

（1） **Instruction Sheet**

Instruction Sheet

Learning objectives today

a. I can understand the expectations of the Chinese class (quarter topics, routines, etc.).

b. I know how to greet people in Chinese.

c. I know that Chinese is not a phonetic language. The characters evolved from pictographs but developed into a sophisticated writing system.

Chinese characters

a. About Chinese characters

Chinese is not an alphabetical language. Chinese use "characters" for writing. Some of the Chinese characters originated from pictographs. Over the years, the characters have evolved into a very sophisticated system. There are certain rules to follow to recognize and/or to create new characters.

Use your imagination. Try to match the characters with the images they came from.

b. The Chinese character "好"

The character "好(hǎo)" means "good" in Chinese. The left side of the character is "女(nǚ)" which means woman. The right side of the character is "子(zǐ)" which means baby. Chinese people believe a mom with her baby enjoying their bond is a good thing. So we use this character for "good".

c. Chinese stroke order

When you try to write a Chinese character, you should write the individual strokes in a certain order. The basic rules for stroke order are: from top to down and from left to right.

Expectations for learning

1. Class rules

Let's discuss what our class rules should be and see if we can come to a consensus.

2. Class routines

a. Addressing a teacher in Chinese

Chinese people don't address their teachers using name only. We prefer to use a person's family name (last name) followed by the word "teacher" (老师, lǎoshī) . In Chinese, the last name (姓, xìng) is the first character in a name, so in my name, 方玲 (Fāng Líng) , "Fang" is my last name. So you address me as 方老师 (Fāng lǎoshī) .

b. Routine to start and end class

In China, we have a routine to start and end class. At the beginning of class, the teachers says "class has started, stand up" and then greets the students. The students then stand up together and greet the teacher. The teacher then thanks the students and asks them to be seated. At the end of class, the teacher says "class is over, stand up" and then says goodbye to the students. The students then stand up again to show respect to the teacher, thanking him/her and saying goodbye.

Here are the phrases we use in the routine:

Start of Class:

Teacher：上课，起立！（Shàngkè，qǐlì!）

Teacher：同学们好！（Tóngxuémen hǎo!）

Students：方老师好！（Fāng lǎoshī hǎo!）

Teacher：谢谢！请坐！（Xièxie, qǐng zuò!）

End of Class：

Teacher：下课，起立！（Xià kè，qǐ lì!）

Teacher：同学们再见！（Tóngxuémen zàijiàn!）

Students：谢谢方老师，再见！（Xièxie Fāng lǎoshī，zàijiàn!）

c. Winning a "正" for your team

In China, we use the character "正" to tally points. Each student who answers a question correctly or participates in class activities will win one stroke of this character for your team. The team that receives the most characters is the winning team. The winning team each week will receive a team stamp.

3. Topics for this quarter

Greetings, Chinese names, Numbers, Families, Colors, Fruits, Body, Animals

（2） **Worksheet：**

What do you know about China or Chinese culture? Can you speak any Chinese?
____
____
____
Raise your hand to share your answers with your classmates and win a stroke for your team.

（3） **Exit card：**

What did you learn from today's class?
1. How do you greet someone in Chinese? ____________________
2. What does "谢谢（xièxie）" mean? ____________________
3. Give this card to your teacher and say goodbye in Chinese.

▶**方老师在课堂上使用的转换牌：**

具体过程展示：

上课前5分钟，方老师站在教室外面亲切地迎接学生，和学生们热情地说“你好”。学生们也跟着她说“你好”。随着最后一位学生进来，方老师走上讲台。

1. 开场热身（3分钟）

方老师拿起转换牌转到中国国旗。反复指着PPT上的教学目标，再用手指着眼睛对学生说：“看，看”。

PPT展示本节课教学内容：Get to know your Chinese teacher; Quarter plan; Classroom rules（方老师说并演示“看”的动作，让学生自己阅读、了解本节课内容）。

方老师开始不停地说“你好”，然后和学生招手、握手、打招呼并鼓励学生重复说“你好”。并且双手张开，示意学生互相用中文打招呼。

走到学生中，用手把5个人圈在一起，说“一组、二组、三组、四组”，在黑板上写上：“一、二、三、四”。拿出发给学生的instruction sheet，用手示意学生看发给他们的材料：“Winning a ‘正’ for your team”。

2. 学习语言点（5分钟）

方老师示意学生看注释“How do you address a teacher in China?”并指着学生又指向自己挥挥手说：“方老师，你好！”

I do：方老师指着耳朵说：“听”。挥手并大声地说三遍：“方老师，你好！”（手指展示1、2、3次数）

We do：方老师指着学生和自己，说：“说”。和学生一起挥手并说三遍：“方老师，你好！”（手指展示1、2、3次数）说完后鼓励学生。

You all do：方老师指着学生们，说“说”。鼓励学生集体挥手说三遍：“方老师，你好！”

You do：方老师举手示意学生单独举手，并叫举手的学生“说”：“方老师，你好！”并热情地回复：“Tom（举手学生姓名），你好！”并拍手鼓励。可以叫5—6个学生参与互动并且给相应小组画“正”字。

用同样的方式练习《你好歌》中的所有语言点：老师，你好，谢谢，再见。

3. 学习《你好歌》（8分钟）（参见P39-40）

4. 学习汉字“好”（7分钟）

方老师示意学生阅读汉字“好”的介绍并进行连线练习。在连线后鼓励学生分享自己的答案。

在PPT上展示下图，让学生自己看这三个汉字的演变。

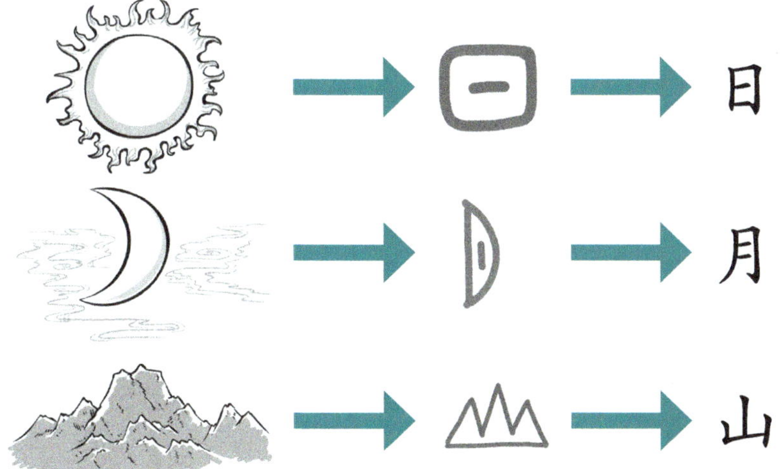

图片选自《国际汉语教师汉字教学手册》

带领学生学习“好”字的书写。首先给学生看一看组成“好”字的两个部分。学生已经阅读了“好”字相关的英语解释，就很容易明白这是“女”和“子”的变化过程。

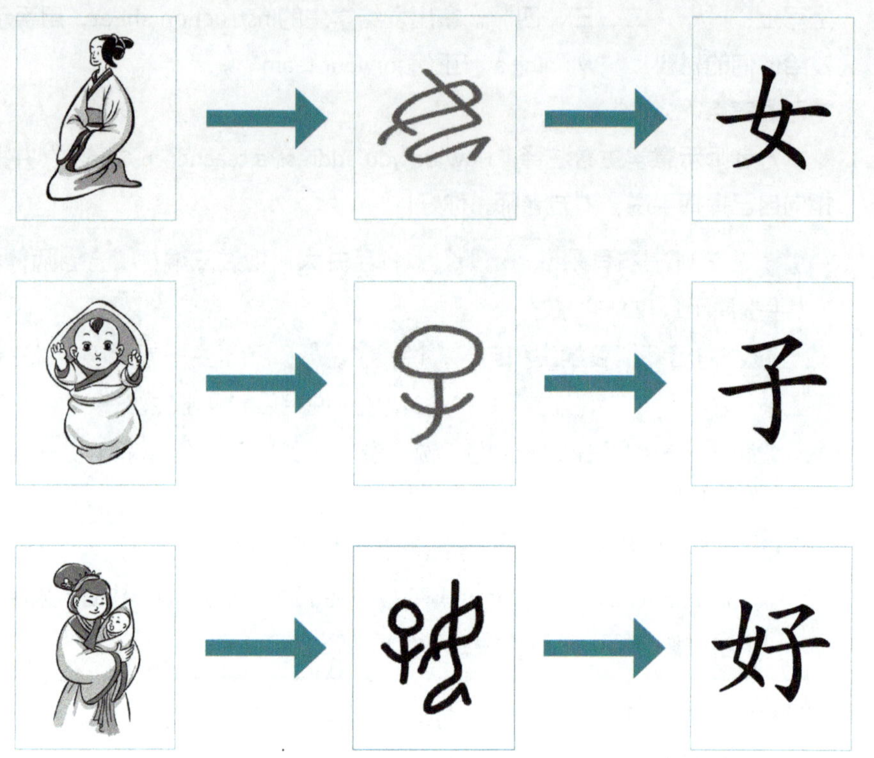

图片选自《国际汉语教师汉字教学手册》

带领学生在田字格里面练习写字。并让学生阅读Chinese stroke的注释。

好	ㄑ	女	女	女'	好	好

I do：方老师指着自己，对学生说：“看老师，看老师写。”然后在白板上的田字格里面按笔顺写“好”字。

We do：带领学生一起，一笔一画写“好”字。方老师在白板上写，学生在田字格上写。

You all do：方老师示意学生写，让学生在田字格上继续练习，自己走到学生中，给学生们解决出现的问题或者纠正错误。

You do：方老师示意学生单独举手，邀请举手的学生到白板上写出“好”字，并且给相应的小组画“正”字。

5. Quarter Plan（5分钟）

方老师示意学生看PPT上展示的“What do you know about China and Chinese?”

方老师拿出worksheet，用手比划写的动作对学生说：“写，写，写。”学生写好后，示意学生起来分享他们知道的关于中国的信息，在学生回答的时候示意全班：“看XX，听XX说。”并且在学生发言后不停地说“谢谢！很好！”来鼓励学生。给其小组加分。

分享之后，方老师打开Quarter Plan。PPT上展示了这个学期要学的内容。

Agenda in this Quarter

Topic one	Greetings
Topic two	Chinese names
Topic three	Numbers
Topic four	Families
Topic five	Colors
Topic six	Fruits
Topic seven	Body
Topic eight	Animals
Final	Review

方老师用中国人比划数字的方式指着PPT上的内容，并用中文说：“第一，问候；第二，姓名；第三，数字；第四，家庭；第五，颜色；第六，水果；第七，身体；第八，动物；最后，复习。”

6. 制定规则（8分钟）

展示完Quarter Plan之后，方老师把转换牌转到美国国旗，然后问学生“Do you have any questions so far?”并就学生问题进行解答。

Now, I would like to ask you some questions. How can we make our Chinese class really good? How should you behave during class?

方老师

方老师示意学生举手回答。

Jason

We should be respectful. We should not talk when you are talking.

方老师

方老师给Jason所在小组加分，同时在白板上写上“Be respectful, and no talking when the teacher is talking.”。然后继续示意学生回答。

We should follow your directions.

非常好，谢谢！I do appreciate the way you share your ideas by raising your hands first to get permission to speak. Anyone else?

方老师给Alice所在的小组加分，同时在白板上写上“Follow your directions, raise your hands and get permission before talking.”。接下来方老师也根据这个形式给发言的学生所在的小组加分，并且把规则写在白板上。

In Mr. Williams class, we can only use the hall pass three times in a quarter. I think this rule would be good for our Chinese class too.

真棒！谢谢！Let's follow this rule too. But please let me know if you ever have an emergency situation – if you don't feel well, for example. What about your cell phones? Can you use cell phones at school?

We can't use cell phones. This rule is in our handbook. But Mrs. Green allows us to use our phones to look up information for assignments in class.

谢谢！很好！So let's agree to only use cell phones with permission.

Can we use iPads or Kindle Fires?

谢谢你！Thank you for mentioning these. With permission, yes.

接下来方老师就课堂规则继续和学生进行讨论，把黑板上的规则进行了缩减和整合。并且告诉他们明天会把这个制定好的规则做成纸质的发给每个人。

7. 复习和上下课流程的练习（5分钟）

方老师把转换牌换到中国国旗，以问答的形式和学生一起复习了所学的语言点。

方老师冲着学生招手，然后举手。有学生举手说“你好！”方老师重复“你好！”并示意学生跟读。并且用中文进行鼓励，给小组加分。

方老师用同样的方式，示意学生回答并复习其他语言点。并且和学生一起复习了《你好歌》。

接下来方老师示意学生读最后一条——中国学生上下课流程，并练习。

方老师大喊：“上课，起立！”用手示意全班站起来。

对学生说：“同学们好！”

指着学生对自己说：“方老师好！”示意学生说：“方老师好！”

用手示意学生坐下，说：“谢谢！请坐！”

反复练习1—2遍（上下课的流程在随后的每节课上都会重复训练）。

8. 下课前让学生填写exit card（见P50）。并布置家庭作业。（3分钟）

拿出最后一张写有Homework的纸。说“作业，今天的作业”并在白板上写上homework。

Homework

1. Sing *"Ni Hao Ge"* for your family and send the recording to your Chinese teacher.

   （If you don't have a way to record, please visit http://vocaroo.com/）

   Parent feedback : ________________________________

   After your parents have signed this sheet, please hand it in to your teacher tomorrow.

2. Ask your parents/guardians to sign the "Image Permission Form" and hand it in tomorrow.

方老师在下课前一分钟和学生说“下课，起立！同学们，再见！”学生回答“谢谢方老师，再见！”，然后走到教室门口，收取每个学生的exit card并挥手和每个学生说再见。

1. G6—G8：在美国，学生的年级分类和中国很相似，但是有一些区别。美国的年级系统详情可参考下表。

<table>
<tr><th colspan="2">Grade</th><th>Age</th></tr>
<tr><td rowspan="3">Elementary school</td><td>Preschool</td><td>4–5</td></tr>
<tr><td>Kindergarten</td><td>5–6</td></tr>
<tr><td>1st – 5th grade</td><td>6–11</td></tr>
<tr><td>Middle school</td><td>6th – 8th Grade</td><td>11–14</td></tr>
<tr><td rowspan="4">High school</td><td>9th Grade (Freshman)</td><td>14–15</td></tr>
<tr><td>10th Grade (Sophomore)</td><td>15–16</td></tr>
<tr><td>11th Grade (Junior)</td><td>16–17</td></tr>
<tr><td>12th Grade (Senior)</td><td>17–18</td></tr>
</table>

2. **exit card：学生离开教室前填写的卡片，通常是书面形式，可以让学生对今天的课程学习内容进行总结，或者做一个小调查。**教师一般会在门口送学生离开教室时收取。其目的是充分利用完成教学内容后和下课铃响之前的几分钟时间，避免学生无所事事、聊天扰乱课堂秩序。

3. **影像协议：美国人非常重视肖像权，尤其是未成年人的肖像权。**在未经监护人允许前，教师不能够给学生拍照或者拍摄视频。如果被发现使用这些未经允许拍摄的照片或者视频，教师很可能会涉及违法，甚至吃官司。有些学校会在学生注册入学的时候就让家长签署一份拍照或者视频许可协议（教师也可以在学期初向学校咨询相关事宜，如果有打算给学生拍照或者拍摄视频，可以和学生家长签署一份拍摄许可协议并严格遵守）。例：

Chinese Class Student Image Permission Form

Dear Parent/Guardian:

Please read over the following and make a decision as to whether you grant permission for the Chinese teacher to post, print, or release your child's image/photograph or student work.

Examples of how your child's image/photograph or student work might be shown:

* In the classroom.

* In a Chinese-class newsletter.

* On the Chinese teacher's website.

* With other students or parents.

* In the Chinese teacher's instructional materials, such as a PowerPoint or Word

document.

* With the College Board and Hanban's Chinese Guest Teacher Program.

Your child's name or address WILL NOT be included with your child's image/ photograph or student work when it is published on the Web.

RELEASE AUTHORIZATION

Your permission grants the KMS Chinese teacher the approval to publicize without prior notification and remains in effect until the KMS Chinese teacher receives written notice that you would like this revoked.

_______ I/We DO give permission for _______'s image/photograph or school work to be used as described above. We are willing to release this into the public domain.

****

_______ I/We DO NOT give permission for _______'s image/photograph or work to be used as described above.

Parent/Guardian Name ____

Parent/Guardian Signature ____

Please ask your child to return this signed form to your child's Chinese teacher.

Thank you!

分析

• 案例分析

方老师的第一节课有以下值得我们学习的地方：

1. 创设全中文课堂氛围。

   整节课中文使用量在90%以上，除了在介绍规则时使用了英语，其他内容完全使用学生可理解的中文及指引动作完成。在美国，学生缺乏熟悉、学习中文的语言环境，只能在课堂短短的几十分钟里接触中文。所以教师应该尽可能多的说中文，在课堂上形成中文的教学氛围。这也是美国教育部外语教研会对每位外语教师的要求：尽可能多的让学生在目标语环境中学习语言。

2. 详细的教学大纲，充分的准备。

   针对第一节课，方老师制定了详细的教学大纲，并且在课前做了充分思考，对学生可能在课堂上遇到的不可理解的关键点，都进行了书面解释，让学生通过阅读英语解释来了解相关中国文化和知识点。

3. 让学生明确本节课的教学目标。

   在课程最开始通过板书、PPT展示、发给学生的阅读材料等，告知学生每堂课的教学目标——这也是美国教育部门对每位教师的要求。

4. 将听、说、读、写贯穿课堂，符合美国外语教学理念。

5. 第一节课就进行语言点学习，并涉及了文化。

   第一节课就涉及了语言点学习，如打招呼、姓名、课堂简单用语等。还涉及了文化，如中国姓名文化、对教师的尊称、中国课堂流程等。让学生学完第一节课后获得成就感，可以和家人说几句中文，并简单谈论美国文化和中国文化在姓名、上课流程等方面的不同。通过了解中美差异也可以让学生意识到，学习中文是有挑战性的，应该认真对待。

6. 和学生一起制定课堂规则。

   方老师在制定中文课规则时，充分考虑了学生的看法，并让学生自己制定规则。这样可以发挥学生在课堂中的主人翁精神，而且认真执行自己制定的规则。同时，方老师也通过学生的表述了解到其他教师在课堂上的一些规则，并加以合理利用。

7. 充分地展示出老师的课堂风格。

   在融洽的师生互动中完成第一节课的教学，让学生充分感受到教师的魅力，并加深对中文课堂的印象和好感。

• 文化点

1. 美国学生上下课：美国学生课间的时间一般是5—10分钟。在这么短的时间内，学生需要换教室，部分学生需要去上洗手间、到自己的储物柜去换下一节课的书，有的要去换衣服参加体育课等，所以教师一定不能拖堂。一般有经验的教师会在下课铃响前3分钟就完成课堂教学，让学生完成exit card。有的美国教师会让学生们排队站在门口等待铃声响起再出教室。

2. 拖堂：没有特殊情况是不允许集体拖堂的。但是如果课堂上有个别学生有特殊情况需要教师留下学生特别处理，教师需要给学生写一个hall pass，记录学生离开的时间、目的地、教师的名字，以便追踪学生考勤。学生在课间休息以外的时间出现在走廊里也必须有教师签名的hall pass。

HALL PASS

Date: ______ Time: ______

Student: ________________

Destination:

[ ] Bathroom [ ] Counselor

[ ] Library [ ] Office [ ] Nurse

[ ] Room:________________

[ ] Other: ________________

Teacher's Signature:

____

HALL PASS

Please Allow: ________________________________

To Go To: ☐ Restroom ☐ Library ☐ Principal/Asst. Principal

☐ Locker ☐ Computer Lab ☐ Guidance Office

☐ Cafeteria ☐ Auditorium ☐ Main Office

☐ Bus ☐ Dean ☐ Room ☐ Nurse

☐ Other ______

Time Left: ______ AM PM Teacher/Staff ______

Date: ______

Time Returning: ______ AM PM Teacher/Staff ______

拓展练习

1. 在小学五年级的中文体验课堂上，该如何介绍自己和制定课堂规则？
2. 在高中三年级的中文三课堂上，该如何介绍自己和制定课堂规则？

【编者　蔡怡虹】

英语小智囊

语言误区

✕避免使用的词：require/requirement, punishment, easy

✓应该使用的词：expect/expectation, consequence, interesting/fun

> 小提示：
>
> （1）expectation本意是“期待、期望”，在学校实际上是rule（规则）的另一种说法，这个词比requirement更积极、正面，不太容易引起学生心理上的抵触，如hallway expectations，classroom expectations，cafeteria expectations，computer lab expectations等。这些都是学生需要做到的行为规则，如果违反，会依据校规进行处罚。
>
> （2）有些教师为了不让学生害怕学中文，在开学时告诉学生中文课很简单，这样可能会误导学生，让学生觉得不用努力就能学好，但如果学生成绩不好，就会埋怨教师，认为自己没有学好是教师的问题。所以教师最好告诉学生中文课很“有趣”（interesting）而不是“简单”（easy）。

实境范例

1. 第一次中文课，如何在门口迎接学生？

词汇：welcome

例句：

（老师站在教室门口，微笑迎接学生，教室里PPT上显示欢迎页面，seating chart，bell work）

（1） 你好！

（2） 你好！欢迎！Hello，welcome！

（3） 你好！欢迎来到中文课堂！Hello，welcome to Chinese class！

2. 第一次中文课，如何跟学生约定一些教室里的基本行为规范？

词汇：silent signals

例句：

I think you may have silent signals in other classes. In Chinese class, we will use these signals:

教室海报

课堂手势图

3. 第一次中文课，教师如何做自我介绍？

第一次中文课，先用中文配合PPT中的图片或可视教具向学生做自我介绍，之后可用少量英语介绍中文课以及对学生的要求、期待和课堂规则等。

My expectations for you are: have fun, learn a lot, and be respectful. We will have many fun activities in Chinese class, including watching video clips, doing crafts, and speaking to students in China via the Internet. However, we will have rules and consequences as well. I will hand out a classroom management plan for your parents or guardians to sign tomorrow. I also expect you to speak Chinese in my class. Let's work together to make this a wonderful school year.

在美国，沉浸式项目要求老师用100%目标语（全中文）进行教学，开学第一天教师也应用全中文做自我介绍。这也是中文教学的一个好机会，学生可以由此学到如何介绍自己的名字、出生日期、家乡、兴趣爱好等。但零基础的学生开学第一天不宜教授太多内容，教师应根据学生的中文水平选择词汇和句子的难度，用已知带新知，用让学生有参与感的方法来介绍自己。对零基础的学生而言，要用“可理解输入”（comprehensible input）来进行教学，根据学生的具体情况选择图片、动作、表情等元素来帮助学生理解。如果是面对非沉浸式/双语项目课程、零基础的学生，第一次上课时允许使用少量英语，进行课堂规则及程序的设立和介绍学年教学目标及大纲；但仍然建议教师尽量在教学中参考沉浸式教学法采用中文教学，以此来提高学生的学习效率和语言程度，10%的英语仅用于一些必要的课堂管理和紧急或突发状况。

情景范例：零基础学生第一天上课的教学目标及简单教案

教学目标 Learning objectives（需要提前在白板上写出来）

1. Greet each other.
2. Say "teacher" and "student".
3. Say "I, me" "you" and "he, she".
4. Say "look" "listen" "speak".
5. Say "good" "not good".
6. Say "good bye".

教学步骤

1. 提前在白板一角写上：欢迎 Welcome；是 is，are，am，was，were，will be。
2. 学生进教室时，说"欢迎"，同时指着白板上已经写好的"欢迎 Welcome"。
3. 在学生之间来回走动，跟学生们握手说"你好"。
4. 用手势，教"老师"和"学生"。
5. 用手势，教"你""我""她/他"。
6. 把以上教的内容融合到一起，教"我是老师"（指自己）和"你是学生，他是学生"（指各个学生）。重复"我是老师，你是学生"（说到句子里面的"是"时指着白板上的"是"字）。
7. 用手势教"看""听"和"说"。
8. 把以上内容融合到一起，运用下列课堂用语：

   看老师　听老师说　老师说，学生听　学生说，老师听
9. 教"好"（竖起大拇指），"不好"（大拇指朝下）。
10. 快下课时，教"再见"。

    在教的过程中，反复指着白板上的学习目标。指一个的时候，让学生把相应的中文说出来。掌握了的说"好"，并在旁边打个勾。

第二节　课堂教学设计与实例

01 中文沉浸式教学设计与实例（中文课）

背景

美国某州**中文沉浸式项目**[1]（Chinese Immersion Program）在小学阶段采用“50／50模式”，即学生每天有一半的时间用英语学习，一半的时间用中文学习。中文课上，教师完全将目标语作为授课语言。中文课每周四次，每次50分钟。Star School District采用的中文教材是*Mandarin Matrix*。每个学年结束时，每个年级都会给每个学生出具一份最终的**中文流利水平**[2]报告（Chinese Proficiency Report）。此外，从三年级开始，州里采用统一的AAPPL（The ACTFL Assessment of Performance toward Proficiency in Languages）考试来检测学生的中文流利水平。

理论广角

一节沉浸式中文课必须要从课程设计开始。说到课程设计又必须说到一个重要的教学设计理论——反向教学设计（backward design）。简单来说，反向教学设计有三个重要步骤：定教学目标、找测评方式和做教学设计。

• 定教学目标

教学目标是一节课的教学根本，而课程标准又是整个课程的根本。我们要“纵观全局”，即从课程标准和全年计划两方面考虑，设定目标。从课程标准方面说，教学科目的每一节课都和特定的学科课程标准相关联。那么，要怎么查看每一课对应的课程标准呢？一种简便的方法是查看与学科教材配套的教师用书。教师用书详细说明了每一课对应的课程标准以及每一课的教学目标。在设定某一课的教学目标时，最好查看教师用书里连续的几个单元，因为很可能这几个单元在内容上是互相关联的。在教授这一课的时候，要考虑它与前后课程的对应关系，有时还需要结合全年教学重点来设定这一课的教学目标。

第二个方面是全年计划，也就是按照学区测试时间排出的学校全年教学规划。因为学区的教学测试有时间限制，教师必须在一定时间内完成教学内容，学生才能在特定时间内去参加测试，所以教师在制定教学目标时，还需要重点考虑全年计划，然后再把每节课的内容安排到全年教学规划中，这样就能得出完成每一课内容所需的课时数，教师应根据课时数调整每节课教学目标与内容。

参照这两个重要的信息，我们可以制定出某一课的教学目标，但这并不是定目标的终点。教师还需要把教学目标转换成学生能看懂的学习目标，放在PPT里，或者写在白板上，方便学生随时查看，也方便教师在上课的不同环节，反复提醒学生，让学生明白自己努力的方向，还可以让学生及时进行学习效果的自我检测。

- **找测评方式**

制定好教学目标以后，教师还需要通过一定的测评方式来检测学生的学习效果。一般来说，测评方式有两种：一种是形成性评价（formative assessment），另一种是总结性评价（summative assessment）。形成性评价又称过程评价，是教师在上课过程中，对学生学习效果进行的即时检测，形式包括回答教师问题、完成课堂练习、同学之间的讨论、课堂表演和完成出门检测卡（exit card）等，比较多样。总结性评价又称终结性评价或事后评价，一般是在教学活动告一段落后，为了解教学活动的最终效果而进行的评价，通常采用笔试的形式。这两种测评方式都非常重要且实用，教师可根据教学需要选择合适的测评方式。测评结果不仅可以反映学生的学习效果，同时也能反映教师的教学效果，还能为改进教学和复习提供依据。

- **做教学设计**

这是反向教学设计最重要的内容。教师要根据之前确定好的教学目标和测评方式来设计具体的教学。教学设计主要的版块有：一起研读教学目标、导入（复习）、词汇教学、教师示范、师生操练、学生和学生一起操练、学生单独操练和总结等。

在这一部分有两点需要注意：**知识深度**[3]（depth of knowledge, DOK）和**显性教学**[4]（explicit instruction）。

教学案例

本节以*Mandarin Matrix* G1第六单元的教学设计为例。本单元有三本小书：《不可以玩雪》《雪人》和《老师说》，计划学时为三周，教师从听、说、读、写四种技能出发，以提高学生的中文流利水平为最终目标，以该州的外语学习标准为基准，采用反向教学设计的理念和“教师做→师生做→学生们做→自己做”的教学模式来引导学生学习中文。

• 定教学目标

1. 查看相关标准

▶结合州教育厅的外语学习标准，确定本单元对应的标准：

（1）听说标准：

- I can sometimes understand simple questions or statements on familiar topics. **(NH.IL.1)**
- I can communicate some basic information about my everyday life. **(NM.IC.7)**

（2）读写标准：

- I can recognize words, phrases, and characters when I associate them with things I already know. **(NM.IR.2)**
- I can write notes about something I have learned using lists, phrases, and memorized expressions. **(NM.W.4)**

▶确定二年级的中文流利水平目标：

（1）听：能听懂熟悉的话题下的简单问题、陈述和指令，以及有较强语境支持的一些新话题中的句子；

（2）说：能在说话时使用已经记住的短语和常用表达；

（3）读：能认识一些字词，可以识别出高频词汇；

（4）写：能写出适量的词和短语。

▶结合州教育厅全年规划，确定本单元的语言重点和交际重点：

每个单元计划学习三周，平均每本书学习一周。

- 语言重点：可以、不可以
- 重点词汇：有、没、外、因、雪、说
- 交际重点：聊一聊雪。

2. 确定教学目标

▶综合以上所有内容，教师确定了本单元的教学目标：

（1）语言目标：学生会在对话中使用“可以”和“不可以”，会用“可以”和“不可以”写句子；

（2）交际目标：学生学会与别人谈论“雪”和“玩雪”。

▶教师呈现给学生的学习目标：

（1）中文听说目标：我会用“可以”和“不可以”；

（2）中文读写目标：我会用“有”“没”“外”“因”“雪”和“说”。

选测评方式

从听、说、读、写四项技能出发检测学生的学习效果。形成性评价主要通过课堂中的口头回应、对话、读书、小组讨论和书写等来检测。总结性评价主要通过三周一次的考试来检测。

做教学设计

这三本书的教学时间是三周，每周4课时，每课时50分钟，中文听说和中文读写各占一半时间。

▶第一周　星期一

中文听说

1. 讲解生词“下雪”“外面”“说”“没有”（DOK1）。采用全身反应教学法（TPR），教师演示、教师和学生一起演示、学生间互相演示和学生独立比赛等步骤。
2. 故事导读（DOK2）。这是热身环节，主要采用两种方法：①用图拼故事，事先从故事里选几张图片，打印出来，让学生以小组为单位排列图片顺序，讲出自己小组的故事；②图片预测（picture walk），即教师带领大家通过看图片来预测故事，说一说从图片里面得到的信息，通常学生不需要把全部的图片都看完，教师可以留下最后几张，给学生留一些悬念，等讲解课文的时候再揭晓。

中文读写

写生词“有”“没”“外”（DOK1），主要训练笔画、笔顺。首先让学生跟着教师写，可以让学生在白板上写或做书空练习。学生在白板上写完之后，教师再按笔画顺序擦去，在擦去笔画的同时帮助学生记忆笔画、笔顺。接着，让学生和搭档进行笔画操练，轮流写笔画（每次一画），并说出笔画名称，通过笔画接力来记住每个字的笔画、笔顺。最后，学生独立比赛，可以请两个学生进行笔画接力比赛，或者计时看谁书写这个字用的时间最短。

▶第一周　星期二

中文听说

开始学习《不可以玩雪》的课文第1—5页（DOK1）。结合表演让学生学习课文的故事。教师可以先带读一遍课文，讲解故事的发展线索。然后，选择某个部分进行表演。表演的程序通常是教师先表演给大家看，接着教师和学生一起表演，然后学生和自己的搭档一起表演，最后教师根据自己的观察选择个别学生上台表演，或根据学生的意愿请学生上台表演。

中文读写

主要训练“因”“雪”“说”的笔画、笔顺（延续星期一的做法）。

▶第一周　星期三

中文听说

继续学习课文第6—10页（DOK1）。结合表演让学生学习课文的故事（延续星期二的做法）。

中文读写

做“有”的词语扩展（DOK1&2）。前两天已经完成了六个新词的教学，此时可着力加深学生对生词的认识，进行词语扩展。扩展旨在让学生完成从词到句的学习。在学习句子的层面又要考虑到学生对不同句式、句型的学习，如陈述句和疑问句等。词语扩展的整个过程遵循显性教学（explicit instruction）的操作要求。从老师展示组词、组句，到师生一起组词、组句，再到学生和自己的搭档一起组词、组句，最后学生试着自己进行组词、组句。此外，也可以使用配套练习册来进行词语的扩展。

二年级中文词语扩展

号码：______　班级：______　姓名：______　今天是______月______日，星期____。

有　老师做／师生做	学生们做	自己做
组　词：____________	____________	____________
陈述句：____________	____________	____________
____________	____________	____________
问　句：____________	____________	____________
____________	____________	____________

词语拓展作业纸

▶第一周　星期四

中文听说

完成全部课文的表演（DOK2）和课文阅读理解（DOK2）。在前三天已完成所有课文的讲解，这时可以让学生以小组为单位改编课文，然后把改编后的故事表演出来，要求每个学生都要发言。该环节目的是让学生慢慢把课文中的语言内化成自己的语言进行输出。

经过学习和表演，学生对课文的意思有了基本的了解，接下来就需要深入理解课文内容，培养学生的阅读理解能力。在这个阶段，教师可以问学生这样的问题：①小男孩想要做什么？②小男孩去外面玩雪了吗？③小男孩为什么不可以去外面玩雪？④后来，小男孩和小女孩在家做了什么？⑤为什么他们觉得可以在家玩雪？⑥你觉得妈妈会高兴吗？⑦故事的主要意思是什么？

中文读写

做“外”的词语扩展（DOK1&2）（延续第一周星期三的做法）。

▶第一周　星期五

小组活动（DOK1&2）。把学生分成几个小组，如数学组、写字组、阅读组、电子设备组等，让他们参加不一样的小组活动，每个小组在规定时间结束后轮换任务。教师可以带领一个较难独立完成活动任务的小组，比如阅读组，在组内与学生进行面对面交流，为学生提供适当的协助和支持，并做个体学习记录（其他的小组要保证学生能够独立完成任务）。还可以根据学生的不同程度，进行分级阅读，进行差异化教学。这些活动一般有数学游戏、写字、用电子设备听课文录音、完成在线练习或是做在线的中文游戏等。

选择在周五安排小组活动是因为周五的教学时间比较短且临近周末，学生需要比较轻松的学习方式。小组活动不仅可以给予学生自主学习的机会，还可以让他们在短时间内参与好几个有趣的活动，进而充分调动学生的学习积极性。教学方面，能够独立完成任务的小组主要是做复习新近学习内容的活动，这可以起到很好的巩固学习的效果，而教师负责的小组则可以有针对性地进行差异化教学。

▶第二周　星期一

中文听说

口语扩展（DOK1&2）。这套书的课文内容在特定的故事背景下以对话体展开，有些在生活中较难直接运用，所以为了提高学生的中文流利水平，让学生能够在实际生活中更好地运用已学知识。教师围绕本单元主要话题“雪”，设计了“你喜欢下雪天吗？为什么？”“你喜欢玩雪吗？”“你喜欢跟谁玩雪？”“我们可以怎么玩雪？”“雪是什么颜色的？”等实际生活中经常会用到的问题，来引导学生的对话和口语表达。

问答的过程遵循显性教学的原则。开始由教师演示对话，接着教师和学生尝试对话（教师问学生答，或学生问教师答），然后让学生和自己的搭档进行互相问答，最后请个别学生展示他们之间的对话。

中文读写

1. 做“外”的词语扩展（DOK1&2）（延续第一周星期三的做法）。
2. 一分钟中文阅读考试：《不可以玩雪》（DOK1）。

（1） 准备考试素材：把故事内容整合到一张或两张纸上，还是按照对话体的形式呈现，特别的是在每一行的末尾标出到这行为止的字数，然后把这样的纸放在塑胶套中。

（2） 两人一组，分配搭档：教师事先排好所有的座位，可根据测试成绩以及自己的观察，把学生按课文掌握的程度排好名次，然后按照精确搭档（precision partner）的方式安排座位（假如这个班有28名学生，那么可以让第一名和第十五名坐在一起，让第二名和第十六名坐在一起，依此类推）。这样的组合可以让他们的水平相对接近，同时又能让掌握较好的学生来帮助掌握较慢的学生。

（3） 考试操作：排好座位以后，第一分钟，A（掌握较快的学生）读给B（掌握较慢的学生）听，一分钟后，B用马克笔标出A读到了哪儿，算出A在1分钟内读出的总字数。在读的过程中，如果B听出A读得不对的字，要用马克笔标出，并在时间到了以后，把正确的读音告诉A，同时算出A读错的字数。用A读的总字数减去读错的字数，可以得到最后读对的字数，这就是A的成绩，A可以在进步表中记录自己的成绩。一轮结束后，A、B互换，由B读给A听。

（4） 如果周一到周四每天都做这个活动，就可以用红、黄、蓝、绿四种不同的颜色来做记录，让学生努力提高自己的成绩。一分钟中文阅读考试有两个目的：一是让学生进一步熟悉课文，二是在语流中培养学生的中文语感。

二年级中文一分钟阅读考试

（第六单元第三课老师说……）

：我们在上课。老师说，上课不可以玩！ ◀14

因为我们今天要跟老师看书。 ◀26

：老师说不可以看外面！因为我们要好好上课。 ◀44

：下课了！我们去外面玩吧！ ◀54

：老师说，今天不可以去外面玩，可以在里面玩。 ◀72

因为今天下大雪。 ◀79

：老师说……老师说……老师说…… ◀88

：老师说，你不可以坐在这里。 ◀99

这里有人坐了。 ◀105

：为什么我不可以坐？ ◀113

：因为你很喜欢说“老师说……”！！！ ◀123

一分钟中文阅读考试的文本

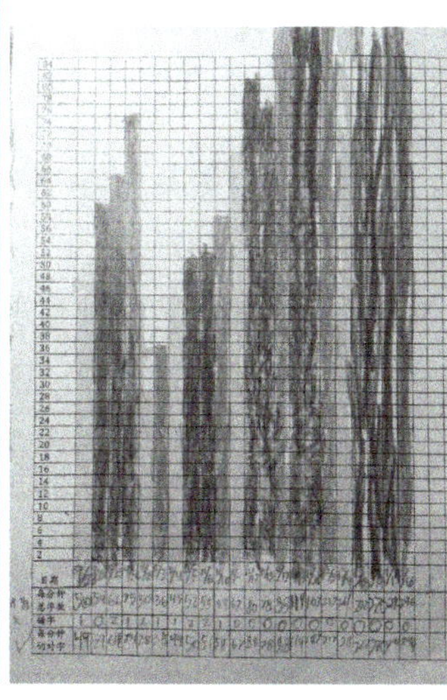

学生记录成绩的进步表

▶第二周 星期二

中文听说

开始学习第二个故事《雪人》的课文第1—5页（DOK1）（延续第一周星期二的做法）。

中文读写

1. 做“因”的词语扩展（DOK1&2）（延续第一周星期三的做法）。
2. 一分钟中文阅读考试——《不可以玩雪》（DOK1）（延续第二周星期一的做法）。

▶第二周 星期三

中文听说

继续学习课文第6—10页（DOK1）（延续第一周星期二的做法）。

中文读写

1. 做“雪”的词语扩展（DOK1&2）（延续第一周星期三的做法）。
2. 一分钟中文阅读考试——《不可以玩雪》（DOK1）（延续第二周第一天的做法）。

▶第二周 星期四

中文听说

表演第二个故事《雪人》（DOK2），并完成课文阅读理解（DOK2）（延续第一周星期四的做法）。

中文读写

1. 做“说”的词语扩展（DOK1&2）（延续第一周星期三的做法）。
2. 一分钟中文阅读考试——《不可以玩雪》（DOK1）（延续第二周星期一的做法）。

▶第二周 星期五

小组活动（DOK1&2）（延续第一周星期五的做法）。

▶第三周 星期一

中文听说

做问卷调查和报告（DOK2&3）。为了让学生能够更流利地运用口语扩展中提供的生活化的对话，教师设计了相应的调查问卷，让学生询问其他的同学，并记录对话结果。这个任务要求学生不仅能够提问并听懂对方的回答，还要能够从对话中提取有效信息。为了进一步拓展知识深度，在问卷调查之后，教师又设计了做报告的环节，让学生用自己的语言来报告他们的问卷调查结果。同时，为了照顾掌握较慢的学生，进行差异化教学，教师还设计了句式、句型来引导学生组织语言。

二年级中文　第六单元："玩雪"问卷调查

号码：______　班级：______　姓名：______

今天是______月______日，星期____。

问题 \ 名字			
1. 你喜欢下雪吗？			
2. 你喜欢玩雪吗？			
3. 你喜欢跟谁玩雪？			

问卷调查的作业纸

中文读写

调查报告

我问了______个人。

我问了______个男生和______个女生。

______喜欢下雪。______不喜欢下雪。

______喜欢玩雪。______不喜欢玩雪。

______喜欢跟______玩雪。

调查报告提供的句式、句型参考

1. 根据课文内容写作（DOK2&3）——第一次课。写是听、说、读、写四项技能中最难的一项，所以要多用不同的方式来提高学生的这项技能。为了配合学生的英语学习，教师在班上也尝试让学生用英语写作的方式做中文写作。在英语班，二年级的写作重点是三种写作类型：信息写作、观点写作和记叙文写作。围绕本单元三课的内容，教师确定了本单元的写作题目——下雪天我们可以做什么？作文类型为信息写作。分四次进行，每次15分钟。

这是写作训练的第一天，教师先告诉学生谁写的句子最多谁就可以得到奖励。写完之后还要请学生读给别的同学听，读的次数最多的学生也可以得到相应的奖励。因为这是写作的第一天，为了让学生有更多的背景知识和素材，教师可以就写作题目补充相应的词汇和生活情境等内容。例如，作文题目是"下雪天我们可以做什么？"，本单元主要涉及的内容是：可以去外面堆雪人，可以在室内看书，也可以在家里面玩。教师可以用PPT的形式补充一些写作素材，告诉学生我们还可以滑雪、扔雪球、去冰上钓鱼等。

介绍完背景知识，教师可以带领学生一起整理写作思路，进行写作构思。为了更直观地进行写作构思，教师设计了写作构思图。写作构思也遵循显性教学的原则，从"教师做"开始。首先，教师带领学生学习写作的三个部分：开头、中间和结尾。

开头要点题：“下雪天我们可以做的事情有很多。”教师会把这句话写在白板正中间，然后展开写作：“下雪天我们可以做的第一件事情是去外面堆雪人，在外面没下大雪的时候，我们可以和家人、朋友一起在外面堆雪人；下雪天我们可以做的第二件事情是……”

通常在中间部分，教师会要求大家至少给出三个例子（信息写作）或原因（观点写作）。板书时，教师会写下要点“第一件事情”“去外面堆雪人”“和家人、朋友”“第二件事情”……

最后是结尾，结尾要重新点题：“这些是下雪天我们可以做的事情。”在结尾部分，教师会把这个句子板书下来。教师做完以后要带着学生一起过一遍写作思路，然后结束本次写作课程。

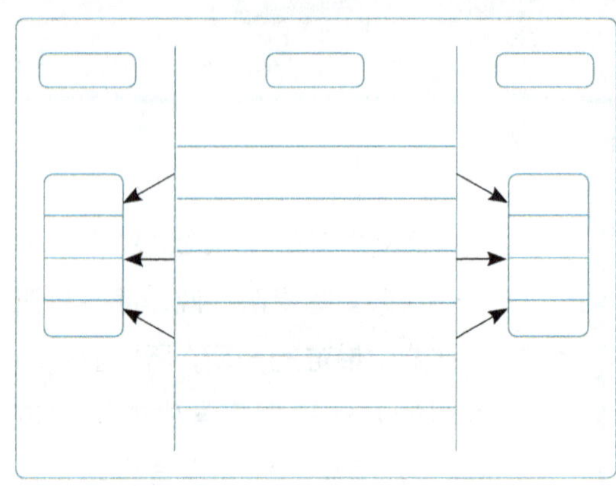

写作构思图

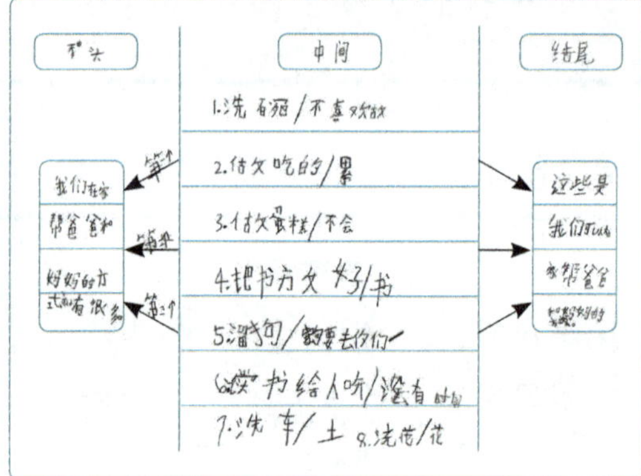

一位学生的写作构思图——《我们在家可以怎么帮爸爸和妈妈？》

2. 一分钟中文阅读考试——《雪人》（DOK1）（延续第二周第一天的做法）。

▶第三周　星期二

中文听说

开始学习第三个故事《老师说》的课文第1—5页（DOK1）（延续第一周星期二的做法）。

中文读写

1. 根据课文内容写作（DOK2&3）——第二次课。上节写作课，写作构思进行到“we do”。这节课继续写作构思，让学生把自己的写作构思告诉搭档，完成“you all do”。说完之后，让学生开始写出自己的写作构思，完成“you do”。为了让写作更具趣味性，教师在正式写作环节加入了画画环节，给学生两分钟时间进行写作配图。这节课学生有7分钟的时间进行个人写作，期间，教师可以给予适当的指导。

二年级中文写作纸

号码：______ 班级：______ 姓名：______ 今天是______月______日，星期____。

写作用纸

2. 一分钟中文阅读考试——《雪人》（DOK1）（延续第二周星期一的做法）。

▶第三周　星期三

中文听说

继续学习课文第6—10页（DOK1）（延续第一周星期二的做法）。

中文读写

1. 根据课文内容写作（DOK2&3）——第三次课。上节课，学生完成了7分钟的写作。在这节课，刚开始还是给学生两分钟画出作文的配图。画画结束之后，再给学生7分钟进行写作。至此，主要的写作环节结束。

第一天我们提到了写的句子最多的学生可以获得奖励，所以今天要算出谁写的句子最多，并给予学生相应的奖励。然后让学生把自己的作文读给别的同学听，看谁读的次数最多，也要给予相应的奖励。

2. 一分钟中文阅读考试——《雪人》（DOK1）（延续第二周星期一的做法）。

▶第三周 星期四

中文听说

表演第三个故事《老师说》（DOK2），并完成课文阅读理解（DOK2）（延续第一周星期四的做法）。

中文读写

1. 根据课文内容写作（DOK2&3）——第四次课。上次课，学生完成了主要的写作环节。这节课，要请学生对照写作评分标准给自己的搭档评分，并告诉搭档自己的评分理由。学生拿到自己的分数后，要根据自己的分数进行相应的修改和调整。

写作评分标准				
	3分	2分	1分	0分
结构 （开头、中间、结尾）	有三个部分	有两个部分	有一个部分	一个部分都没有
字写得怎样	全对	错1—5个字	错6个字以上	全错
标点符号	全部有 标点符号	有1—5处 没有标点符号	有6处以上 没有标点符号	全部没有 标点符号

写作评分标准

2. 一分钟中文阅读考试——《老师说》（DOK1）（延续第二周星期一的做法）。

▶第三周 星期五

中文测试

至此，本单元三个故事的学习基本结束，教师可以围绕本单元的内容从听、说、读、写四项技能出发，设计中文测试，全面检测学生的学习效果。

1. 口语考试，一共三题，每题1分。可从“口语扩展”活动中选择，采用搭档互问、互答、互评的形式。首先，让A（掌握较快的学生）和B（掌握较慢的学生）交换卷子，把自己的名字写在“小老师”的位置，然后让B起立，A开始问B问题，A参照评分标准（回答正确：用词语回答0.5分；用完整的句子回答1分；回答错误或不知道0分）给B打分。问完之后，A、B互换角色，由B问A问题，给A打分。
2. 听力考试，一共四题，每题0.5分。前三题，根据句子选择相应的图片（图片和句子选自课文）。第四题，根据问题选择相应的答案，可以根据课文将之设计得更生活化，让学生选择相应的回答。
3. 阅读考试，一共四题，每题0.5分。采用选词填空的形式，从课文中选择题目，从本单元核心词汇中选择词语并以对话体呈现。

4. 听写，共听写四个词和一个句子，每个词0.5分（从本单元的重点词汇中选择），句子1分（重点词串联而成）。为了训练学生的数学运算流利程度，中文测试末尾还有一个数学运算测试。

二年级中文考试　第六单元

号码：______　班级：______　姓名：______

今天是______月______日，星期____。

一、口语（3分）

小老师：

问题	对了		不对或不知道（0分）
	句子（1分）	词（0.5分）	
1. 你喜欢玩雪吗？			
2. 雪是什么颜色的？			
3. 你喜欢跟谁玩雪？			

二、听力（2分）

A.　　B.　　C.

1. □
2. □
3. □

4. A 你　　B 可以　　C 椅子

三、阅读（2分）

A. 可以　　B. 看书　　C. 喜欢　　D. 雪	
1. A：我可以去外面玩雪吗？ B：你不可以去外面玩雪， 你可以在里面（　）。	2. A：你（　）我们的雪人吗？ B：我很喜欢。
3. A：我们的（　）人好看吗？ B：很好看。	4. A：下课了！我们去外面玩吧！ B：老师说，今天不（　）去外面玩。

四、听写（3分）

1.			2.			3.			4.									
5.																		

教学

五、数学运算

3 +4	44 -17	9 -3	6 9 +4	27 +46	13 -3	6 +1	11 +5
10 -9	10 +2	33 -24	11 -6	68 -45	10 -4	66 +26	

第六单元的中文考试

附：

二、听力文本

1. 你不可以去外面玩雪，可是你可以在里面看书。

2. 今天我不要去上课，因为外面下大雪了。

3. 今天我要跟老师一起看书。

4. 我可不可以坐在这里？

四、听写材料

1. 会　2. 也　3. 帮　4. 怎　5. 你会怎么帮他？

考试结束之后，还有一个批改、录入成绩、统计分析成绩的环节。在这个环节，这位教师设计了一个中文考试分数记录表，分听、说、读、写四项技能录入成绩，算出每个班的总分、平均分，以及听、说、读、写各项的平均分。就收集到的成绩，我们可以进行班级内不同单元各项平均分的对比和分析，也可以进行班级间各项平均分的对比和分析。

号码	项目 名字	听	说	读	写	总分
1		1.5	3	0.5	0.5	5.5
2		2	3	2	3	10
3		2	2.5	0	2	6.5
4		2	3	2	1.5	8.5
5		2.5	0.5	0	5	8
6		—	—	—	—	—
7		2	2	3	1.5	8.5
8		2	2	2	1	7
9		2	3	2	1	8
10		—	—	—	—	—
11		2	3	0.5	0.5	6
12		1	3	2	2.5	8.5

续表

号码	项目 / 名字	听	说	读	写	总分
13		1.5	0	1	0	2.5
14		2	3	0	1	6
15		2	3	2	2.5	9.5
16		2	3	2	3	10
17		0	3	0	0	3
18		1.5	3	2	0.5	7
19		2	3	2	3	10
20		2	3	1	2.5	8.5
21		2	3	2	1.5	8.5
22		2	3	1	1.5	7.5
23		1.5	1	1	0	3.5
24		—	—	—	—	—
25		1.5	2.5	2	1.5	7.5
26		2	3	2	3	10
27		1	2	1	1	5
28		1.5	1	0.5	1.5	4.5
平均分		1.74	2.46	1.34	1.64	7.18

中文考试成绩统计表

1. **中文沉浸式项目（Chinese Immersion Program）：沉浸式项目是指将学生放到完全使用目标语的环境中进行学习的一种项目。**美国目前比较流行的中文沉浸式项目模式为50／50沉浸式教学，即学生半天在中文课堂学习，另外半天在英语课堂学习，共同教授该班级的中文教师和英语教师互为搭档，每半天一换班。中文教师需要和英语搭档密切合作，共同完成班级的教学大纲。沉浸式项目要求中文教师不得使用任何英语，只能使用全中文进行教学和沟通。除了用全中文教授中文课外，中文沉浸式教师还需要用全中文教授其他学科，如数学、科学、社会学等。

   在小学中文沉浸式项目中，一到三年级中文教师主要教中文和数学，还需要教一些科学和社会学课程；英语教师主要教英语，同时辅助中文教师强化数学、科学和社会学教学。四到五年级中文教师主要教中文和科学，同时辅助英语教师强化数学教学；英语教师主要教英语和数学，同时教一些社会学课程。六年级中文教师主要教中文、科学和社会学，同时辅助英语教师强化数学教学；英语教师主要教英语和数学，同时帮助中文教师强化科学教学。四到六年级的科学课用中文来授课，期末用英语测试。

目前，中学沉浸式项目的教学科目主要有以下三种：（1）为七年级和八年级的学生提供荣誉中文（Honors Chinese）和中国文化与传媒（Chinese Culture and Media）两门课程；（2）为九年级和十年级的学生提供中文的大学预修课程（AP）；（3）为十一年级和十二年级的学生提供中文的大学课程。

2. **中文流利水平（Chinese Proficiency）：在美国外语教学协会（ACTFL）制定的外语流利水平大纲中，外语流利水平分为五个级别：卓越（distinguished）、优秀（superior）、高级（advanced）、中级（intermediate）和初级（novice）。**其中高级下面又分高级低等（advanced low）、高级中等（advanced mid）和高级高等（advanced high）；中级下面又分中级低等（intermediate low）、中级中等（intermediate mid）和中级高等（intermediate high）；初级下面分别又分初级低等（novice low）、初级中等（novice mid）和初级高等（novice high）。每个年级有特定的中文流利水平目标。例如，美国某州中文沉浸式二年级的中文流利水平目标是：听——初级高等，说——初级中等，读——初级中等，写——初级中等。每个目标下面都详细地写出了学生应该具备的能力。教师应该清楚地知道自己年级所要达到的中文流利水平目标，并把这个目标融入每一课的教学当中。

3. **知识深度：depth of knowledge，DOK。**DOK是Norman Webb提出的关于知识深度的一种理论。他提出的知识深度分为四个级别：记忆和重复，概念、知识和技能，方法、策略和推理，思维扩展。参考这一理论，教师在注重拓宽学生知识面的同时也要注重拓展学生知识的深度。

4. **显性教学：explict insruction。**显性教学，简单来说就是：教师做（I do）→师生做（we do）→学生们做（you all do）→自己做（you do）。之所以要采用这样的教学方法是因为学生在学习一个新的概念时，从接收教师的讲解到自己掌握，需要一定的时间消化吸收，也需要在反复练习中逐渐巩固。

• 友情提示

1. 学习中文，听、说、读、写四项技能要全面发展，听、说可以领先，但是读、写也要跟上，因为读、写相对较难，通常还需要重点训练。
2. 语言学习的最终目的是进行交际，语言教学中要重视学生的语言表达（language performance）和语言熟练度（language proficiency）。学生围绕教材学习听、说、读、写各项知识固然重要，更重要的是要让学生将知识内化为能力（skills），熟练运用于交际。

拓展练习

1. 教授新课时，教师讲解完一个生词之后，马上请学生举手造句，你觉得这样的做法效果好吗？
2. 为了让学生尽可能多地学习语言知识，我们要布置大量的家庭作业，并且要求学生一定要交回家庭作业。你觉得这样的做法效果好吗？

【编者　游寅耀】

选自《Cool Panda少儿汉语教学资源1·身体部位与动作》

02 中文沉浸式教学设计与实例（数学课）

背景

美国某州中文沉浸式项目在小学阶段采用“50 / 50模式”，数学课每周四课时，每课时60分钟。Star School District使用的数学教材是*enVisionmath 2.0*。学区采用统一的测试来收集学生学习的数据，数学测试使用全英语进行。

教学案例

这是一节二年级中文沉浸式班的数学课，计划用时60分钟，主要教授第三单元（使用策略做100以内的加法）第三课——在数字线（open number line）上做两位数的加法。

• 定教学目标

查看教师用书，本课的目标是在数字线上做两位数的加法（use an open number line to add tens and ones within 100）。纵观全年课程，“数字线”将反复出现，属于教学评测中的一个重点的数学概念。结合整个单元的教学来看，这一课是上一课（在数字线上做整十数的加法）内容的延伸。本课的目标可以归纳为：学生学会在数字线上通过不同方式的跳数来做两个两位数的加法。呈现给学生的学习目标是：我会用数字线做两位数的加法。

October 2016

Sunday	Monday	Tuesday	Wednesday	Thursday	Friday	Saturday
2 Unit 1 Review	3 Math: 3-1 Recess	4 Math: 3-2 Recess	5 Math: 3-3	6 Math: 3-4 Recess	7 Math: 3-5	8 Ccontent: Maps/ Geography
9 Unit 2 Week 1	10 Math: 3-6 Recess	11 Math: 3-6 Recess	12 Math: 3-7	13 Math: 3-8 Recess	14 Math: 3-8	15 Content: Producers Consumers/ Animal Environment
16 Unit 2 Week 2	17 Math: 3-9 Recess	18 Math: Topic 3 Test Recess	19 Math: 4-1	20 No School	21 No School	22 Content: Producers Consumers/ Animal Environment
23 Unit 2 Week 2	24 Math: 4-2 Recess	25 Math: 4-3 Recess	26 Math: 4-3	27 Math: 4-4 Recess	28 Math: 4-4	29 Content: Producers Consumers/ Animal Environment
30 Unit 2 Week 3 Bus Duty	31 Halloween Recess	Content: Producers Consumers/ Animal Environment				

年度教学计划

• 找测评方式

在上课过程中进行形成性评价，主要方式有：学生的口头回应，学生用马克笔动手操练，学生间的交流和讨论，学生独立完成纸质练习等。对这一概念的总结性评价将会体现在单元考试和学区的统一考试中。

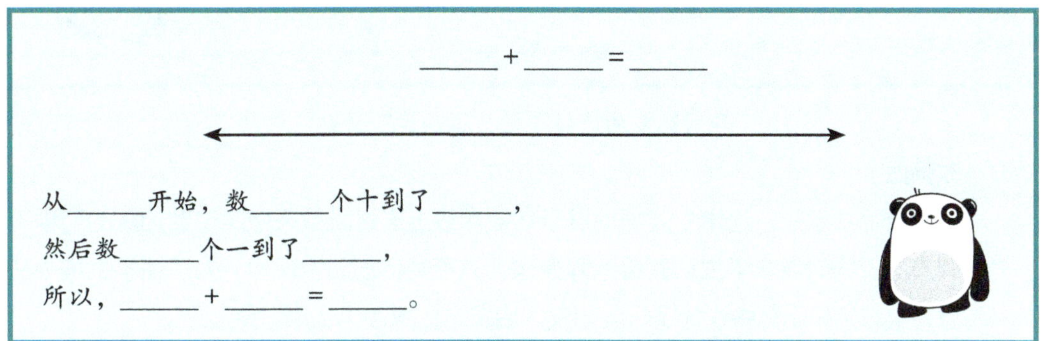

学生可以使用马克笔进行数学操练

• 做教学设计

根据本课的难度以及整体的教学进度，完成本课教学内容的目标时长是一课时。

1. **朗读学习目标**

   教师在课件或白板上展示本课的学习目标，可以用黑色和红色的字共同呈现，以方便教师与学生互动，如教师读黑色的字，学生读红色的字，也可以反过来。通常情况下学习目标中会有一些比较难的字，这样的分工朗读既可以降低语言难度，又能加强学生与教师的互动。

目标：我会用数字线做两个两位数的加法。

学生的学习目标

2. **复习旧词，学习新词**

   这节课将用到“两位数”这个概念，所以我们需要再复习一下“十位”和“个位”这两个概念。上节课学习了“数字线”这个新词语，这是全年的重点词汇，在这一课还可当作新词再学习一遍。

3. **导入**

   上节课已经学过在数字线上做整十数的加法，这节课将是上节课内容的延伸。下面这个“做一做，说一说”是一个很好的复习、热身和摸底的活动。

做一做，说一说

你怎么用数字线帮你做35＋24？请解释。写一个算式表示总和。

______＋______＝______

导入环节的“做一做，说一说”活动

4. **教师做**

教师做示范，给学生清晰地展示在数字线上通过跳数来做两位数加法的两种不同方法。同时要求学生认真看教师操作，先不要自己动手操作，为了使学生集中注意力，教师在示范中设计了一些留白，启发学生思考，让他们参与互动。

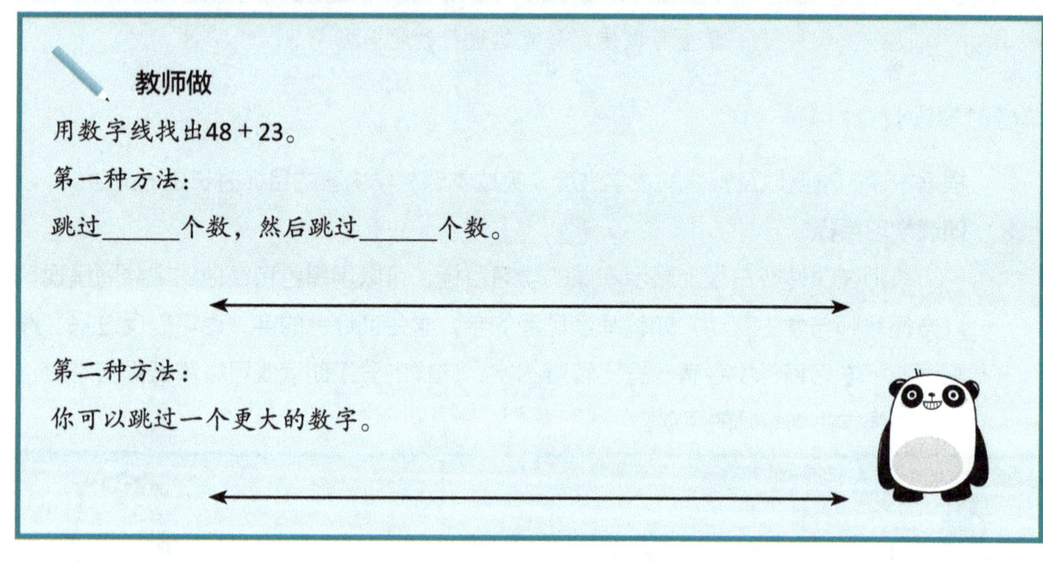

教师做

用数字线找出48＋23。

第一种方法：

跳过______个数，然后跳过______个数。

第二种方法：

你可以跳过一个更大的数字。

“教师做”环节

5. **师生做**

教师“手把手”带着学生一步一步地操作，学习新概念。此时，用句式来引导学生的思维，可以帮助他们更好地理解并掌握新概念。同时，学生刚接触新概念，要选择DOK1级别的练习题，帮助学生理解基本概念。本课的新概念涉及两种方法，可以让学生选择自己喜欢的方法，体现差异化教学。

师生做

用数字线找出总和。（DOK1）

59 + 24 = ______

从______开始，数______个十到了______。

然后数______个一到了______。

所以，______ + ______ = ______。

“师生做”环节

6. **学生们做**

在这个环节，教师渐渐“放手”，让学生在和同伴的互帮互助下，尝试自己操作。教师可以让学生两两组队，完成练习题。先做完并做对的三对学生可以去当三个小组的小老师，检查其他学生的完成情况。教师则在学生中间走动，为需要指导的小组提供帮助。此阶段仍属于学生练习掌握基本概念的阶段，应继续选择DOK1级别的练习题。

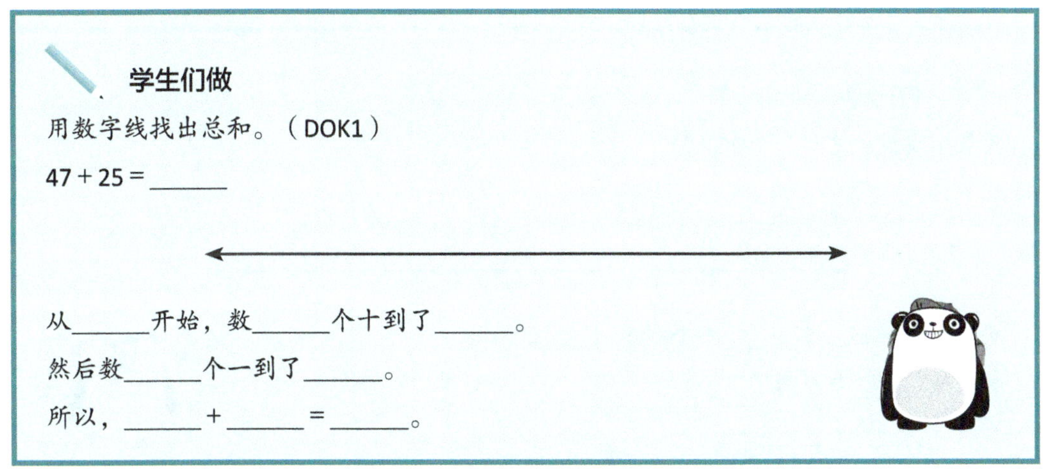

学生们做

用数字线找出总和。（DOK1）

47 + 25 = ______

从______开始，数______个十到了______。

然后数______个一到了______。

所以，______ + ______ = ______。

“学生们做”环节

7. **回顾学习目标**

此时课程过半，全班要再次研读学习目标。请学生用放在胸前的手势做一个自我评估（用手比“3”表示“我会了”，用手比“2”表示“还可以”，用手比“1”表示“还不会”），并展示给教师看。教师可以根据学生给的反馈，决定接下来的教学内容。如果很多人比“1”，说明这个概念需要再讲解，可能就要退回到“教师做”或“师生做”环节，再次进行讲解。如果大多数人比“2”或“3”，则可以继续往下进行。

目标：我会用数字线做两个两位数的加法。

3 我会了　2 还可以　1 还不会

"回顾学习目标"环节

8. **自己做**

这个环节教师进一步"放手"，让学生自己操练新概念。在此阶段，学生刚开始尝试完全独立操练，需要多多练习。在"学生们做"阶段先完成练习并做对的三个人可以去当三个组的小老师，检查其他学生的完成情况，并判断对错，教师则在学生间走动，给予需要帮助的学生以单独指导。

通常"自己做"的第一题是DOK1级别的题；第二题可以开始深化知识，选DOK2级别的题目；如果时间允许，第三题可以考虑DOK3级别的题目，一步一步让学生深入学习这个新概念。当课堂操练完成之后，可以让学生开始在作业纸上操练。学生完成作业纸上的练习后，根据自己今天对新概念的掌握情况，做自我评估：对照"学习目标"圈出"3　我会了"、"2　还可以"或者"1　还不会"。先完成作业纸并全部做对的三个学生可以当小老师，去批改其他学生的练习。教师此时可以去帮助需要单独指导的学生。

自己做

用数字线找出总和。（DOK1）

34 + 15 = ______

从______开始，数______个十到了______。

然后数______个一到了______。

所以，______ + ______ = ______。

"自己做"环节的第一题

自己做

解答问题。（DOK2）

______有38个苹果。______比______多27个苹果。

______有多少个苹果？

用数字线解答问题。

______个苹果

"自己做"环节的第二题

自己做

号码：______　班级：______　姓名：______

今天是______月______日，星期____。

一、用数字线找出总和。（DOK1）

1. 59 + 24 = ______

+20　+1　+3

59　79 80　83

2. 17 + 45 = ______

3. 46 + 34= ______

4. 28 + 16 = ______

二、解答问题。（DOK2）

1. Sara有29个苹果。John比Sara多18个苹果。John有多少个苹果？用数字线解答问题。

______个苹果

目标：我会用数字线做两个两位数的加法。

3 我会了　2 还可以　1 还不会

"自己做"环节的作业纸操练

9. **总结。**

全部完成后，全班一起回顾今天的学习目标，学生根据自己的学习情况再次用手比划进行自我评估。教师根据反馈结果决定第二天采用什么样的方式来复习、巩固这个新概念。

- **友情提示**

1. 数学概念需要反复练习，有时候一节课下来，学生对新概念掌握的总体情况可能并不是很好，但是时间有限，不要临时决定延长1个小时来继续讲解，延长了时间也不一定能够快速地让学生掌握，有时反而会影响其他科目的教学进度。可以在之后的数学课中反复复习，让学生在不断练习中逐渐掌握。对于某些复杂概念，学生可能需要更多时间消化、吸收。
2. 教数学容易陷入“题海战术”的误区。数学教学应以课程标准为根本，让学生掌握每个概念，并能够熟练运用概念解答实际问题，应注重培养学生的数学思维。

拓展练习

1. 花了大量时间上完了新课，但是你发现学生对本课的新概念掌握得不太好，你该怎么做?
2. 马上就要进行学区的统一考试了，一名教师为了学生能够考出好成绩，提前让学生在课堂上练习学区统一考试的试题。你觉得这样做合适吗?

【编者　游寅耀】

03 中文沉浸式教学设计与实例（科学课）

背景

中文沉浸式项目一般有全州统一的教学大纲，教师需要依据各年级的教学大纲进行教学。下图是某州中文沉浸式项目2016—2017年的教学大纲图：

美国某州中文沉浸式项目2016—2017年教学大纲

SUBJECT	1st GRADE	2nd GRADE	3rd GRADE	4th GRADE	5th GRADE	6th GRADE
Literacy	Mandarin Matrix K-1 Book Sets	Mandarin Matrix Grade 1-2 Book Sets	Singapore 2A Hanyu Pinyin Book + Wkbk Better Chinese Vol. 4 (oral language)	Singapore 2B Primary Mandarin Purple	Singapore 3A Primary Mandarin Brown	Singapore 4A Primary Mandarin Red Level Chinese (Guided Level Rdg System)
Math	Envisions (consumable)	Envisions (consumable)	Envisions 2.0 (consumable)	Envisions Worksheets (online)	Envisions Worksheets (online)	Envisions Worksheets (online)
Science	Interconnections Lesson Plans Step By Step (A)	Interconnections Lesson Plans Step By Step (A)	Interconnections Lesson Plans Step By Step (B)	Online Lesson Plans Step By Step (B+C)	Online Lesson Plans Step By Step (B+C)	Step By Step (B+C)
Social Studies	Step By Step (A)	Step By Step (A)	Step By Step (B)			Online Lesson Plans

中文沉浸式项目对各年级的教学模式一般也有统一的规定，以下两图为美国某州中文沉浸式项目四到六年级的教学模式图，教师需要参考教学模式图来合理安排各个科目每周和每天的教学时间。

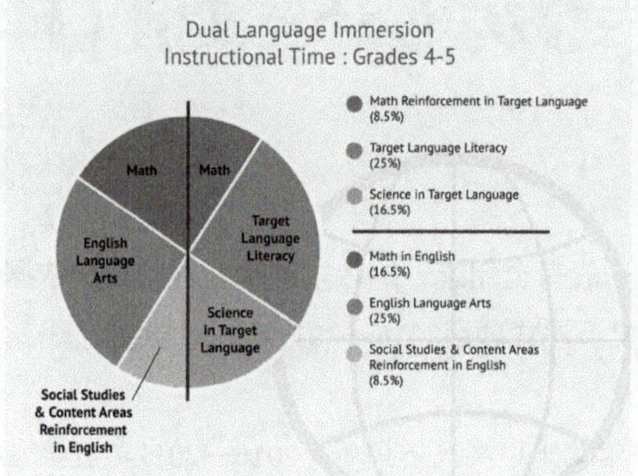

美国某州中文沉浸式项目四—五年级
教学模式图（2017年版）

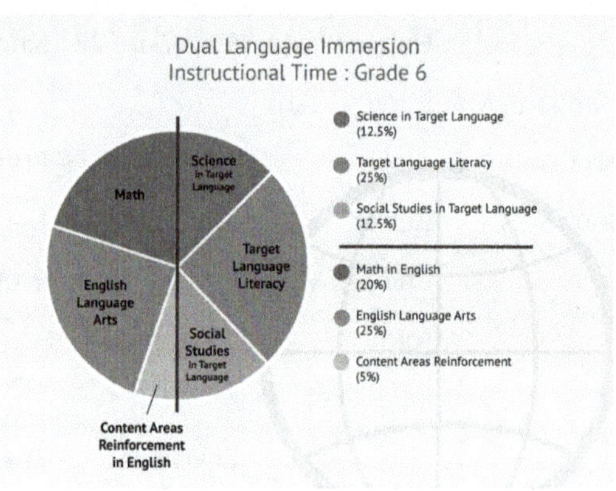

美国某州中文沉浸式项目六年级
教学模式图（2017年版）

教学案例

这是中文沉浸式项目五年级的一节科学课——“物质03：化学变化”，用时大概80分钟，卢老师将选择**“SIOP”教学模式**[1]来进行教学设计，引导和帮助学生达成学习目标。

• Lesson Preparation（教学准备）

1. 制定清晰的学科内容目标和语言目标

中文沉浸式项目一般有全州统一的教学大纲，老师可以在所在州的中文沉浸式项目的官网或者学区的网站上找到科学的教学大纲甚至中英文教案来制定教学目标。

美国某州中文沉浸式项目四—六年级科学教学大纲

Chinese Immersion Program 4 – 6 Grade Science Curriculum Guide		
4th Grade	**5th Grade**	**6th Grade**
Water Cycle (5 lessons) Weather (7 lessons) Rocks and Soil (8 lessons) Fossils (8 lessons) Environments (16 lessons)	Landforms (8 lessons) Electricity (3 lessons) Magnets (3 lessons) Matter (3 lessons) Traits of Organisms (9 lessons)	Structure and Motion within the Solar System (3 lessons) Energy Affects Matter (4 lessons) Earth's Weather Patterns and Climate (4 lessons) Stability and Change in Ecosystem (5 lessons)

美国某中文沉浸式项目五年级科学《物质03：化学变化》的中英文参考教案

Grade 5	**Lesson:** Matter Part 3	Reference to English Interconnections Lesson Chemical Reactions pg. 167
Science Standard(s): Standard Objective 3		
Content Objective(s):	**Language Objective(s):**	
Students will be able to determine if a physical or chemical change is taking place by participating in an experiment with a small group. ***I can decide if a physical or chemical change is taking place by doing an experiment with a group of friends.***我能在小组实验里判断出是否发生了物理或者化学变化。	Students will be able to describe a chemical reaction and state evidence that proves a chemical reaction is taking place by observing experiments with a small group. ***I can describe a chemical reaction and explain how I know a chemical reaction is taking place by observing experiments with a group of friends.***我能在小组实验里描述一个化学变化，并解释我如何得知这是一种化学变化。	
Essential Questions:	**Required Academic Vocabulary for Word Wall:**	
What are characteristics of matter? How do physical and chemical changes affect matter?	**Listen:** reactants, chemical reaction, physical reaction, properties, characteristics, experiment, formation, emission, solid, liquid, gas 反应物，化学变化，物理变化，属性，特性，实验，形成，排放，固体，液体，气体	

续表

	Speak: reactants, chemical reaction, physical reaction, experiment, formation, emission, solid, liquid, gas 反应物，化学变化，物理变化，实验，形成，排放，固体，液体，气体 **Read:** reactants, chemical reaction, physical reaction, experiment, formation, emission, solid, liquid, gas 反应物，化学变化，物理变化，实验，形成，排放，固体，液体，气体 **Write:** dissolve, separate, chemical reaction, physical reaction, formation, emission, solid, liquid, gas 溶解，分离，化学变化，物理变化，形成，排放，固体，液体，气体

根据教学大纲与参考教案，可以总结出这节课的教学目标和学生的学习目标：

① 课程目标：我可以判断一个物质是发生了物理变化还是化学变化。

② 语言目标：我可以判断和解释一个物质是发生了物理变化还是化学变化。

教师需要对教学目标进行清晰地定义，并展示给学生、同他们一起复习、回顾。

“物质”第三课学习目标

课程目标： 我可以判断一个物质是发生了物理变化还是化学变化。

语言目标： 我可以判断和解释一个物质是否发生了化学变化。

句式结构：

- 我认为____________和____________在一起发生化学变化，因为____________。
- 在实验之前，反应物______是____________（观察：味道、气味、温度等）。
- 在实验之后，反应物______是____________（观察：味道、气味、温度等）。
- 生成物里有固体、液体、气体、热、光和气味吗？颜色有变化吗？有，我观察到____________。

“物质”第三课学习目标

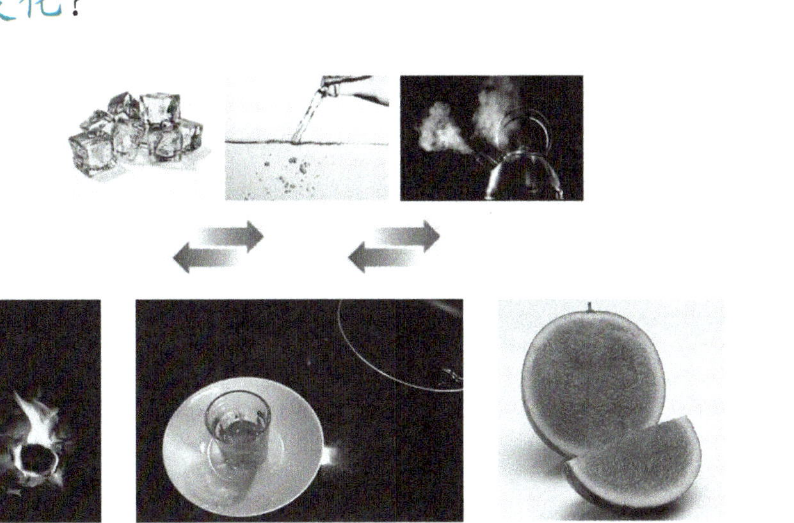

"物质"第三课学习目标的核心问题

2. **确定有效的教学材料和有意义的课堂活动**

这节课主要学习化学变化，根据学生水平和教学环境的实际情况，卢老师选择做醋和苏打粉的实验，所以需要准备的教学材料除了教学课件和课堂笔记外，还有做醋和苏打粉的实验材料，如空水瓶、气球、秤、醋和苏打粉等。

课堂活动主要是做醋和苏打粉的实验。

• Building Background（建立背景知识）

1. **有效将新知识与学生的背景知识、经验相联结**

通过复习之前学过的物质的三种形态、物理变化的定义和特征，给出日常生活中常见的例子让学生判断是否属于物理变化，用不是物理变化的例子引发学生对化学变化的思考。

物理变化是指一个物质的外表发生了变化，但是构成这个物质的东西没有发生变化。
Wùlǐ biànhuà shì zhǐ yí gè wùzhì de wàibiǎo fāshēngle biànhuà， dànshì gòuchéng zhège wùzhì de dōngxi méiyǒu fāshēng biànhuà.

物理变化的定义和生活中常见的例子

下面的现象是不是物理变化？为什么？
它们有什么共同点？
生活中有没有相似的现象？

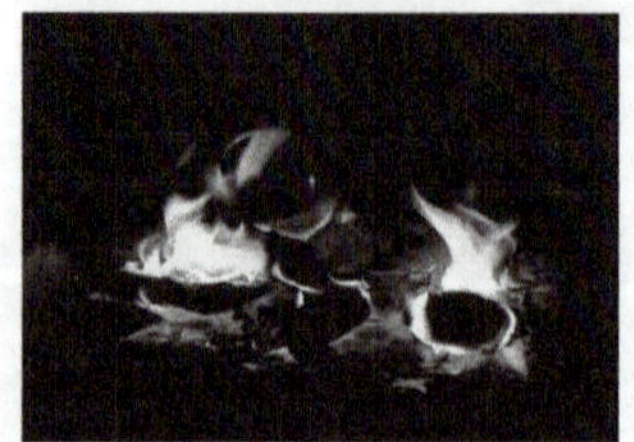
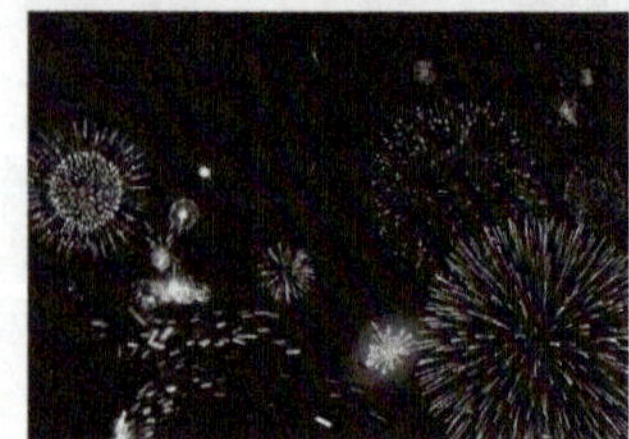

生活中不是物理变化的例子

这些现象不是物理变化，它们是化学变化。

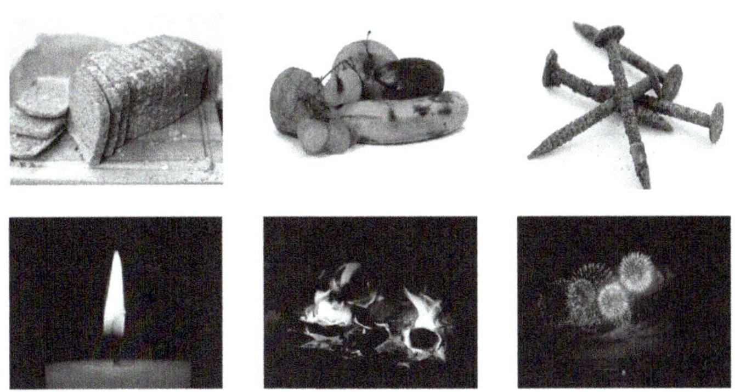

➢ 什么是化学变化？

➢ 它们为什么是化学变化？

用不是物理变化的例子引发学生对化学变化的思考

2. 强调重点、难点词汇的教学

旧词汇：物质、固体、液体、气体、物理变化、外表、构成、属性。

新词汇：化学变化、反应物、生成物、实验、生成、形成、味道、气味、温度、热、光。

• Comprehensible Input（可理解性语言输入）

1. 使用与学生水平相符的授课语言

授课过程中注意放慢语速，适时停顿，使用学生学过的词汇和句型并辅以肢体动作进行授课，同时可使用复述及解释含义等方法。

2. 清楚说明教学任务

用学生可理解的语言说明学习目标，清楚地解释实验的方法、步骤及注意事项等。

物质实验二：

材料：

空水瓶、气球、秤、醋、苏打粉

步骤：

先把苏打粉放进气球和把醋倒进空水瓶里，称水瓶、醋、气球、苏打粉的总重量，再把气球套在瓶口，预测会发生什么，然后把气球里的苏打粉倒进水瓶里的醋里，观察它们会发生什么，最后讨论和做笔记。

现象：（你看到什么？）

结论：（你学到什么？）

醋和苏打粉化学变化实验的任务说明，教师需要做示范和说明

3. **使用多种教学策略帮助学生理解教学内容和概念**

（1）Level 1—Entering（导入）：用非物理变化的例子引发思考，做醋和苏打粉的化学变化的实验。

（2）Level 2—Beginning（开始）：由实验推出化学变化的定义和特性。

（3）Level 3—Developing（深化）：比较物理变化和化学变化的异同。

（4）Level 4—Expanding（扩展）：判断并解释日常生活中所见的例子是发生了物理变化还是化学变化。

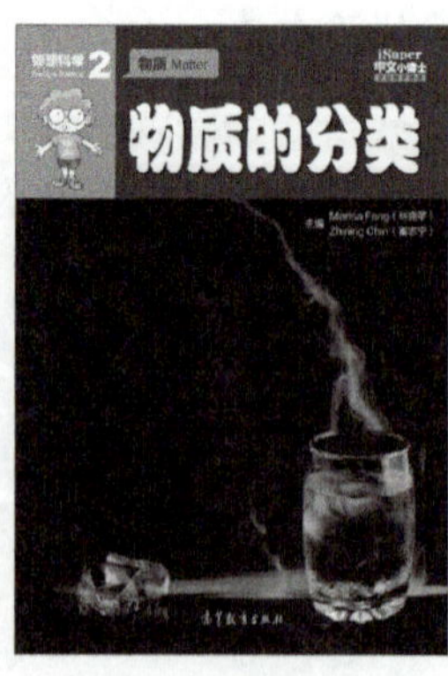

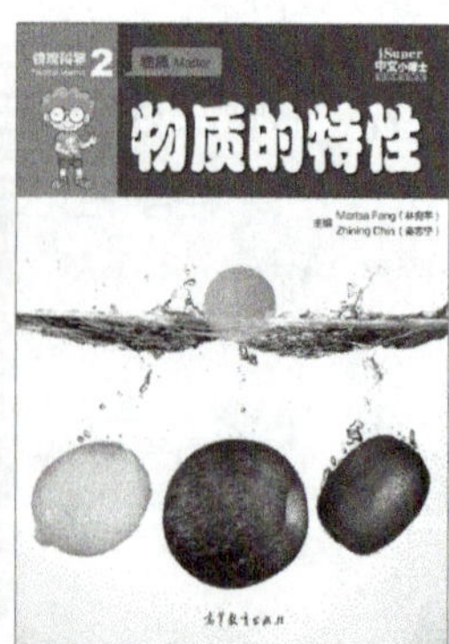

选自《iSuper中文小博士2级·物理科学·物质》

	反应物一	反应物二	化学变化	预测	结论 生成物
名称	醋	苏打粉	醋＋苏打粉		
形态 固体、液体、气体	液体	固体的粉末			液体和气体
颜色	没有颜色 透明	白色			白色
气味和味道 酸、甜、苦、辣、咸、香、臭	酸	没有气味			酸
温度 冷、热	不冷不热	不冷不热			气体是热的 液体是冷的
重量 （克／G） （磅／P）					一样重

醋和苏打粉的化学变化的实验记录表

化学变化是指两个或更多的反应物在一起，产生了新的物质。

Huàxué biànhuà shì zhǐ liǎng gè huò gèng duō de fǎnyìngwù zài yìqǐ, chǎnshēngle xīn de wùzhì.

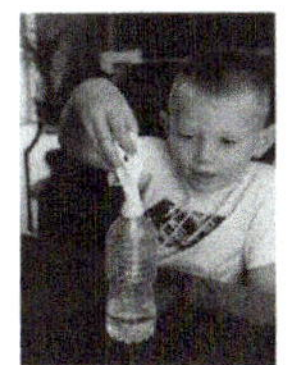

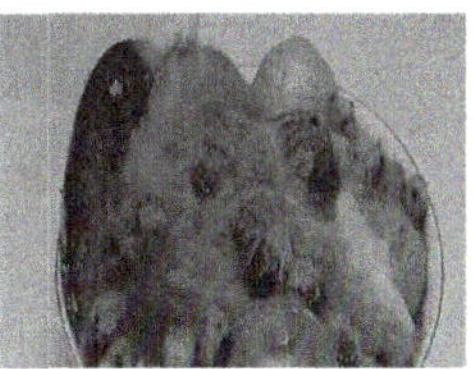

化学变化的定义

化学 变化的特性：
Huàxué biànhuà de tèxìng:

1. 产生了气体。
Chǎnshēngle qìtǐ.

2. 散发出了光、热或者气味。
Sànfā chū le guāng、rè huòzhě qìwèi.

3. 改变了颜色。
Gǎibiànle yánsè.

4. 形成了新的物质。
Xíngchéngle xīn de wùzhì.

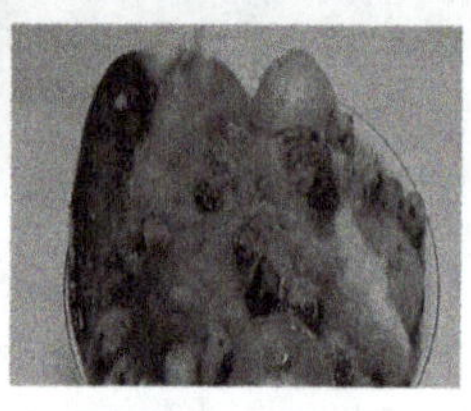

化学变化的特性

物理变化

1. 物质的形态发生了变化。

2. 没有形成新的物质。

物质的总重量没有发生变化。

化学变化

1. 产生了气体。

2. 散发了光、热或者气味。

3. 改变了颜色。

4. 形成了新的物质。

比较物理变化和化学变化的异同

	物理变化	化学变化
	1. 物质形态发生变化。 2. 没有形成新的物质。	1. 产生了气体。 2. 散发了光、热或者气味。 3. 改变了颜色。 4. 形成了新的物质。
燃烧		燃烧是化学变化，因为它产生了气体，散发了光、热和气味，改变了颜色，形成了新的物质。
煎蛋		煎蛋是化学变化，因为它产生了气体，散发了光、热和气味，改变了颜色，形成了新的物质。
做面包		做面包是化学变化，因为它产生了气体，散发了光、热和气味，改变了颜色，形成了新的物质。
做爆米花	做爆米花是物理变化，因为物质的形态发生了变化，但是没有形成新的物质。	

燃烧　煎蛋　做面包　做爆米花

学生练习：判断和解释日常生活中所见的例子属于物理变化还是化学变化

• Strategies（教学策略）

提供多种学习策略，使用支架式教学法，提升学生思维的能力和层次。

Strategies教学策略：

yes Modeling　yes Guided Practice

yes Collaborating　yes Independent Practice

Metacognitive Strategies元认知策略：think-aloud, self-assessment, monitoring comprehension

Cognitive Strategies认知策略：note-taking, questioning

Social/Affective Strategies交际策略：clarification, cooperative groups

Verbal Scaffolding语言支架：using prompting, questioning, elaboration to facilitate student's movement to higher levels of language proficiency, comprehension and thinking

Procedural Scaffolding过程支架：Tasks are divided into simpler components. Teaching focuses on proper level of difficulty to avoid frustration.

Instructional Scaffolding指导支架：Model thinking and respond to what they see.

• Interaction（互动）

利用多种互动机会和分组活动帮助学生理解教学内容。

Interaction互动：

yes Whole class　yes Small group　yes Partners　______ Trios

Description of Cooperative Learning Structure/s: think-pair-share, group experiment

Use of Students' Primary Language/s: N/A

• Practice and Application（练习与应用）

提供有意义的活动让学生练习，并拓展学科内容和语言的学习。

Practice and Application练习与应用：

yes Hands-on　yes Meaningful

yes Linked to objectives　yes Promotes engagement

Integration of Processes

yes Listening　yes Speaking　yes Reading　yes Writing

Description of Hands-on activity:

4到6人一组，合作做苏打粉和醋的化学变化实验。组员每人负责一种实验材料，实验之前一起观察和记录反应物的形态、颜色、气味、味道、温度和重量，并预测醋与苏打粉混合后它们可能产生的变化，最后观察和记录实验时醋与苏打粉混合后实际产生的变化，并通过讨论得出结论。

• Lesson Delivery（高效授课）

确保授课达到学科内容目标和语言学习目标，提高学生的课堂参与度，并根据学生水平调整教学进度。

Lesson Delivery高效授课：

yes Pacing　yes Student engagement

yes Content objectives　yes Language objectives

Description of Lesson Delivery components:

学科内容目标和语言目标清楚展示给学生，并和学生一起在教学开始前过一遍。

可理解性语言输入的教学。

教学过程中给予学生大量的互动和讨论机会，确保90%以上的学生都参与到学习的过程中，并在教学过程中不断观察学生的反馈，检查学生是否已经理解教学内容。

Time	Lesson Suquence	Notes Regarding Differentiation
1st 10 mins	目标预设和陈述，建立背景知识： 1. 和学生一起了解“学习目标”：我可以判断和解释一个物质是发生了物理变化还是化学变化。 2. 复习之前所学的知识：物质的形态、物理变化。通过复习水的形态的变化、砍柴、切苹果、包饺子、糖融化于水、做麦片早餐、做水果沙拉、做爆米花、煎蛋、做蛋糕等例子来判断和解释一个物质是否发生了物理变化。	Questioning, think-pair-share.
2nd 10 mins	授课过程，可理解性语言输入： 1. 总结物理变化的三个特性：物质的形态发生变化；物质的重量没有发生变化；没有形成新的物质。 2. 用非物理变化的例子，如食物变坏、铁钉生锈、蜡烛燃烧、烟花绽放等引发学生的思考和讨论：什么是化学变化？食物变坏等例子为什么是化学变化而不是物理变化？	Questioning, think-aloud, think-pair-share, note-taking, checking for under-standing.
3rd—4th 10 mins	醋和苏打粉混合的实验： 1. 展示并说明实验材料：空水瓶、气球、秤、醋、苏打粉。 2. 讲解实验步骤，说明注意事项。 3. 学生4到6人一组，每人负责一种实验材料，如一人领取装了一些醋的水瓶，一人领取装了苏打粉的气球，一人用秤量水瓶和气球的重量，一人负责把气球套在水瓶瓶口，一人负责把气球中的苏打粉倒入装有醋的水瓶中。组员在实验之前一起观察和记录反应物的形态、颜色、气味、味道、温度和重量，讨论和预测苏打粉倒进醋以后可能发生的变化。实验时观察和记录苏打粉倒入醋以后实际发生的变化，并称量实验材料的总重量、看是否有变化。 4. 教师重新示范做实验，引导学生再次仔细观察实验过程中发生的变化，记录并核对实验结果。	Modeling, questioning, think-aloud, think-pair-share, note-taking, checking for under-standing.

续表

Time	Lesson Suquence	Notes Regarding Differentiation
5th 10 mins	化学变化的定义和特性： 1. 化学变化是指两个或更多的反应物在一起，产生了新的物质。 2. 化学变化的特性：产生了气体；发出了光、热或者气味；改变了颜色；形成了新的物质。	Questioning, think-aloud, think-pair-share, note-taking, checking for understanding.
6th 10 mins	比较物理变化和化学变化的相同点和不同点： 相同点：物质的总重量没有发生变化。 不同点：物理变化是物质的形态发生了变化，但是没有形成新物质。化学变化是产生了气体，散发了光、热或气味，改变了颜色，形成了新的物质。	Questioning, think-aloud, think-pair-share, group discussion, checking for understanding.
7th—8th 10 mins	复习所学： 用燃烧、煎蛋、做面包、做爆米花四个例子给学生做评估。	Questioning, think-aloud, checking for understanding.

• Review and Assessment（复习与评估）

复习、回顾教学目标，检测学生学习效果，及时获取反馈并调整教学。

Review and Assessment复习与评估：

yes Individual _yes_ Group _yes_ Oral _yes_ Written

Review Key Vocabulary:

物理变化、化学变化、反应物、生成物、属性、特性、实验、生成、形成、固体、液体、气体、溶解、分离、热、光、气味。

Review Key Concepts:

化学变化是指两个或更多的反应物在一起，产生了新的物质。

化学变化的特性：产生了气体；发出了光、热或者气味；改变了颜色；形成了新的物质。

用学生练习来检测学习效果，及时获取反馈

物理变化和化学变化的判断练习		
	物理变化 为什么？	化学变化 为什么？
燃烧		
煎蛋		
做面包		
做爆米花		

及时获取学生的反馈

本课目标			
1. 我知道什么是化学变化。 2. 我可以判断和解释一个物质是发生了物理变化还是化学变化。			
我全部懂了 4	我很多都懂了 3	我还需要帮助 2	我不懂 1

1. “SIOP”教学模式：SIOP全称为Sheltered Instruction Observation Protocol，中文翻译为“掩蔽式教学模式”，是在掩蔽式教学法的框架下，将语言与学科内容融合在一起，搭建从备课、授课到复习与评估的教学环节，并明确指出其具体方法和步骤的一整套有效的、高质量的课堂教学体系。

SIOP的教学模式主要有八大组成部分：

（1）Lesson Preparation（教学准备）：强调制定清晰的学科内容目标和语言学习目标、使用有用的教学材料和有意义的课堂活动。

（2）Building Background（建立背景知识）：强调有效地将新知识与学生的背景知识、经验相联结，强调重点、难点词汇的教学。

（3）Comprehensible Input（可理解性语言输入）：强调通过调整授课语言、明确说明教学任务、使用多种教学策略等帮助学生理解教学内容。

（4） Strategies（教学策略）：强调提供多种学习策略，使用支架式教学法，提升学生思维的能力和层次。

（5） Interaction（互动）：强调利用多种互动机会和不同分组活动帮助学生理解教学内容。

（6） Practice and Application（练习与应用）：强调提供有意义的活动让学生练习，并拓展学科内容和语言的学习。

（7） Lesson Delivery（高效授课）：强调确保授课达到学科内容目标和语言学习目标，提高学生的课堂参与度，同时根据学生水平调整教学进度。

（8） Review and Assessment（复习与评估）：强调复习和回顾教学目标，检测学生学习效果，及时获取反馈并调整教学。

8 SIOP Components	Questions to Ask
1. Lesson Preparation	Does the lesson plan include content and language objectives, supplemental materials, and meaningful activities?
2. Building Background	How will I connect with what students already know?
3. Comprehensible Input	How will I adjust, so students will understand?
4. Strategies	How can I teach students strategies to help themselves?
5. Interaction	How do students get to practice the new content and language?
6. Practice and Application	Will students get to practice the new content and language?
7. Lesson Delivery	Does the lesson meet the objectives? Are students engaged?
8. Review and Assessment	Did students learn? What feedback will I give them?

分析

• 案例分析

这份教学设计可以说是一篇严格按照“SIOP”教学模式来进行设计的教案范本，比较有参考意义。

1. 教学准备方面，教师进行教学设计时很好地遵循了所在州的大纲来设计学习目标，并用与学生水平相符的语言来描述，还在教学时和学生一起过一遍，这样能够帮助学生了解学习目标，从而进入学习状态。明确了学习目标，根据学生的水平可以相对容易地选择有效的教学材料和有意义的课堂活动。
2. 建立背景知识方面，教师通过复习之前学过的物理变化的知识，用日常生活中常见的、不是物理变化的例子来引发学生对于化学变化的思考，这样有效地将新知识与学生的背景知识、经验结合了起来。强调重点、难点词汇的教学，有助于学生理解教学内容。

3. 可理解性语言输入方面，教师使用与学生水平相符的授课语言，清楚说明教学任务及使用多种教学策略能帮助学生更好地理解教学内容。在实际教学中，教师往往需要综合使用各种方法来达成可理解性输入。
4. 教学策略方面，教师列举了多种教学策略以帮助学生理解教学内容，提升思维能力和层次。在实际教学中，需要根据学生实际情况，灵活地综合运用各种教学策略。
5. 互动方面，重点在于综合使用多种互动方式和分组活动来帮助学生理解教学内容。教师在教学中可以多使用小组活动这种互动方式。
6. 练习与应用方面，教师采用了常见材料，用苏打粉和醋的实验来教授化学变化，有利于学生理解。实际教学中，教师们应多选择类似的、与日常生活相关的、有意义的练习和应用，这样学生既容易理解又能学以致用。
7. 高效授课方面，教师需要考虑整个教学过程，有机地结合学习目标、背景知识、可理解性语言输入、互动、反馈、调整等各个方面，循序渐进地引导学生达成教学目标。
8. 复习与评估方面，教师在复习及总结后，很好地运用了日常生活中常见的例子来检测学生学习效果，并用学习目标的自评表来及时获取学生的反馈，这样便于发现问题并调整教学。

- **友情提示**

对中文沉浸式项目的学生来说，科学课比较有挑战性，一方面是因为很多科学的概念和专业词汇就算用学生的母语——英语来学习都有难度，另一方面是因为学生用全中文学习、但是用英语考试。所以在中文沉浸式项目的科学课里，学生是否能认读和书写所有的词汇和句式相对来说并不是很重要，更重要的是让学生理解并掌握科学的概念和方法。

拓展练习

1. 如果由你来教美国某州中文沉浸式项目五年级的科学课《地质地貌05：火山》，你会如何进行教学设计？

   《地质地貌05：火山》课程目标：

   我可以说出三种不同的火山，能举例说出三种不同的、由火山喷发而形成的地貌，并通过独立制作火山图册来说明如何运用科技预测火山喷发。

《地质地貌05：火山》语言目标：

我可以说明火山是什么，描述有哪三种火山，解释火山喷发如何形成不同的地貌，并且能在小组活动中给搭档解释如何运用科技来预测火山喷发。

2. 临近期末，一位中文沉浸式项目的教师因为担心学生不理解科学课的内容，考试可能会考得不好，所以在教室里给学生做英语的科学练习。你觉得这位教师的做法妥当吗？有没有更好的解决方法？

参考文献

【1】 Echevarria, J. & Short, D.J. Vogt. *Making Content Comprehensible for English Learners: The SIOP Model* [M]. Upper Saddle River:Pearson Education, Inc. 2008.

【2】 Vogt,M. & Echevarria, J. *99 Ideas and Activities for Teaching English Learners with The SIOP Model*[M].Upper Saddle River: Pearson Education, Inc. 2008.

【编者　卢景富】

选自《iSuper中文小博士2级・物理科学・物质》

04 中文课堂教学设计与实例（小学）

背景

在美国，小学中文教学大致分为沉浸式项目、FLES（Foreign Language in the Elementary School）项目和FLEX（Foreign Language Experience or Foreign Language Exploratory）项目。中文沉浸式项目即学生一边学习中文，一边用中文学习数学、科学和社会学等学科。FLES中文项目重听说和文化教育，FLEX中文项目则以向学生介绍语言和文化为重点，注重提高学生学习中文的兴趣，激发他们继续学习中文的积极性。

吴老师所在的小学中文项目属于起步阶段，是一个典型的FLEX中文项目。主管中文项目的学区领导给出了明确的要求：中文课堂要以培养学生学习中文的兴趣、了解中国文化为主导。吴老师负责这所小学一至四年级的中文教学，学生每周一次课，每次课55分钟。在课堂教学中，吴老师通过各种课堂活动来激发学生学习中文及中国文化的积极性，并一直在课堂上坚持使用目标语，让学生在缺少中文环境的情况下做到中文听说最大化。

教学案例

吴老师任教的学校是一所包含幼儿园到四年级的公立学校。学校的学生62%为非裔美国人，23%为美国白人，15%为亚裔或其他种族人口。这个教学案例属于小学一年级FLEX项目的中文课，本节课共55分钟。学生是第一年学习中文，他们每周一节中文课，每节课55分钟。

这一单元的主题是“我的身体”。吴老师采用了美国外语教学大纲的5C**标准**[1]。

• 5C目标

1. **Communication:**

（1）Interpretive Mode: Students can recognize the characters for identified body parts vocabulary.

（2）Interpersonal Mode: Students can ask each other questions to find out what monster the other group created and then draw the monster according to the other group's description.

（3）Presentational Mode: Students can perform a skit telling the doctor which part of their body hurts.

2. **Connections:** Students connect with health, learning how to take care of their body.

3. **Comparisons:** Doctors wait for patients to come to see them in China; in contrast, in hospitals and clinics in the U.S., patients wait for the nurse and/or doctor to come to see them.
4. **Cultures:** Students know that the Chinese perspective on health is to care for the whole body.（不是“头痛医头，脚痛医脚”。）
5. **Communities:** Students can perform the *Body Action Song*（巧虎身体歌）at home to family and friends.

吴老师在备课过程中采用了反向教学设计的三步骤：先确定本单元的教学目标，再决定检测学生学习的方法，最后细致规划教学活动。备课时，吴老师使用了Pat Lo老师设计的单元课程计划表（unit planning map），列出教学所需课时数，规划每课时（每天）的教学内容，以便清楚看出前后的衔接，并保证每天的教学内容和小目标能够循序渐进地引领学生达成单元学习目标。

本单元的学习目标确定后，再决定应该用什么方式检测学生的学习成果。即反向教学设计步骤中的前两个步骤结束后，再纵观全局确定每一课的教学活动设计。“身体部位”单元将用四次课完成，即每周一课。下面是吴老师这一单元四次课的主要活动设计。

身体部位单元的主要活动设计

Unit Overview			
Topic/Focus of the Day			
Week 1（Day 1）	**Week 2（Day 2）**	**Week 3（Day 3）**	**Week 4（Day 4）**
1. Learn how to say body parts in Chinese. 2. *Head, Shoulders, Knees and Toes* song. 3. *Body Action Song*（巧虎身体歌）.	1. Introduce body parts by pointing at body parts on another person. 2. Learn the Chinese characters for body parts through flashcard games. 3. Describe the monster that they build.	1. In groups, label the body parts on their chosen model. 2. Present their models by introducing the body parts that are labeled. 3. Label the body parts on the poster using Chinese characters. 4. Learn 疼, for example 头疼，肚子疼...	1. Learn the song *Let's Go* to review body parts and actions. 2. In pairs, use flashcards to review the Chinese characters for body parts. 3. Review 头疼，嘴巴疼 by using TPR. 4. Learn a simple conversation about seeing a doctor in Chinese. 5. Skit—Seeing the doctor.

• 每节课设计说明

1. 第一课简案

（1） Students will learn some body parts with the help of a PowerPoint.

（2） Teacher will point at her own body to check students' understanding.

（3） Students will learn the *Head, Shoulder, Knees and Toes* song.

（4） Students will present the song in groups.

（5） Teacher will do "Simon Says" activity with the students.

（6） Individual students will lead "Simon Says" activity.

（7） Students will work in pairs to describe the animals' body parts by pointing at the stuffed animals.

部分学生拿着动物玩偶用中文互相介绍动物的身体部位

（8） Students will present their conversations with the stuffed animals.

（9） Students will conclude by learning a body part song and dance with the video 巧虎身体歌.

2. 第二课简案

（1） Teacher will sing the 巧虎身体歌 with the students to review the body parts.

（2） Individual students will be called to the front to be the teacher; they will point at a body part and call on other students to say the body parts in Chinese.

（3） Teacher will use flashcards to play the following games as a way of reviewing the Chinese characters for body parts:

a) Pass and Say

b) Cross the River

c) Who is Faster

（4） Two students will work together to label body parts with Chinese terms.

（5） Teacher will introduce her monster to the students.

(6) Students will build their own monsters in groups.

(7) Students will present their monsters in class.

(8) Teacher will discuss with students what different gestures mean in different countries by showing students a PowerPoint.

选自《Cool Panda少儿汉语教学资源1·身体部位与动作·好朋友》

下面是一些学生的活动案例图：

学生上台当小老师，检测其他学生是否能用中文描述身体部位

学生正在玩过河游戏

注：学生需要单脚跳过每一个词，并说对每一个词语。说错需后退（小组成员可以给予帮助），说对才能继续前进。

学生正在以小组为单位设计他们自己的怪物

学生正在介绍他们小组创造的"怪物"

3. 第三课简案

（1） Students will put sticky notes on the teacher to label body parts as a way of reviewing the Chinese vocabulary. For example: 这是吴老师的头，这是吴老师的鼻子。

（2） Students will work in groups to direct others to put sticky notes on particular body parts on the model they choose from their group.

（3） Students will come to the front of the class to introduce the body parts that they labeled on their models.

（4） Teacher will use blue wall tape as a band aid to put on a stuffed frog to introduce 疼 to the students. For example: 青蛙的头疼。/青蛙的肚子疼……

（5） Students will work in groups of three or four to practice saying which part of the doll/stuffed animal hurts with a band aid on different parts. For example: 小狗的头疼，用创可贴贴一贴。小狗的脖子疼……

（6） Students will come to the front of the class in groups to present which body parts on their stuffed animal hurt.

（7） Teacher will tell the students the difference between going to see a doctor in China and in the U.S. (Patients come to the doctor in China, while the doctor comes to the patients in the U.S.)

（8） Students will complete a worksheet on which they label body parts in Chinese.

学生正在介绍他们小组模特的各个身体部位

学生正在人物海报前比赛贴身体部位词

4. 第四课简案

（1） Teacher will review body parts with the students by pointing at the body parts.

（2） Students review *Head, Shoulders, Knees and Toes* song and then present the song in two groups.

（3） Students will dance with a partner to learn an action song that relates to body parts, then dance to this song as the teacher walks around the classroom.

（4） Teacher will use flashcards to review the Chinese characters for body parts. Individual students will be called out to read. Students will use the flashcards to quiz each other in a chain.

（5） Teacher will review 头疼，嘴巴疼 by using TPR, then check students' understanding by showing individual student a body part, and the student needs to point at that body part and describe the pain.

（6） Teacher will present to the students the difference between going to see a doctor in China and in the U.S., and the students will choose whether they are going to do a skit seeing a doctor in China or U.S.

（7） Teacher will teach students a simple conversation about seeing a doctor in Chinese, and will then have one student come to the front to demo the conversation. Finally, the students will present their skits.

学生两人一组，合作把正确的身体部位词汇贴在相应的图上

关键词

1. **5C标准：即Communication（交流）、Cultures（文化）、Connections（贯连）、Comparisons（比较）和Communities（社区）。**这5个C互相联系、不可分割，共同构成外语学习的标准框架体系。在5C标准中，Communication（交流）被作为5C的核心项目，是“最重要的目标”，分为三种：

（1） 人际交流（Interpersonal Communication）：要求学生参与对话，提供并获得信息，表达感觉和情感，交流看法。

（2） 理解诠释（Interpretive Communication）：要求学生能够理解并阐释／翻译各种话题的书面或口头表达方式。

（3） 表达演示（Presentational Communication）：要求学生能够传达各种话题的信息、概念或观点给听众或读者。

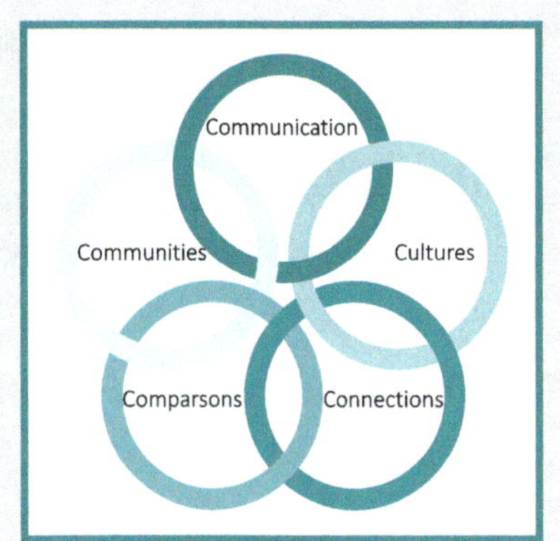

分析

• 案例分析

因为学生每周只有一次课，所以很容易忘记前面学过的内容。为了让学生在最有限的时间内得到最多的操练，教师需要设计出让学生感兴趣且尽量不重复的活动，让学生反复练习。

教师先带领全班用TPR的形式复习这些身体部位词语，然后再通过“头、肩膀、膝盖、脚”这首歌进行巩固复习，并给学生上台表演、展示自己的学习成果的机会。如果学生能在课堂上完成表演，他们大多数都会回家表演给自己的家人看。通过这种方式，也可以让家长了解学生在学校学习的成果。

教学需要有静有动，特别是年龄很小的学生，我们不能让他们总在一个地方学习、活动，如果能够带他们动起来，会为下一个学习活动的开展带来意想不到的效果。所以教师在第四个教学环节中，使用了“咱们走走走（Let’s go）”的身体部位韵律歌，带动学生一边和同伴合作，一边听音乐，一边在教室里转圈、走动、跳身体韵律操。事实证明，这样的活动效果很好，学生非常喜欢这首歌，不仅因为这首歌的节奏感强，他们能和同伴一起合作完成这首歌的动作，更重要的是他们能够在非常轻松、愉悦的环境中复习所有身体部位名称。

复习完听说后，教师利用词卡来帮助学生强化词语认读能力。教师先让学生认读词卡，接着让学生当小老师出示词卡，请其他学生认读，以检查其他学生是否理解了这些词。这个活动给了学生自己做主人的机会，让他们以教师的身份带领其他学生学习，可以很好地调动他们的积极性。

语言教学需要有目的，需要让学生知道学了这些语言后可以怎么用。教师在教身体部位的时候，对学生说，他们学了身体部位后，如果有一天去中国旅游，生病了，可以用中文告诉医生自己哪里不舒服，获得医生的帮助。所以教师通过TPR的形式给学生演示头疼、嘴巴疼和腿疼等。学生通过教师的表情和表演很快就理解了这些词的含义。教师带领学生操练完病痛的表达法，再借用PowerPoint和学生练习简单的病人看病的对话：先请一个学生到教室前面和教师练习对话，再请理解能力强、表现好的学生到教室前面和教师做演示。当所有学生完全理解并能进行看病的对话后，就请愿意当医生的学生穿上借来的白大褂，让学生抽签决定扮演在中国或者在美国的医生，让他们理解两个国家的文化差异——在中国看病，医生坐在诊室里，病人在外面排队进来看病；在美国，病人到一个单独的房间里，护士做了基本的检查、询问基本的问题后，医生再进入房间问诊病人。

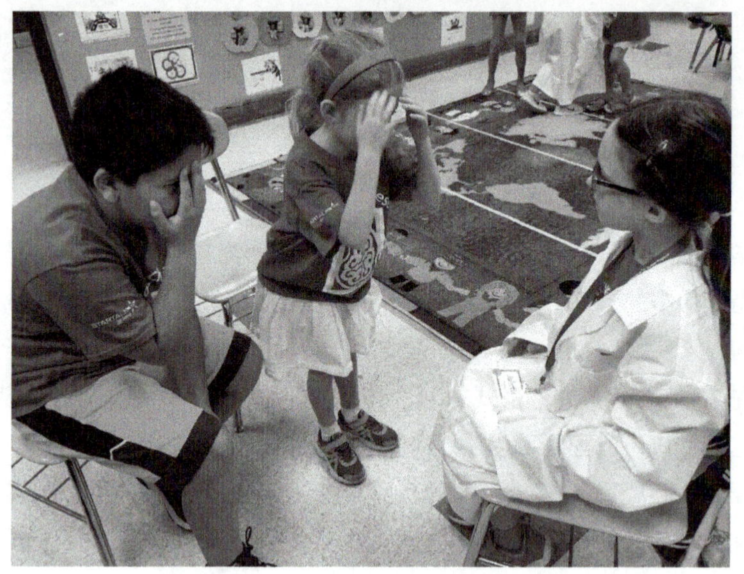

病人找医生看病的情景对话表演

拓展练习

1. 学生每周只有1小时的中文课，学习进度很慢，很多学过的内容需要反复复习和操练才能记住。你应该用什么方法来反复操练同一个内容，又不让学生觉得枯燥呢？
2. 当学生无法理解教师所教的中文课时，为了省事、省时，教师直接用英语翻译帮助学生理解。这种方法是帮助学生理解最快捷、有效的方法吗？

【编者　吴静静】

05 中文课堂教学设计与实例（初中）

背景

这是美国某州一个比较大的公立学区，学校是三语特色教学的特许学校，该校学生每天有一节中文课。这样的课程设置非常有利于保持语言教学的连贯性。教师每天都能见到所有学生，可以进行全年课程纲要的规划。由于学区刚建立不久，学生的中文水平多数属于初级阶段，教学进度比较一致。

教学案例

杨老师负责初中七年级的中文课。学生在学习本课之前已经学习中文1个月左右。本课预计用两个课时完成。

• 教学简介

课程主题：水果

教学对象：初中七年级

班级人数：26人

学生程度：初级（学过颜色词，每天1节中文课，学习中文不到1个月）

学习目标：

1. 能听、说、读6种水果的名称：苹果、西瓜、李子、橘子、香蕉和桃。
2. 能表达自己对水果的喜好，并能询问他人对水果的喜好。
3. 能运用以下句型进行交际：

   （1）这是什么？这是______。

   （2）你喜欢什么水果？我喜欢______。

   （3）我不喜欢______。

教学时长：90分钟，建议分成两个课时

课程类别：听说课

• 教学目标

1. **Communication:**

   （1）能说出水果及其颜色。

（2） 能简单描述水果。

（3） 能向他人表达自己对水果的喜好。

（4） 能询问他人对水果的喜好。

（5） 在班里汇报家庭调查的结果。

2. **Cultures**：理解苹果在中国的文化寓意——平安。

3. **Communities**：家庭调查“你喜欢吃水果吗？”

• 教学用具

1. 水果
2. 字卡（五官词、颜色词）
3. 黑板
4. 电脑、投影仪（PPT）
5. 调查表格

• 教学流程

1. **导入**

复习颜色词，展示水果实物或图片，让学生猜出今天的学习内容——水果。

2. **新词及目标句型的输入**

（1） 出示一个苹果或一张苹果图片，并读出“苹果”，教师可反复读几遍，确定学生明白词义。（I do）

（2） 全体学生跟教师读“苹果”，然后全班学生齐读几遍，确定学生能读出这个词。随即让单个学生读生词，检查学生的学习效果，以决定是否需要再次领读。（we do and you do）

老师：跟我读，苹果。

学生：苹果。

反复几次，根据学生发音判断是否需要继续领读。

老师：你们读3遍，我不读。（老师用手指着苹果图片）

学生：苹果、苹果、苹果。

（3） 教师随机挑选几个或一排学生，快速地逐个检查学生是否会读目标生词。

方案1：教师手指图片，说：“这是苹果。”然后询问学生：“这是什么？”学生回答：“苹果”，借机引导学生用目标语言完整回答：“这是苹果。”并领读目标句型，纠正发音（I do and we do）。

老师：这是苹果。这是什么？（手指图片）

学生：苹果。

老师：这是苹果。（手指着句子，逐词指读）

学生：这是苹果。

教师反复带领学生读几遍，然后用手指着句子和图片，让学生齐读，再让学生单独读。

切忌在教生词前，拿着图片直接问学生——因为学生会用英语回答，从而破坏目标语教学的环境。

方案2：把不同水果逐个放进一个布袋里，让学生摸一摸，然后提问："这是苹果吗？"（可以用一些形状跟苹果相似的水果，如橙子、桃、鸭梨等，这样学生就需要自己判断摸到的到底是不是苹果。）学生猜完之后教师再把水果从布袋里依次拿出来，跟学生一起验证答案。

（4）组织同桌分角色读对话。（you all do）

A：这是什么？

B：这是苹果。

依此类推，学习其他水果名称及句型。

词汇：橘子、李子、香蕉、桃、西瓜。

句型：A：这是什么水果？

B：这是______。

3. **评估学生的学习效果：词卡游戏**

学生就近分组，教师快速出示水果或者水果图片，3秒后收起或隐去，学生起立，用规定句型"这是______。"说出水果名称。正确说出的学生所在小组可以得分，最后得分最高的小组成员可以获得奖励。

注意：在此环节，教师要判断是否需要再次领读目标词语。

4. **听指令，画出水果简笔画**

教师引导学生复习水果颜色词，为下个活动做准备。

（1）教师读：红色的苹果，橙色的橘子，紫色的李子，黄色的香蕉，红色的桃，绿色的西瓜。要求学生用彩笔简单画出水果并举手示意，然后由老师评估结果，并引导学生说短语：红色的苹果……

（2）我来读，同伴画。学生A随意搭配水果和颜色、并读出来，同伴B要按要求画出来，并举手口头汇报给老师。

5. **巩固操练：同桌对话**

A：这是什么水果？

B：这是______。

6. **猜一猜：这是什么？**

教师引导学生把颜色词运用到所学目标词汇中。

教师先演示规则：找一位学生A背对大屏幕，同组其他学生描述大屏幕上出现的水果，帮助学生A用目标句子“这是______。”猜出水果。学生被要求只能说中文，根据他们的知识积累，描述的学生只能用颜色词来进行帮助。借助上个环节的操练，学生能够比较容易地完成该活动任务。

7. **新句型输入**

（1）教师出示一张水果图片，引出目标句型“我喜欢______。/我不喜欢______。”并借助表情图案让学生理解“喜欢”和“不喜欢”的意思。（I do）

（2）当学生理解了关键词“喜欢”“不喜欢”以后，教师提问全班学生，引出“你喜欢什么水果？”并帮助学生用目标语言“我喜欢______。/我不喜欢______。”回答问题。（we do）

（3）全班同学都可以正确地用目标语言回答问题后，教师只需指着关键图片提问，让学生自己重复回答。（you all do）

（4）学生可以自己回答后，教师再让单个学生回答问题：“你喜欢什么水果？”。（you do）

（5）依此类推，用其他水果反复操练目标语言。

8. **领读句型，教师进行发音纠正**

9. **小组活动**

方案1：

（1）学生通过对话操练进行巩固。

A：你喜欢什么水果？

B：我喜欢______。我不喜欢______。

（2）小组呈现反馈，教师进行纠错。

方案2（若采用方案2，需放在TPR活动后面）：

给每组学生一碗切成小块的水果（六种水果都有），另给每个学生一个空碗和一双筷子。活动任务：学生从水果碗里选择自己喜欢的3种水果，用汉语说出来，并放进自己的碗中。

10. **用动感韵律进行巩固**

（1）教师给出节奏示范，并领读。教师需要自己设计合适的节奏，只要押韵、能和句子词数匹配就行。教师可以用手打节奏（建议用rap类简单的节奏，学生熟悉、易学）领读，也可以用学生熟悉的歌曲旋律演唱。（I do and we do）

（2） 学生齐读。开始时，教师和学生一起用手打节奏读，可配合拍打桌子、身体、跺脚等。然后学生自己打节奏读。（we do and you all do）

（3） 分组问答。（you all do）

（4） 变换节奏读，可以用手打节拍，并变换速度或节奏。（you all do）

11. **拓展第三人称的运用**

本活动是做调查，需要熟练地进行语言输出才能完成，上个活动已为本活动的语言输出做好了准备。

评估学生目标语言的交际运用能力，利用学生的自然习得能力拓展第三人称的表达。

（1） 教师解释任务要求，并给出示范，任务过程中逐步给学生提供帮助。

（2） 学生做。发放调查表，让学生离开座位进行调查。

（3） 学生完成调查任务后，按照提示和要求进行口头汇报。汇报时要从第一人称自然过渡到第三人称的表达上。

12. **文化点**

教师可在课堂结束之前或者其他适合的时候简单带入苹果的寓意——平安。因为“苹”的发音和“平安”的“平”的发音一样，所以中国人把“苹果”称为“平安果”。随着中西方文化的交流，中国人也开始热闹地过圣诞节，而平安果就是近几年学生送师长，或者学生之间相互赠送的礼物之一。

13. **作业**

回家教家人用中文表达对水果的喜好（学生如果给家人看水果的图片，只需要教他们“喜欢”“不喜欢”的表达，建议教会家人说两种水果名称），然后用中文调查家人对水果的喜好，制作调查表，并在下次中文课上进行展示。

分析

• 案例分析

1. **教学设计理念**

（1） 反向教学设计。

先设定教学目标，然后决定评估方式，最后设计活动。首先，教师要确定本节课要达到的终极目标是什么，比如杨老师这节课的目标是学生能表达自己对水果的喜好。然后，教师要根据终极目标确定用什么方式才能实现这个目标。这时候就要考虑各个层面的小目标，比如学生需要具备什么句型、词汇和能力，才可以达到终极目标。接着根据这个具体目标，教师再设计具体的教学活动。完成活动设计后，教师还需要反思这些活动设计是否达到设计目的，如不合适，还要再进行调整。最后还要设计评估性活动，评估学生的学习效果。

（2）美国外语教学大纲的5C标准。

（3）以评估反馈活动引导教学设计。

2. **操作提醒**

（1）在课堂各个环节，最需要注意的是不能给学生说英语的机会。在设计每个环节的提问时，教师要设想学生可能给出的回答，比如在新词和目标句型输入的过程中，如果没有足够的铺垫，教师拿着图片就问“这是什么？”学生一定会用英语回答。而如果教师先进行中文的输入教学，学生通过图片和教师的发音，明白了目标词汇和句型的意思，就可以模仿教师回答问题，从而避免使用英语。

（2）本课计划用时90分钟。如果是初中生，每节课45分钟，需要分两节课完成，第二节课从第七个课堂活动开始。在第二节课开始时，教师需要带领学生快速复习前面学过的内容，此时第六个课堂活动可以用作第二节课的复习和导入，第五个课堂活动也可以再重复一下，为新内容打基础。

（3）根据学生反馈的情况，每个课堂环节建议用时5—8分钟。一般说来，输入新的学习目标和操练环节，都建议只用5分钟，尽快进行下一环节；而大一点的活动，如调查、汇报呈现等，可以设为8分钟，但是所有环节都不要超过8分钟，以方便教师把握课堂节奏。课堂节奏张弛有度，不仅可以保证教师完成课堂教学任务，还可以最大程度地避免课堂管理问题。

3. **监控（Monitoring）和评估（Assessment）**

（1）听学生的生词和句型的发音，以及句型替换完成情况，判断学生的理解程度，并及时纠错。

（2）根据课堂机械性操练完成情况，评估学生掌握句型的情况，并据此调整教学进度。

（3）根据学生课堂控制性任务的完成情况，评估学生的语言交际能力是否达标。

（4）根据学生课堂拓展性任务的完成情况，评估学生理解性运用语言的能力。

4. **个体学生的学习调整（Modifications to Address Individual Student Learning）**

（1）可事先观察学生的喜好，预备多个活动方案，课堂上再根据学习者对课程的接受度及反应，适时地调整、补充课程内容。

（2） 针对听、说、读、写有不同需求的学生，教师可将不同类型的学生置于同一组，并分配小组任务，促进学生的沟通合作。

（3） 设计任务型课堂，每个任务都设计准备环节，帮助学生顺利完成课堂任务。

5. 教学效果反馈

（1） 本课较大程度地引发了学生的参与热情。

（2） 每个环节的时间根据学生的热情和反应适当增减。

（3） 100%使用中文作为教学语言。

（4） 第一节课后，让学生知道还有活动没完成，学生会期待第二节课的活动。

（5） 课堂活动设计合理、节奏快，基本避免了课堂管理的问题。

调查表

- What kind of fruits do your classmates like or dislike?
- Helpful sentences：你喜欢______？我喜欢 / 不喜欢______。
- Report：______喜欢______。不喜欢______。

姓名（name）	喜欢☺	不喜欢☹	水果（fruit）
Tom			

拓展练习

请以“运动”为教学话题，设计3个不同层次的操练活动。每个活动要能够反馈学生的学习情况、评估学生的学习效果。

【编者　杨忆慧】

06 主题式教学设计与实例

背景

美国每个州、每所学校的管理体系和教学体系都不同。各州中小学使用的中文教材、教学大纲和教学方法也不同。

在中国的中小学，任课教师可以使用统一的教学大纲和教材进行授课；而在美国中小学，没有统一的教学大纲或教材，一般是先由各州教育厅订立学习标准，再由当地学区及学校决定教学的主要内容或材料，中文教师也因此很有可能需要自己编写教学大纲及内容。教师通常需要将一套或者几套教材作为教学参考资料，再按照主题设计教学。

在“主题单元教学”（Thematic Unit）这个概念下，课程是围绕一个大主题而循序渐进安排的。它结合了文学、数学、科学、艺术、文化等学科，用适合学生的语言来教授相关知识。

主题教学（Thematic Instruction）[1]把语言、文化和内容融合成一个整体，把真实语料和语境带进课堂，把文化和文化体验融入课堂教学中，让学生能够在模拟的真实语境中学习和运用语言，从而真正让学生做到学以致用。

理论广角

• 主题（theme）与话题（topic）

主题是教学的中心思想，是宏观的框架。话题为主题提供具体的操作方案，是具体的细节。一个主题之内，话题和话题之间既独立又相互关联。主题能把独立或相关的话题串联成生活中的语言，让语言变得生动而有意义。

主题模块可以从吃、穿、住、用、行、学等方面进行设计，也可以从个人、家庭、社会、文化、人类活动、自然、环境等方面设计，还可以根据真实生活需求构建，根据学生的学习兴趣和需求、教材内容、教师专长进行设计。

话题是围绕主题设定的具体的语言教学内容，是主题的组成部分。针对每个话题，教师需要认真考虑“教什么”和“怎么教”这两个问题。“教什么”包括语言、文化、交际等内容，其中，语言涵盖了语音、词汇、语法等内容。“怎么教”包括教学方法、教学步骤、课堂活动、学习评估等。

根据教学需求，一个主题下可以设计不同的话题，比如在“数字与生活”主题下，中文教师可以设计一系列的小话题，如：数字、年龄、生日、日期、星期、时间、货币面值、价格标签、时差、货币兑换、我的一天等。

主题教学设计也需要考虑中文教师的特长和生活经历等。如果教师是北京人，可以考虑设计“老北京”这个教学主题，介绍北京的名胜古迹、饮食和北京人的日常生活。如果是中国的中学教师，可以考虑设计“学在中国”这个主题，介绍中国学校的硬件设施、开设课程、作息时间、课外活动、学生的学习和生活等小话题。例如，在“我的家”这个主题下，中文一可以安排学习“家庭成员称谓”“外貌”和“职业”等话题；中文二可以安排学习“我的社区”“社区公共场所”“社区活动”“中美社区对比”和“中国公寓”等相关小话题。

另外，一个主题也可以串联不同的小话题，让新旧知识融合成一个整体。以下是Pat Lo老师的“这就是我”的主题设计：

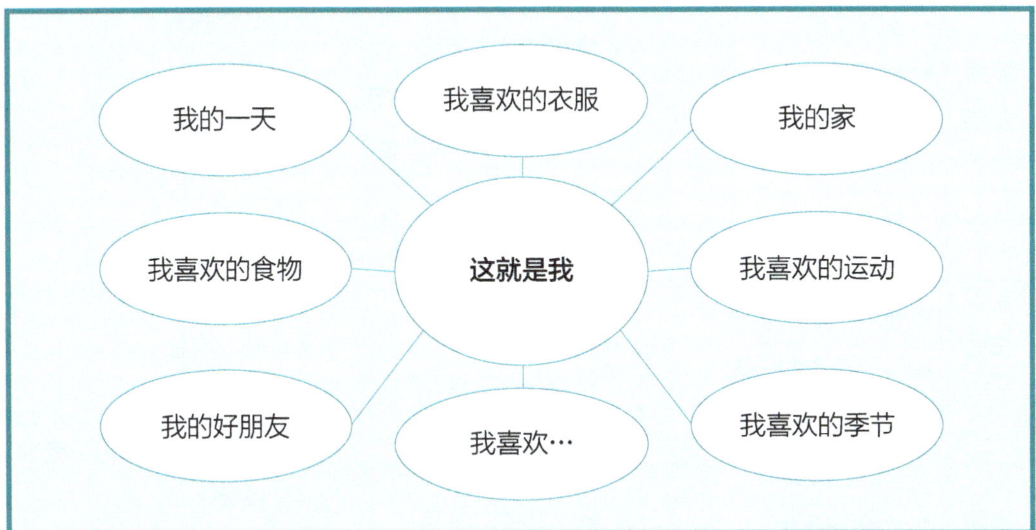

如上图，Pat Lo老师把和“我”有关的一些话题都编入了“这就是我”这个大主题下。学完这个主题，学生就能够介绍自己的家、自己的朋友、自己喜欢的运动、季节和食物（学习目标）。这样的设计能够全面学习新词汇或复习已经学过的话题，把小话题的词汇、语言、语法和知识点汇编在一起，形成长段、有意义、有情境的语篇，使教学内容容易学习、记忆和巩固。学完以后，学生还可以用“做小书”和“小组海报”的书面形式或是“个人／小组口头报告”的方式展示他们的学习成果（学习评估）。

• 主题与话题的设计范例

在美国，很多教师采用主题单元设计自己的教学，一个单元就是一个主题。教师可以自己拟定主题单元的名称，围绕教学目标主题安排不同的教学内容。

Maggie Chen老师为中文一、中文二和中文三的三个不同教学水平设计了全年十个主题及其话题，设计如下：

Maggie Chen老师为三个不同教学水平设计的十个主题

单元与主题	Novice to Intermediate Low (Mandarin 1) 第一年	Intermediate Mid (Mandarin 2) 第二年	Intermediate High (Mandarin 3) 第三年
自我介绍	• 基本问候 • 姓名／生日／年龄 • 电话号码 • 国籍／出生地	• 我的生肖 • 我的家庭背景 • 我的专长 • 我的爱好	• 生肖与个性 • 我的优、缺点 • 内向与外向 • 我的志向
家庭生活	• 家庭成员 • 宠物 • 我的亲戚 • 家庭结构	• 住房格局和布置 • 家居活动与家务 • 传统中国住所／建筑（*四合院／蒙古包） • 风水	• 社区环境 • 社区活动 • 社区地标 • 北京胡同
学校生活	• 时间、日期 • 我的生活作息 • 中国学生的一天	• 学校作息表和课表 • 我的老师们 • 我的校园 • 社团与课外活动	• 中国教育系统 • 中考与高考 • 补习文化 • 留学潮
兴趣爱好	• 我的兴趣爱好 • 兴趣的由来 • 体育活动 • 体育活动地点	• 中国社交健身（*广场舞／功夫／太极） • 中国社交活动（*麻将／象棋／围棋）	• 品茶（*茶文化／老舍茶馆） • 书法 • 国画 • 剪纸艺术
健康生活	• 五官与肢体 • 描述长相与外貌 • 比较外貌	• 生活习惯 • 常见疾病与症状 • 看病求医 • 中国医学	• 食物金字塔 • 均衡饮食指南 • 营养成分 • 健康保健
食在中国	• 中式早餐 • 蔬菜与水果 • 速食文化 • 饮品与甜点	• 在饭馆吃饭 • 餐桌礼仪 • 在家宴客 • 外卖文化	• 八大菜系 • 主食 • 饮食习惯 • 家常菜 • 食材与做法

续表

单元与主题	Novice to Intermediate Low (Mandarin 1) 第一年	Intermediate Mid (Mandarin 2) 第二年	Intermediate High (Mandarin 3) 第三年
消遣娱乐	• 音乐类别 • 中国知名歌手与代表作（*邓丽君／周杰伦） • KTV文化 • 中国好声音 • 中国好歌曲	• 电影类别 • 电影资讯（*豆瓣） • 中国名导演与代表作 • 中国名演员与代表作 • 《少林足球》	• 中国传统乐器 • 中国知名音乐家（*郎朗／马友友） • 民谣（*茉莉花） • 名曲《梁山伯与祝英台》
逛街购物	• 衣服与配件 • 颜色与款式 • 讨价还价 • 逛夜市：买衣服	• 超市部门与食物 • 传统市场 • 网络购物·美食篇（美团网／手机点外卖） • 逛夜市：各地小吃	• 网上购物（*淘宝网） • 移动支付（*支付宝／微信支付） • 购物天堂：香港
季节气候	• 描述季节 • 描述天气 • 天气预报与穿着 • 天气预报与外出准备（*雨具／保暖装备／防晒措施）	• 季节性户外活动 • 节日（*春节／端午／中秋／清明节踏春、冬至） • 中国季节性旅游胜地与当地季节活动（*哈尔滨／海南）	• 中国地理与气候 • 地理气候与生活方式 • 地理气候与饮食
观光旅游	• 城市建设 • 交通工具与城市大众运输 • 方向 • 指路／问路	• 中国主要城市介绍 • 各城市特色与观光景点 • 城市游——嘀嘀打车 • 代步工具——共享单车、共享汽车	• 在机场 • 在饭店 • 城市深度游（*北京／上海／广州／深圳） • 我的游记

注：*表示Maggie Chen老师推荐的教学内容

以上主题和话题可以为新教师提供参考。在具体的教学中，新教师可以根据实际需求和自己的特长适当调整。例如在“观光旅游”主题中，如果是来自广西的教师，可以为美国学生介绍广西的旅游景点（桂林、阳朔）和广西的饮食文化，还可以让学生设计一个旅行计划——广西游。

• 如何设计中文主题教学

美国中文主题教学设计（Thematic Planning）应该涵盖语言、文化和交流三个方面，主要可以从以下四个方面着手。

首先，主题教学设计应该参照美国外语教学协会（ACTFL）的5C标准：沟通（Communication）、文化（Cultures）、贯联（Connections）、比较（Comparisons）和社区（Communities），要创设情境，让学生能够用中文介绍真实的美国生活，能够对中美的文化进行对比，能够与中国人进行交流，如果到中国旅行或者学习，他们能够解决基本的生活需求。

其次，主题教学的设计和教学内容的推进应该符合认知规律、语言规律和学习规律。主题教学设计应该呈阶梯式、渐进式，每个主题教学之间相互关联、层层递进，语言教学也应该循序渐进地展开。如在“购物”这个主题下，购物需要询问物品价格、讨价还价，学生首先要学习数字、知道如何问价格，然后要知道不同物品的中文表达方式，最后再学习如何购物。所以要先完成“数字”这个话题，才可以学习“询问价格”这个话题，然后学习“物品名称”“介绍物品价格”，最后学习“购物”。这样的设计能够以旧带新，巩固已学知识，并推进新知识，防止学生如“猴子掰玉米”，边学边丢。

另外，主题教学设计还需从全局着手，参考教材内容、教学安排，同时要考虑学校活动安排及节假日活动。在节假日前后，可以设计相对轻松和简单的话题，如通过课堂活动进行知识总结和复习，也可以设计一次有趣的文化活动。

主题教学设计也应该考虑中国重要节日的时间，在相应时间可以设计相关的教学或文化活动。如九月开学后，9月10日就是中国的教师节，教师可以根据学生的中文水平设计不同难度的教学内容，让学生了解中国的教师节和中国尊师重教的传统。

主题教学设计可以参考不同的中文教材，中文教师可以根据选用的教材设计教学主题，每个主题中可以灵活安排不同话题。中文教师需要灵活把握教材，针对学生中文水平，灵活增减课文中的词汇、句型和语法点。

• 中文主题教学的优势

首先，主题教学可以兼顾差异性。在中国，教师习惯用一本规定教材进行教学，而在美国，中小学中文教材丰富，采用中文主题教学可以照顾到美国不同地区、学校、学生的差异性。任课教师以学生为中心，依据实际需求灵活安排每个主题，可以让教学更有针对性，更符合实际需求。

其次，主题教学内容更具真实性。主题教学设计以学生为中心，以真实语言为语料，把与主题相关的小话题整编在一个教学框架里，更容易把词汇、句子组织成有意义的语篇。这可以让学生在非中文环境下，有效学习语言和运用语言。

最后，主题教学有利于知识的巩固和积累。在大主题下设计小话题，话题之间环环相扣、前后呼应。完成第一个小话题，学生达到教学要求之后，教师继续推进第二个话题。前两个话题学完之后，可以把这两个话题以语篇的形式编写成真实生活语料，让学生学习。依此类推，以“滚雪球”的方式学习话题。

另外，需要提示的是，主题教学设计与教师的教学思路、教学方法和语言能力息息相关，因此阅读专业语言书籍、教学书籍、参与培训是非常重要且必要的。

• 中文主题教学评测

每个主题完成后都应该进行形成性评估或总结性评估。评估包括口语表达和书面表达两个部分。学生学完一个主题之后，教师要求学生能够按照Can-Do Statements的预定目标完成各项基本要求，还可以设计课堂活动，让学生在真实语境中运用所学语言，与人交际。主题教学评估是非常必要的，它有利于教师把握教学进度、查漏补缺，让学生能够扎实地掌握知识，也有利于下一个主题的开展。

• 中文主题教学计划

在设计或选择主题之前，教师需要认真研究学年教学目标、学期教学目标、主题教学目标和话题教学目标，然后依据教学目标设计或选择主题、话题和具体教学内容。制定教学计划时，要以目标为终点，由终点逆推每一个教学主题、教学话题、具体学习内容，这样有利于加强教学的衔接，促进教学顺利推进。在设计每个教学主题和教学话题的时候，教师还需要对测试内容做到胸有成竹。

总的来说，在制定每节课的教学计划时，建议新教师考虑以下几点：上课周次、每次课的时长、教学主题、教学话题、教学内容、课堂活动、课后练习、下堂课课堂检测内容和检测方法，可以根据教学目标设定教学内容、课堂活动、文化活动。

教学案例

教学对象：美国高中九年级—十二年级

教学地点：美国苹果高中

选用教材：《中文听说读写》，主题设计与教材一致

教学主题	课堂活动
主题一 问候	**教学活动** 1. 小黑板听音、辨音、记音，区别中文拼音易混淆的声母和声调。 2. 学唱歌曲。利用《两只老虎》的曲调，歌词改编如下： 你好！你好！你好！你好！ 你好吗？你好吗？

续表

<table>
<tr><th>教学主题</th><th>课堂活动</th></tr>
<tr><td>主题一
问候</td><td>你叫什么名字?
我叫×××。
谢谢你，再见!
3. 学生站成两行，面对面练习对话，然后移动位置，换不同对象练习对话。这个活动同时可以帮助全班同学互相认识和熟悉。
4. 调查活动:
（1） 首先利用下面的问题进行班级调查:
你叫什么名字? 她叫什么名字? 他叫什么名字?
（2） 然后利用下面的句式让学生做阶段性总结陈述，进行段落表达:
大家好，我叫×××，我14岁，我是美国人。她叫×××，她×岁，她也是美国人。他叫×××，他×岁，他也是美国人。我们都是美国人。谢谢!
5. 拍中文对话视频：两人一组，用学过的问候语编写对话，并将对话拍成视频。
6. 利用汉字视频，给学生介绍汉字的起源、发展和演变。
7. 学习汉字象形文字：日、月、山、水、人、口、大、女、马，然后让学生做笔记。
8. 教师展示图片，让学生写出对应的汉字和拼音。
9. 在小黑板上学写汉字的基本笔画：横、竖、撇、捺、点、提。然后利用“我说你写”和“我写你说”的活动进行操练。
10. 做名片。
文化活动
1. 汉字的演变。
2. 汉字的文化。
3. 9月文化主题：教师节（吹墨梅花 / 做贺卡）
4. 10月文化主题：中秋节（做海报）
5. 教学生使用筷子，让学生练习使用筷子。还可以介绍中国文化：为什么筷子不能插在碗里? 吃饭的时候，筷子应该放在哪儿?</td></tr>
<tr><td>主题二
数字与
生活</td><td>教学活动
1. 用筷子，数豆子：讲筷子的文化，教学生用筷子。
2. 数字节奏：利用下面这样的数字串，加上节奏，操练数字。
一二三，三二一，一二三四五六七，七六五四三二一。</td></tr>
</table>

续表

教学主题	课堂活动
主题二 数字与生活	1， 1、2， 1、2、3， 1、2、3、4， 1、2、3、4、5， 1、2、3、4、5、6， 1、2、3、4、5、6、7， 1、2、3、4、5、6、7、8， 1、2、3、4、5、6、7、8、9， 1、2、3、4、5、6、7、8、9、10。 3. 利用数字手势，从一数到十。然后利用“我比划你说”“我说你比划”“我比划你写”“你比划我写”等活动操练学生的数字听、说、读、写能力。 4. 带领学生做数字功夫操。 5. 踢毽子练习数字：全班分组，准备毽子，一边踢毽子，一边数数，练习数字1—50；然后进行小组比赛，先踢满50个的小组获胜，该小组成员可以获得奖励。 6. 介绍人民币及人民币上的人物和风景： （1）视频展示：中国银行柜员数钞票的专业技能； （2）说价格：上淘宝网，展示中国人的购物方式，然后让学生说价格。 7. 唱月份歌，用《我们的祖国是花园》的曲调，歌词改编为： 一月二月三四月， 五月六月七八月， 九月十月十一月， 十二月就放假了。 8. 学习年、月、日，学会询问别人的生日，唱生日歌（结合学生生日）。 9. 设计日历：12个人一组，设计一年的日历。 10. 用时钟教时间，学生学会说时间，并知道中国和美国之间的时差。 **文化活动** 1. 中国的阴历和阳历。 2. 中国人过生日吃什么？介绍长寿面（一根面）。 3. 美国人过生日吃什么？在班里进行调查，学习新词语。 4. 中国的电话号码：区号、座机号、手机号，幸运数字（6、8、9）和数字的言外之意（520）。 5. 中国车牌号码构成方式，如“云A 88888”。中国公路上有哪些类型的车辆？是哪些国家生产的？

续表

教学主题	课堂活动
主题二 数字与生活	6. 美国的电话号码，学生所在的州、附近州及纽约、加利福尼亚等州的区号。 7. 10月文化主题：国庆节。 （1）中国国庆节、国旗、国徽、国歌、地图，学唱中国国歌； （2）美国国庆节、国旗、国徽、国歌、地图，中文教师学唱美国国歌； （3）做国庆宣传海报，张贴出来，进行文化对比。
主题三 我的家	**教学活动** 1. 中国家庭：四世同堂，介绍传统的大家族和大院落，介绍中国的家谱，学习家庭成员称谓。 2. 说唱：选择合适的节奏，带领学生通过说唱学习亲属称谓。 爸爸的爸爸叫爷爷，爸爸的妈妈叫奶奶， 爸爸的兄弟叫叔叔，爸爸的姐妹叫姑姑， 妈妈的爸爸叫外公，妈妈的妈妈叫外婆， 妈妈的兄弟叫舅舅，妈妈的姐妹叫阿姨。 3. 根据学生中文水平灵活选择内容：独生子女、独生子女政策、二胎、二胎政策、小家庭、三口之家、妻子、丈夫、孩子。 4. 调查活动：调查班里的三位同学，询问他们父母和兄弟姐妹的情况。 5. 做课堂口头报告，让学生带着自己的家庭照片介绍家人。 6. 制作家庭影集：介绍姓名、性别、年龄、和本人关系、电话（可以是学生自己编写的号码）及工作等信息。 7. 制作家谱，练习汉字。 8. 介绍家人喜欢的颜色。 **文化活动** 1. 亲属称谓文化：中国父母双方兄弟姐妹称谓都不同。 2. 文化对比：中国家庭生活方式与美国家庭生活方式的异同。 3. 对比美国的万圣节和中国的中元节。 4. 做中国脸谱，介绍不同颜色所代表的人物性格，然后把做好的脸谱送给朋友。
主题四 爱好	**教学活动** 1. 利用TPR教学法学习生词：篮球、足球、排球、橄榄球、曲棍球、羽毛球、游泳。 2. 调查自己不太熟悉的三位同学的爱好，然后在课堂上做口头报告。 3. 做“我的小书”，介绍自己和家人喜欢的颜色和爱好。 4. 复习前三个主题内容。 5. 设计健身计划。

续表

教学主题	课堂活动
主题四 爱好	6. 看乒乓球视频，学习打乒乓球。 7. 举行踢毽子比赛，复习数字。 **文化活动** 1. 学打五步拳、太极拳，学习太极扇或中国扇子舞。 2. 学习眼保健操，介绍中医穴位和按摩。 3. 结合12月做节日贺卡，学生可选择自己庆祝的节日，也可以做新年贺卡或剪纸。还可以在YouTube上搜索做立体贺卡的教学视频。
主题五 食物	**教学活动** 1. 利用视频介绍中国人的饮食习惯及烹饪方法（如煎、炸、煮、蒸、炖）。 2. 学看美国中餐馆菜单，认识中国菜的中文名称。学会用电话点餐，会说菜名和地址。 3. 看真实语料找价格。 4. 设计饮料酒水单。 5. 设计餐厅的中文名字及菜单，包括中餐、西餐和饮料。 6. 介绍学校餐厅的午饭及自动售卖机里的食品名称。 7. 设计“我”的午餐盒。 8. 健康饮食：哪些是健康饮品？哪些是不健康的饮品？ 9. 美国人和中国人一天三餐吃什么。 10. 食物的黄金搭配。 11. “我”和家人喜欢的水果和饮料。 12. 调查报告：周末“我”和家人吃什么？ 13. 节日大餐：中美对比。 **文化活动** 1. 介绍中国学生在学校怎么吃午饭。 2. 介绍中国大学餐厅和中学餐厅，并做文化对比。 3. 介绍中国南北食物的特色，然后对比美国东部和西部饮食差异。 4. 介绍西餐名菜和中餐名菜。 5. 介绍北京烤鸭。 6. 学做中国菜“番茄炒鸡蛋”。先利用视频介绍番茄炒鸡蛋，学习配菜名称，学习烹饪方法简单词汇，然后给学生布置作业：回家为家人做番茄炒鸡蛋，并拍照展示。 7. 包饺子（做活动之前请给家长发邮件，询问学生饮食的注意事项）： （1） 饺子皮：可以在中国餐馆或者韩国超市、亚洲超市购买； （2） 饺子馅：学生可以食用的肉馅或素馅； （3） 蘸料：带好酱油、醋、盐、白糖、油辣椒（用来教生词）

续表

<table>
<tr><th>教学主题</th><th>课堂活动</th></tr>
<tr><td>主题五
食物</td><td>（4） 教学过程：
① 展示包饺子过程；
② 每组选一个代表来学习如何包饺子；
③ 组长学会后回到组内教组员；
④ 一组一组轮流包饺子；
⑤ 煮饺子；
⑥ 学生可以把饺子送给附近教室的教师品尝并介绍自己做的饺子。</td></tr>
<tr><td>主题六
约会</td><td>教学活动
1. 安排时间、地点、人物，准备角色扮演。
2. 设计约会地点：家、餐厅、电影院、图书馆，注意在不同的场合要使用不同的语言。
3. 场景教学：根据设计的地点来进行教学。
（1） 电影院约会：介绍中国的电影院和放映厅，出示中国电影票，学着设计电影票。
（2） 餐厅约会：学习服务员、收银员、迎宾员的语言。
（3） 家里约会：介绍客厅、厨房、卧室、书房、洗手间，并设计自己满意的室内布局。
（4） 制作请柬。
（5） 电话邀请朋友。
文化活动
1. 中国人约会一般会早到，美国人约会什么时候到比较合适？
2. 约会的时候，谁付账单？
3. 介绍中国茶和茶文化。
4. 茶艺表演（如果条件允许，教师可以准备一桌茶席）。</td></tr>
<tr><td rowspan="2">主题七
学中文</td><td>教学活动
1. 选中文好的学生扮演中文教师，教语音或生词。
2. 设计自己的中文书，融入以前学过的内容。
3. 写毛笔字，选择简单的诗句、名句翻译，让学生从中选择书写。
4. 规定好范围，学生出中文试题，进行相互测试，并计分。
5. 让学生以“欢迎你来学中文”为主题，设计学习中文的海报。</td></tr>
<tr><td>文化活动
1. 学习中文歌《月亮代表我的心》，并以小组方式进行唱歌比赛。
2. 学习手语《月亮代表我的心》，老师可以利用网络平台先自学，再教学生。
3. 以小组为单位拍摄中文歌曲MV。</td></tr>
</table>

续表

教学主题	课堂活动
主题八 **学校生活**	**教学活动** 1. 做关于“我的一天”的小书，介绍自己在学校的一天。 2. 介绍美国学生的一天，拍摄课堂、食堂和学生运动的情况。 3. 介绍学校的课程，做课程表。 **文化活动** 1. 看电影《青春派》。 2. 介绍中国高中生的学习生活。 3. 介绍中国大学、中学、小学的硬件设施，学习新词。
主题九 **购物**	**教学活动** 1. 问价、讨价还价。 2. 逛商场：买衣服、买鞋。 3. 逛超市。 4. 角色扮演：顾客和售货员。 5. 设计自己的旅行箱，讨论去旅行需要哪些衣服、鞋子，以及衣服的款式和颜色。 6. 介绍“我”的衣柜、“我”的鞋柜。 7. 利用字典、电子词典等工具，教学生学习和查找新词。 8. 模拟逛商场，购物完毕做报告：买了什么，每样花了多少钱，一共花了多少钱。 **文化活动** 1. 中国传统服装设计：旗袍或汉服。 2. 剪“春”字。
主题十 **交通**	**教学活动** 1. 学生设计：一个人的暑期美国之行。 2. 介绍中国有名的旅游景点，看地图，学景点中文名，介绍中国的城市，如上海、深圳、香港、昆明等。 3. 拆分中国地图，玩拼图游戏，让学生了解中国。 4. 坐火车游中国，介绍南北火车线路沿线有名的景点。 5. 学生设计自己和家人的中国之行：时间、旅行地点、交通工具和旅行箱里带的东西。 6. 介绍中国的公交车、地铁、火车、飞机、高铁等交通工具，通过真实语料找时间、地点。 7. 小调查：坐火车游美国，可以到哪些州？

续表

教学主题	课堂活动
主题十 交通	**文化活动** 1. 介绍中国郑和下西洋的航海路线，学习沿线的国家和地点。 2. 介绍哥伦布的航海路线，学习时间、地点。 3. 制作航海图，标注地名。 4. 学习海上丝绸之路和陆上丝绸之路。 5. 了解“一带一路”与金砖国家。

注：以上课堂活动仅供参考，请各位教师根据自己的教学对象、教学内容、教学时长灵活选择使用。也可以在这些活动的基础上，创设新的课堂活动。

1. **主题教学（Thematic Instruction）：围绕宏观主题（macro themes）进行的课程组织方式。**语言主题教学是围绕某一主题（一个全局性中心思想），以教学目标为出发点，教师全局性设计教学内容、教学活动和评测方式的一种有效的教学手段，它把语言、文化、内容及其他学科知识融合成了一个整体。

   在主题教学中，主题是教学内容和教学活动的组织中心。中文主题教学的内容涉及中文语音、词汇、语法、语篇等。中文主题教学的设计应考虑语言、文化、科学等各学科知识。

拓展练习

李婷是中国高中的英语教师，有6年教龄，教学经验丰富。今年她初到美国教高中中文。学生是九到十一年级的美国高中生，中文零基础。8月20日苹果高中语言教研组组长需要李婷在开学前交一份中文一的教学计划。请你思考并帮助李婷老师设计开学前两周的教学计划。

【编者　符红萱】

英语小智囊

语言误区

✔避免使用的词：games

✕应该使用的词：class activities

小提示：不要把所有课堂活动都习惯性地称为games，会误导学生。

实境范例

1. 如何鼓励参与课堂活动的学生？

例句：

（1） Nice try!（学生积极参与但没有回答正确时）

（2） Good job! I like how you... (pointing out the merit)

（3） Thank you for sharing!

2. 如何安慰回答不出问题的学生？

例句：

（1） Don't worry. You can take more time.

（2） No worries. You're doing great for the first try.

（3） Well, let me give you a hint.

情景范例：与同事交流教案撰写与课堂活动设计

Dear Mr. Smith,

I hope your week is going well. I am writing now because I'm having a hard time finding the right balance between speaking and writing activities in class. How do you handle this? I would love to hear your thoughts. Also, do you have the updated version of our lesson plan template? If so, could you please send me a copy? Thanks!

Ting Li
Chinese Teacher
Apple Middle School
Room 403
Landline: (555) 555-5555

第三节 语言教学策略

01 目标语教学策略与实践

背景

王红（Ms. Wang）是美国特许学校Eagle Local School的一名中文教师，所教的年级是中学七年级。学生的中文水平处于**Novice low–Novice mid**[1]阶段，中文是学生的必修科目，每个班级学生人数较多，都在30人左右。学生每天有1节中文课，每节课45分钟，每周有5节课。为了给学生创造理想的语言学习环境，学校希望教师在进行外语教学的时候使用90%以上的目标语。这种情况下，学生不是凭兴趣选择的课程，再加上语言课学生人数较多，要做到使用90%以上的目标语教学对教师来说是具有挑战性的。

理论广角

为了实现课堂教学目标语使用超过90%，王老师精心地从思想、人员、教学知识、环境营造、课堂常规等方面进行了准备工作。

- **思想准备工作**

了解使用目标语教学的重要性和必要性。教师应该和学生尽可能地使用目标语——在课堂内外皆然。对很多学生而言，在真实生活情境中实际使用外语既能刺激语言学习又能激励学生，美国外语教学协会推荐，在课堂时间，至少应该有90％以上使用目标语①。从初级班时就开始使用目标语，教师能给学生提供许多在有意义的真实生活情境中，和教师以及同学使用目标语的机会。语言输入（input）对于外语习得的重要性已经得到大部分研究人员和语言教师的认同，其中最有名的要数Krashen的**i+1理论**[2]。课堂教师语言是课堂教学的重要组成部分。教师用目标语可以为学生创造良好的、学习目标语和应用目标语进行交际的环境，有助于培养学生良好的语言习惯和语言运用能力。

在课堂教学中严格执行90%以上目标语教学，会有个别学生觉得吃力，课后王老师会在学校规定的补习时间对这些学生进行课后辅导，根据学生的不同特点和需要，提供有针对性的帮助。这也是和学生进行交流的好时机，可以适当地给学生一些英语辅助，鼓励学生在今后的课上逐步适应全目标语教学环境，尽力做到不让任何一个学生落后。

①ACTFL position statement, 2010: http://www.actfl.org/i4a/pages/index.cfm?pageid=4368#targetlang

• 与学生和家长的沟通准备

王老师曾是国内一所著名的外国语学校的专职教师，在国内教授英语时就使用了100%目标语，所以王老师尝试借鉴了在国内使用100%目标语教学的经验。而要想实现课堂教学用语使用90%目标语，开学的前几堂课至关重要，因为开学前期是跟学生进行沟通和树立规矩的关键时期，前期的工作直接关系到今后的课堂教学和课堂管理。

同时，与学生的第一次交谈也至关重要，关系到教师是否能站稳讲台、让学生信服。教师与学生的第一次见面极为重要，这次见面重点是留印象和立规矩。建议第一堂课教师用中文介绍自己，使用可理解的语言输入（comprehensive input）（如果开学第一节课教师就用大量英语介绍自己，会让学生对英语有依赖，不利于今后开展目标语教学），并在今后的课堂里严格控制英语使用，做到90%以上的目标语教学，10%的英语仅用于一些必要的课堂管理和一些紧急状况（如关系到学生的安全和健康的突发事件）。日常固定的课堂管理程序则必须使用目标语（如书包放在指定的地方、教师讲课时不乱讲话、用中文询问可否使用洗手间、离开前清理自己的座位等）。

在必要的情况下，目标语和英语可以转换使用。有一些小策略可供参考：（1）在教室里悬挂中国地图和美国地图（或两国国旗），当教师不得不讲英语时，可以走到美国地图前用一个夸张的肢体动作告诉学生现在可以讲英语；当教师要使用目标语时，就走到中国地图前用一个夸张的肢体动作让学生知道。（2）使用戴帽子的方法来转换——教师戴上帽子表示可以讲英语，摘下帽子立即回到使用目标语的状态。（3）借助玩偶——当玩偶出现时可以讲英语，当玩偶收起时立即回到目标语。方法很多，形式多样，只要教师有使用目标语教学、严格控制自己使用英语的意识即可。

家长对教师的看法也会影响学生对教师的印象。没有家长的支持，教学工作也会难以开展，因此一定要高度重视与家长的见面会。在开学前的家长见面会上，王老师提前告知家长本学年的教学目标、教学安排以及需要家长配合的事项，其中还强调了目标语教学的重要性和必要性、以及学生在这种环境下学习的好处。同时，王老师还提前告知家长，在使用目标语教学的初期会遇到一些暂时的困难，以及帮助他们解决困难的具体方案；而且学生唯一一项家庭作业就是教家长一些自己在学校学到的中文知识。这样，可以让部分积极的家长参与到教学中来，让大部分家长消除疑虑，避免很多不必要的麻烦（有些教师没有做好沟通工作，造成误解，家长认为教师教得不好，或是认为教师英语不过关只会讲中文造成学生在课堂上完全听不懂）。教师应抓住一切可以和家长交流、沟通的机会，调动家长的主人翁精神。

• 教学知识和中文学习环境准备

教师应当确保在课堂里使用的目标语是可理解输入。第一次踏上讲台，要想充满自信，一定要有充分的知识储备，特别是与上课相关话题的知识储备，不管是话题的英语表达方式、中文表达方式，还是本地相关俗语，都应当做好储备。教师应当关注当时、当地，本校、本班，乃至学生群体中常见的语言现象，让学生产生共鸣，更易接受中文。

另外，教师还应当尽量营造一个学生进入教室就讲中文的环境。王老师是这样营造中文学习环境的。首先，她通过研究和归类分析，从中国文化中提取出具有代表性的一些“中国元素”。此外，为方便进行语言教学，她还提前将常用课堂词汇罗列出来，筛选出课堂内高频使用的词语和句型，并书写、张贴在教室周围，大部分用图片帮助学生理解，少部分使用了英语注释，等学生能熟悉运用后，再撤掉英语部分。

王老师认为每个人都有自己的语言习惯，以下中国元素及高频词句仅供参考。

中国元素	中国传统文化元素	中国结　红灯笼　筷子　京剧脸谱 岁寒三友：竹、松、梅　“和平使者”熊猫 瓷器　丝绸
	中国地理、历史元素	中国国旗　中国地图　长城　西湖　桂林山水 秦始皇陵兵马俑
高频词句	课堂常用名词	笔记本　作业本　椅子　桌子　通行证　白板 垃圾　垃圾桶　纸巾　湿纸巾　削笔刀 免洗消毒液　门　电脑　马克笔　书包　座位 答案
	课堂常用动词	听　说　读　写　看　举手　分组　停　做　交换 捡　扔　推　开　关　问　回答　练习　复习　交 学习　进来　挂　趴下　休息　打开　开始 拿出来
	课堂常用形容词／副词／介词／连词	好　很好（很棒）　或者　还是　请　对　不对 和
	课堂常用短语	上课　起立　坐下　下课　再见　不讲话 请安静　对不起　没关系　谢谢　不客气　做游戏 角色扮演　有进步　很接近　我说你做　有礼貌 没礼貌　捡垃圾　推椅子　回座位　整理座位 交作业

续表

高频词句	课堂常用句子	好了吗？好了。 懂了吗？懂了 / 不懂。 到前面来。 有问题，请举手。 我可以进来吗? 我可以喝水吗? 我可以去洗手间吗？可以 / 不可以。

• 怎样坚持课堂目标语教学的策略

在课堂教学中要做到坚持目标语教学确实会碰到各种各样的困难，这里列举一些小策略供大家参考，帮助大家坚持课堂目标语教学。

1. 学生说英语时，教师用中文重复，再让学生用中文说一遍。例如，学生如果用英语说“想去卫生间”是得不到教师许可的，学生要用中文说教师才能放行。长期坚持下来，每个学生都会把这些高频词句的中文练得滚瓜烂熟，没有人会再用英语来向教师询问。
2. 一旦注意到学生马上要张口说英语，可以提醒他“说中文”，并说“我会帮助你”。教师可以一边听学生用中文表达的意思，一边给学生提供缺乏的词汇。有时候学生不愿意说中文，是因为他们缺乏一些需要的词语或句型。如果教师很明确地表示会帮助他们，不会让他们在同学面前出丑，他们会鼓起勇气、尝试用中文表达他们的意思。
3. 充分利用学过的歌曲、儿歌等来提醒学生，以避免他们在一时想不出中文词语的时候说英语。比如，以前教学生唱过《小苹果》，而现在教师注意到某个学生想说“苹果”，但忘了这个词，教师就可以开始唱“你是我的小啊小……”学生一定会唱出这句话的最后一个词“苹果”。
4. 充分利用“排除法”来解释新词的意思。比如，介绍“长”（cháng）的时候，可以指着某个女生的长发，说她的头发“很长”；还可以指长颈鹿的颈部，说它的脖子“很长”，再加上另外一些例子。学生看教师指女生的头发有可能会猜“长”是“头发”的意思，但教师指长颈鹿的脖子时，他们就会把这个可能排除。教师提供了四五个例子之后,他们会把意思分析出来——因为这些例子唯一的共同点是它们都很长。
5. 尽量从学生熟悉且感兴趣的话题出发介绍新词。比如，在教“赢”和“输”的时候，教师可以提到学校最近的球赛，说“上星期六的橄榄球赛，我们的学校输了，xxx学校赢了”。

6. 可以在恰当的时机提前教学生一些词语，让学生多一种方法理解词语意思。例如，在教学生“对”“不对”和“错”的时候，可以教给学生“反义词”和“近义词”。“不对”是“对”的反义词，“错”是“不对”的近义词。这样，在今后的教学中，“反义词”和“近义词”会帮助学生用学过的词语理解新的词语。
7. 在课堂可以长期坚持执行小组比赛的原则。哪个小组里的成员讲中文多，就加分；哪个小组里的成员在课堂讲了英语则会被扣分。每周或每两周进行一次总结，给予优秀小组奖励。这样学生会想办法尽量使用中文配合教师。他们还会使用翻译软件自学很多词语和句子在课堂上使用。遇到这种情况，教师要给予积极鼓励，在全班表扬并给所在小组加分，这样学生会越来越有兴趣使用目标语。而且这时教师会有一个意外收获——课堂管理在这种制度下变容易了很多。
8. 每堂课尽量设置一些亮点来吸引学生的眼球，让学生感到学习的新语言可以立即用到自己的生活中，以此激发学生学习的兴趣。例如，在教“爱”这个词时，教师用肢体语言和图片帮助学生理解意思，并给出很多句子示范，然后鼓励学生说出他们自己的句子。当教师发现很有趣的句子时，立即引导学生慢慢用所学知识向一个有趣的故事靠拢。在这个过程中，教师不断给学生一些词语，帮助学生创作一个有趣的故事。重要的一点是让故事有一些意想不到的情景和一个有趣的结尾。这样师生可以一起开怀大笑来结束课程。
9. 在每个节假日教给学生应时的祝福语，并且鼓励学生回家以后问候自己的家人、朋友和邻居。学生会被慢慢感染，互相使用中文来表达祝福，回家以后还可以把这些祝福语教给自己的父母。例如，在每个周五，教师下课的时候都可以增加一句“周末快乐”，长期下来，学生一到周五就会主动对教师和同学说“周末快乐！”
10. 试着使用目标语言来纠正学生的不恰当行为。例如，王老师的学生对自己的同学说了句咒骂的话，王老师立即严肃地说：“这样不对，没礼貌，请改正。”学生会因为好奇并用学到的一些中文来猜测老师的意思，这又是一次学习的机会。猜对了教师意思的学生，教师及时给予鼓励和表扬。这样学生慢慢就会形成主动使用目标语来帮助教师纠正不恰当行为的习惯。而被批评的学生也会因为觉得新鲜、有趣，减少被批评时的抵触情绪。
11. 日常固定的课堂管理程序必须严格使用目标语。例如，书包放在指定的地方、教师讲课时不要讲话、用中文询问可否使用洗手间、离开前清理自己的座位等。英语只能用于一些紧急状况，如关系到学生的安全和健康的突发事件。目标语和英语在转换时一定要讲策略，决不能让学生产生可以在课堂随意使用英语的想法。
12. 有时候教师发现在教学过程中使用目标语教学有个别词语确实很难，用了很多方法学生还是不太明白。这里有一个王老师用过的方法，不过不到万不得已还是尽量不要用。在特别困难的时候，有些特别聪明的学生理解了，脱口而说出英语来解释，让全班学生一下就恍然大悟，教师可以说："答案正确，如果用中文来回答就更好啦。"暗地里让学生帮助解决了这个难题，同时又及时终止学生对英语的依赖，把学生重新拉回到目标语环境中。

教学案例

• 课前练习（5分钟）

笔头练习活动能让学生快速进入语言学习状态。学生每天进教室后会先到一个固定的地方拿他当天的课前作业，然后回到自己的座位上安静地完成（这是从开学第一天就开始训练的课堂程序，内容基本是对前一天学习内容的复习）。学生做完以后会自己交到教师指定的地方。这里王老师会用一个计时器，5分钟以后王老师会问学生："好了吗？"完成的学生会回答"好了"，没有完成的学生则会回答："还没，请等一下。"先完成的学生可以看白板上今天的教学目标并开始做一些笔记。这时教师使用"好了吗"是帮助自己、也帮助学生强化课堂使用目标语的意识。

教师再次确认全部同学做完课前练习后，进行富有中国特色、仪式感十足的口语练习活动。具体对话如下：

师：上课！

生：起立！

师：同学们好！

生：老师好！

师：今天几月几号？星期几？/今天天气怎么样？……（这部分可以灵活处理，随着学习的进度随时交替练习，灵活增减。）

生：今天……

师：请坐。

目标语的使用应从每天师生见面时就开始。如果没有这个流程，学生难以进入课堂状态，这一简单的仪式可以让学生和教师迅速进入正式上课状态，开启每天目标语教学的第一步。

• 复习旧课程，引入新课程（30分钟）

在教学过程中贯穿使用TPR、**TPRS**[3]和Gradual Release Model。教师通过肢体语言、语音和语调变化、夸张的面部表情、形象而丰富的教具等为学生提供可理解输入的目标语。对学生而言，在完全的目标语教学环境中，一定要有教师的肢体语言、语音和语调变化、夸张的面部表情、形象而丰富的教具来帮助理解，否则学生会失去学习的兴趣。

▶以“爱好”一节教学为例：

1. 复习导入。王老师打开PPT，展示复习。“昨天我们学了6种运动，它们是什么？”这时王老师给出的指令是“回答”，学生一般都会积极回答问题。如果学生不知道答案，王老师会做出一些肢体动作提示（在这里也可以做一些萝卜蹲、苍蝇拍、大风吹等小游戏帮助学生复习）。
2. 示范学习。“你喜欢______吗？”教师展示一些图片，并用肢体语言帮助学生理解“喜欢”和“吗”，以及今天要学的新的有关运动和爱好的词语。

   王老师问：“你喜欢游泳吗？”一边问一边做“游泳”的动作，并指着PPT上游泳的图片和表示喜欢的图片来帮助学生理解这一问句意思。

   立即就有学生理解并回答：“我喜欢。”或是“我不喜欢。”

   王老师给予鼓励和肯定：“对，很好！”并帮助学生再次强化：“我喜欢游泳。”或者“我不喜欢游泳。”

   再次提问不同的学生，反复输入、强化、练习。

   当大部分学生理解并能做出回应、正确回答提出的问题后转入下一个环节。王老师随时给出“对／不对／再来一遍／很接近／很好”等指令来鼓励、评价学生的课堂表现，或是通过提问让全班学生用目标语互动，例如，王老师会先评价一组学生，给出目标语示范，像“XX很好”“XX不对，请再来一遍”“XX很接近，请再来一遍”。然后询问全班学生：“XX怎么样？XX对不对？”鼓励学生使用目标语参与到评价中来。学生此时会积极地模仿老师的目标语给出评价，有的学生还会创造出很多新语句来评价同学。
3. 集体练习。当学生能流利回答时，进入下一环节——选取掌握较快的一两组学生试着问问题并回答，这样也能给其他学生一次示范（用图片和夸张的肢体语言帮助）。

   A：你喜欢游泳吗？

   B：我喜欢游泳。

   （A和B交换再问）

   B：你喜欢跑步吗？

   A：我不喜欢跑步，我喜欢游泳。
4. 小组练习。王老师问全班：“懂了吗？”如果大部分学生回答“懂了”，王老师给出新指令：“两人练习或是小组练习，三分钟后到前面展示。”这时王老师在教室里来回走动，看是否有学生需要帮助，并确保每名学生都是使用目的语练习（此时教师可以设置定时器来提醒学生）。练习时间结束以后，邀请学生和搭档起立做对话练习。这时教师一定要在教室里走动，观察每一个学生。如果教师不这样做，学生会因为无人监管或因在练习过程中遇到困难而放弃目标语，选择使用英语完成任务，完全达不到训练的目的。

5. 独立练习。当学生熟练掌握句型后，进入到游戏环节，运用句子。王老师的指令是：“现在做游戏——采访。”这个年龄段的学生天性好动，在这个环节中他们可以离开座位、用所学句子去采访他们的朋友，动静结合，保持他们的学习专注度和热情。这时王老师也在教室里来回走动，提供帮助并监督目的语的使用。

   完成采访后，学生要到前面展示他们的采访结果。王老师给出指令：“展示报告。”学生用第三称展示自己的采访结果，进行完整的语言输出。当然这必须是教师长期在课堂上坚持使用目标语教学的结果，教师的指令一给出学生就立即知道该做什么。如果教师没有坚持使用目标语教学，给出的指令学生不能迅速反应会造成课堂混乱、失控。此外，教师还应就学生的报告向全班提问，让学生在自己的同学做完报告后能重复或是回答教师的提问。这样做的结果是可以让其余没有做报告的同学带着任务保持专注倾听报告。

采访活动（Activity-Interview）

Directions: Find the classmates who like the sports shown below and write down their names.

Sentences for reference:

你喜欢______吗?

你喜欢什么运动（yùndòng）?

6. 延伸练习。接下来的课堂学习，王老师用TPRS来反复练习和运用学生今天学到的知识。王老师还选用班里学生的名字来提问，引导学生一起编一个简单的故事（一定要有趣且使词汇运用频率变高）来反复操练所学词汇和句型。最后把这个故事打印出来，用作下一步学生的阅读材料（王老师会给出一些图片和关键词来帮助学生）。

以下是一些小策略：

- 与学生有关，出其不意、夸大其词
- 使用道具
- 加入特殊音效
- 精选演员
- 让名人出现在故事里
- 倾听学生对故事剧情发展的建议
- 让你的学生感觉良好
- 跟学生一起开怀大笑

如果故事无趣，教师很难坚持使用目标语教学，课堂要么变得死气沉沉要么学生开始使用英语做别的事情；如果教师能做到让学生对这一任务有浓厚的兴趣，那么坚持课堂全目标语教学又成功了一大步。使用这个方法可以让目标语阅读教学也变得简单有趣。

- 以“爱好”一节的延伸练习为例：

（1）给出故事相关词语意思，让学生了解老师的提问，并参与到活动中来。

他／她在……？ Tā zài...? Is he/she...?	……吗？ …ma? *inter*

（2） 围绕“Tom喜欢游泳。”给出固定句式，以此展开问题，根据学生的答案和建议，编一个有趣的故事（Concept of Circling）。

Tom喜欢游泳。

Yes/No Tom喜欢游泳吗？ Betty喜欢游泳吗？ Tom讨厌游泳吗？ Tom喜欢唱歌吗？	**Either/Or** Tom还是Betty喜欢游泳？ Tom喜欢还是讨厌游泳？ Tom喜欢唱歌还是游泳？
Who/What 谁喜欢游泳？ Tom喜欢什么？	**Where/Why/How many** Tom喜欢在哪里的游泳？ Tom为什么喜欢游泳？ Tom喜欢几个运动？

（3） 和学生一起，根据学生的答案，把这个故事写出来。

（4） 和学生一起，阅读王老师在备课时设计的相同句式结构的故事版本，让学生画图来帮助记忆和理解故事。

（5） 学生用所学的句子结构创造一个新故事。教师可以一边听学生用中文表达他的意思，一边给学生提供缺乏的词汇。一旦注意到学生要张口说英语，立刻提醒他“说中文”，并说“老师会帮助你”，鼓励学生大胆开口讲目标语。

（6） 学生用表演的形式把自己的故事分享给全班学生（鼓励学生使用各种道具辅助）。

> The Gradual Release Model
>
> I do：王老师先做示范（不管是教授词语或是句子），然后让学生模仿做。
>
> We do：王老师指着学生，和学生一起做各种“爱好”的动作。
>
> You all do：王老师指着学生们，说“你们做，老师说”，并发出各种“爱好”的指令，但这次教师不做动作，所有学生一起跟着教师的口头指令做动作。
>
> You do：王老师举手示意学生单独举手，依然是教师只说指令、学生根据指令做出相应的动作。在这个环节，也可以进行小组比赛，扩大学生参与面，增强趣味性。

- **对照教学目标自检（10分钟）**

王老师每天的教学目标都会固定展示在白板的左侧。下课前，王老师指着教学目标并让学生自己再默读一遍，并示意全部掌握的学生回答“懂了”或“没问题”，有问题的学生则回答：“有问题”，再次检查今天的教学效果。时间允许的情况下，王老师也会用exit card来检查学生本堂课的掌握情况。下课前一分钟，王老师对学生说：“同学们，再见！”学生回答：“王老师，再见！”这样做可以再次强化学生在课堂上使用目标语的意识，听到下课的指令才能松懈下来自由讲英语。

1. **Novice low–Novice mid：表示学生掌握语言的熟练程度还处于初级水平**（ACTFL对于所有语言学习者的语言熟练程度的评价指导，见下图）。

What's my proficiency level?

Basic User			Independent User			proficient User		
NOVICE LOW	NOVICE MID	NOVICE HIGH	INTERMEDIATE LOW	INTERMEDIATE MID	INTERMEDIATE HIGH	ADVANCED LOW	ADVANCED MID	ADVANCED HIGH
• Can give lists • Uses only memorized material	• Speaks in lists • 50+ words • No creation • Can introduce self and others	• Speaks in phrases • Speech is still limited to memorized material • Can ask for and give simple directions	• Speaks in complete sentences • Can hold simple conversations about everyday topics • Can ask and answer questions on familiar topics	• Can create with language using some memorized phrases • Created language is mostly related to self • Can handle a simple situation or transaction • Can create my own questions and answer someone else's	• Can use language to do a task that requires multiple steps • Can handle a situation that may have a complication • Can present a point of view with reasons to support • Asks and answers variety of questions • Can tell a story in the past, present and future with errors	• Can participate in most informal and some formal conversations • Narrates and describes in paragraphs • Can rephrase and describe unfamiliar words • Speech may be somewhat irregular, stained, and tentative • Can convey intended message without confusion • Can narrate a story in the past, present and future	• Narrates and describes in the past, present and future with few errors • Communicates well about concrete topics, especially familiar topics • Can handle an unexpected turn of events	• Can communicate with case about a variety of topics • Does better discussing concrete rather than abstract topics • Can paraphrase and describe words to compensate for unknown vocabulary

2. **i+1理论：“i”代表习得者现有的语言知识，“1”代表略高于习得者已有的语言知识部分。**该理论认为：决定习得者能否从一个等级向更高一个等级迈进的必要条件是输入的内容是否为习得者所理解，但又不能完全是习得者的已有知识——如果输入的内容全部是习得者的已有知识，习得者就不能进步；反之，如果输入的内容完全不为习得者所理解，习得也难以发生。
3. **TPRS：Teaching Proficiency through Reading and Storytelling的简称。**

The 3 Steps of TPRS

- Establish Meaning
- Story–ASK rather than TELL.
  * Don't tell the story, ask it! CO-CREATE the story with your students. You are not the storyteller, you are the story editor.
- Read (or other interaction with the word) and Discuss

分析

• 案例分析

王老师的课堂值得我们学习的地方：

1. 充分的课前准备工作，让全目标语教学得以实现。
2. 紧凑的课堂节奏让学生忙碌起来、没有机会开小差，并尝试用目标语来纠正学生的不恰当行为，降低了课堂管理的难度。
3. 符合美国外语教学理念和方法，目的语教学和听、说、读、写贯穿始终。
4. 利用TPR和TPRS教学和管理课堂，学生感觉有趣，参与度高且有效。
5. 让学生明确本节课的教学目标，并在下课时再次检测学生的学习成果（check for understanding）。

拓展练习

1. 如果是特殊教育学生，是要坚持全目标语教学还是调整教学方法？
2. 如果有学生是中途转到你的课堂的、汉语基础为零，怎么让这些学生很快适应全目的语教学？
3. 如果学生给教师的反馈是：有些内容（如一些关联词、语气词和介词等）还是没有理解或是掌握不好，你是选择放弃目的语教学、使用母语解释，还是选择调整教学、尝试新的办法？

【编者　李雪梅】

02 真实语料教学与运用

背景

学习第二语言的主要目的是沟通与在第二语言的生活环境中生存，因此教学的目标，尤其对于初级和中级程度的学习者，应以生活上的实用性为主，教学的内容也应该与目标语的真实生活和文化密切结合，以求学生在真实生活的衣、食、住、行、乐等各个层面都能应对自如。因此，最理想、实用的教学材料，就是取自于目标语国家中的生活语料，也就是真实语料。即使学校要求语言教师使用教材，教师也可以针对教学单元中的学习目标，以真实语料为主、教材为辅的方式设计教学内容，不仅能让学习更生动、有趣，学生的学习效果也将超出预期。

真实语料是应生活中的需要，为母语者提供信息的语言材料，如新闻报道、天气预报、地图、网络社群、购物网站、报纸、音乐、车票、菜单、电影、书籍、电视节目、海报等。真实语料未经加工，不是专门为第二语言学习编写的，所以是自然、真实的语言的表达和文化的呈现。因此，真实语料能弥补人为编写的语言教材的不足，提供真实语言学习，促进语言习得，帮助学生解决真实生活中的问题，更能引发学生的注意力和学习兴趣。好的真实语料，不但具有与教学单元相关的语言表达，而且涵盖丰富的文化，还能与其他学科的内容关联，并且适用于不同语言程度的学生，可以在教学单元中根据教学目标重复使用。真实语料在教学中运用的灵活度高，通过教师的引导和教学活动的设计，可以充分达到差异化教学的目的。现今课堂通过网络而无远弗届，比如教学生领略中国地理的美，不再需要依靠图片或想象，而是可以利用VR（虚拟现实）技术实地模拟或用视频带学生神游中国——壮观的长城、唯美的西湖、繁华的上海、神秘的敦煌——都能一一真实地呈现在眼前。发达的科技为中文教师们开启了另一扇门，因此教师们要把握优势，将语言教学提升到另一个境界，利用真实语料把语言、文化与内容融入课堂，创造一个真实的中文学习环境，引导学生在模拟的中国环境学习中文。

真实语料实例：

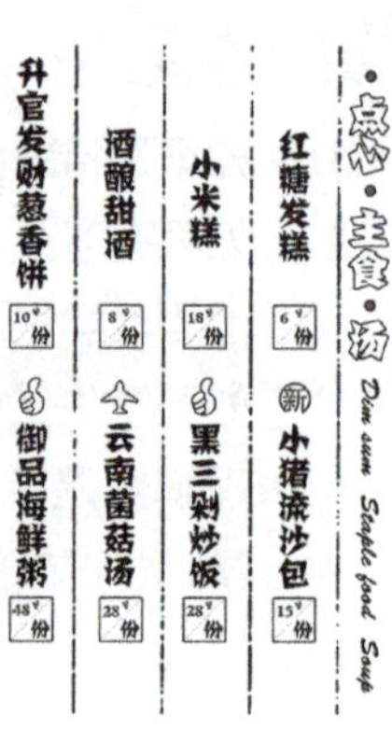

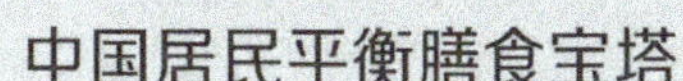

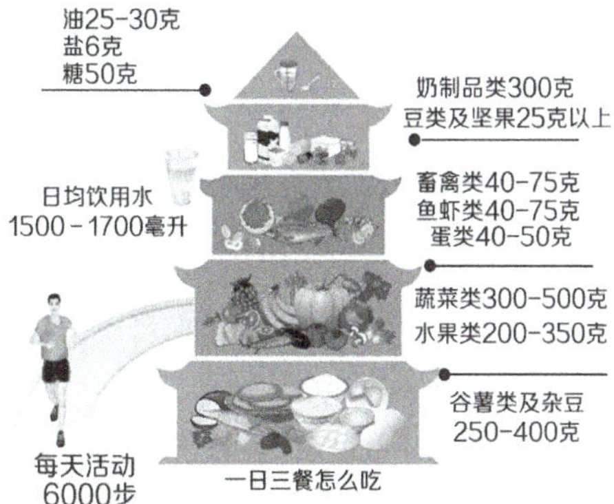

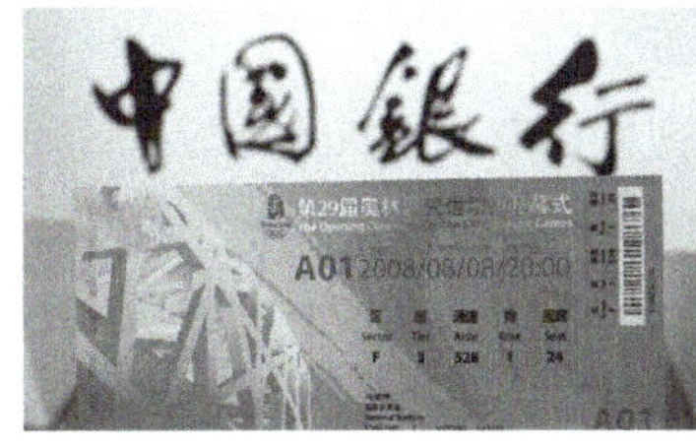

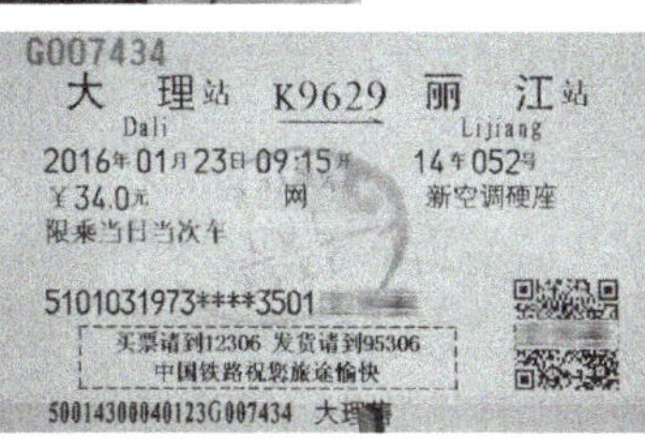

真实语料的搜集与选择

一般的语言材料可略分为三类：教科书、半真实语料及真实语料。教科书就是市面上为教授语言而出版的教材。半真实语料是经过修改的真实语料，如为适应学生语言水平而简化或删改过的新闻内容、剪辑过（如调整语速）的视听内容等，只要是为了适应学生的学习程度或教学上的运用而修改过的真实语料，都属半真实语料。真正的真实语料，是教学时原封不动地呈现给学生的语言材料，如电影、音乐、视频、网页截图、电视剧的片段、超市促销传单、餐馆菜单、电影票票根、医生的处方等。真实语料的选择，要以符合学生的年龄、程度与需要为主要考量。比如，用“食物金字塔”或“膳食宝塔"来教健康饮食单元时，如果教学对象是小学生，真实语料可以用国内儿童版的"食物金字塔"，而初高中的学生可利用一般或成人版的饮食指南来教学。同样的，教自我介绍的主题时，对年纪较小的学生，可以用国内小学生自我介绍的视频、小学模范生选拔的海报或是国内小学生班级网页的学生自我介绍专栏等当教材。年纪较大的学生，可以利用电视娱乐节目中参赛者或嘉宾自我介绍的片段，或是用网络上求职或征友的个人简介或小档案，甚至是上海相亲角的征友海报，这些都是很适合初高中以上学生的语料。除此之外，建议优先选择使用频率高的（如菜单）、可轻易取得的（如网络上的广告单）、能衔接新旧语言的，以及可纳入听说读写训练的语料。教师们要保持敏感度，随时搜集可用语料，可以实地拍摄，就地取材。如果教师认为将真实语料稍作调整能提高教学效果，如转换字体、删除不必要的文字或简化内容，都是可行的。

真实语料的教学设计与运用

利用真实语料教学，应把握三大原则：**三种沟通模式**、**三道教学程序**以及**多样性**。

三种沟通模式为单向的理解诠释（Interpretive Mode of Communication）、双向的人际间交流互动（Interpersonal Mode of Communication）和单项的表达演示（Presentational Mode of Communication）。这三种沟通模式不但有助于教学活动的设计，而且能让设计的活动具有意义与真实性。

三道教学程序大多应用在第一种沟通模式，即理解诠释中，目的是教会学生真实语料中的语言、文化与内容。第一道教学程序为导入主题，即在用语料做理解式输入前，先引发学生对教学主题的兴趣和好奇，探试学生对该主题的了解程度。此阶段可长可短，目的是为第二道教学程序做铺垫。第二道教学程序为理解式输入，在此阶段，教师运用教学技巧、设计不同的活动来引导学生理解和习得真实语料中语言、文化和内容。此阶段教学必须不断确认学生是否理解教师的输入。这部分活动主要是让学生围绕着语料，在不同的语境下、反复地运用不同的听力和阅读理解等活动进行练习。教师也可以设计简单的说或写的活动来检验学生的理解程度，活动要和教师的理解输入相辅相成，然后才进入第三道程序：验收程序，用形成性评估（formative assessment）评价学生是否习得语言、文化和内容。第三道程序为教学评估，教师可利用类似的真实语料来进行评估，或通过模拟真实生活的语境让学生运用所学、展现成果。例如，用感冒药的电视广告来教各种感冒症状后，教师可以选择一个在第二道教学程序中没有呈现的另一个广告来评估学生是否理解广告中的内容，或是让学生拍一个感冒药的广告来评估学生的口语。当然，教师要在进行总结性评估（summative assessment）前先进行形成性评估（formative assessment），以确保给学生充分理解和运用所学语料的机会。教师可以通过第三道程序的评估结果来确认是否进入下一个学习阶段。

第三大原则是语料的多样性，也就是说，同一个教学主题，要用不同的语料呈现，让主题内容更丰富，也让语料之间相辅相成，更能让兴趣、天分和学习方式不同的学生的不同学习需求都得到满足。比如，用不同的菜单来教餐馆点菜的内容，再用电视剧或电影中点菜的片段来教在餐馆里使用的语言、礼节和中国的饮食文化、无现金交易的文化等。

以下语料与活动设计，能简单说明三道教学程序和三种沟通模式的整合运用。

教学案例1：到中国饭馆吃饭

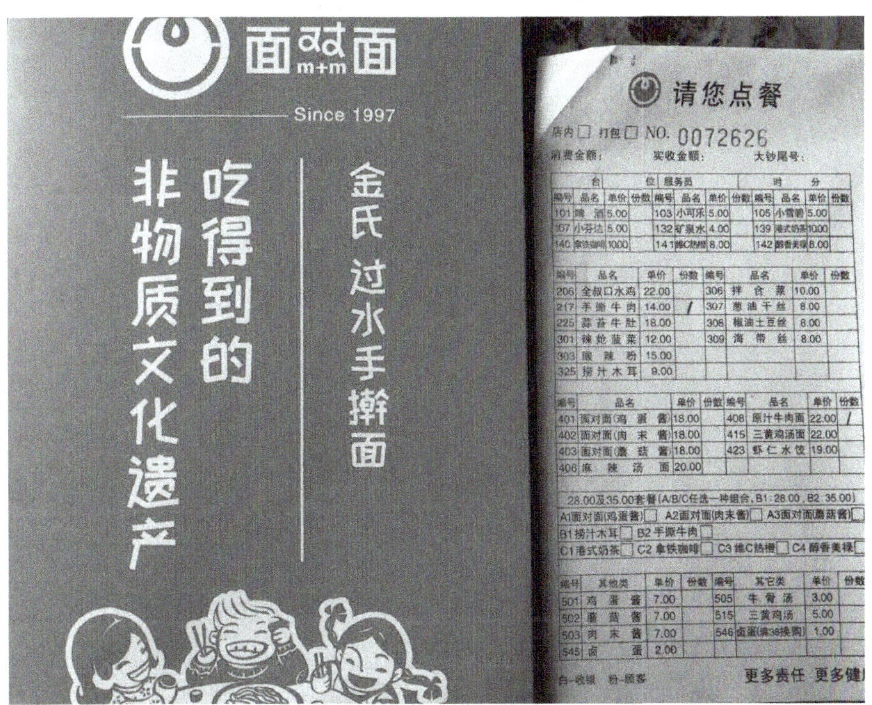

中国某面馆菜单

第一种沟通模式：单向的理解诠释

▶第一道教学程序：导入主题

学生根据语料回答问题：

（1）What do you think this text is? How do you know? Where do you usually see this kind of text?

（2）Identify three things you recognize on this text.

（3）Identify three cultural differences between this text and similar texts you typically see in your culture.

- **友情提示**

教师用中文读出问题。此阶段是为下一阶段的教学做铺垫，当学生用英语回答时，教师宜立刻用中文说出对应的语言，运用理解式输入带领学生进入主题。

▶**第二道教学程序：理解式输入**

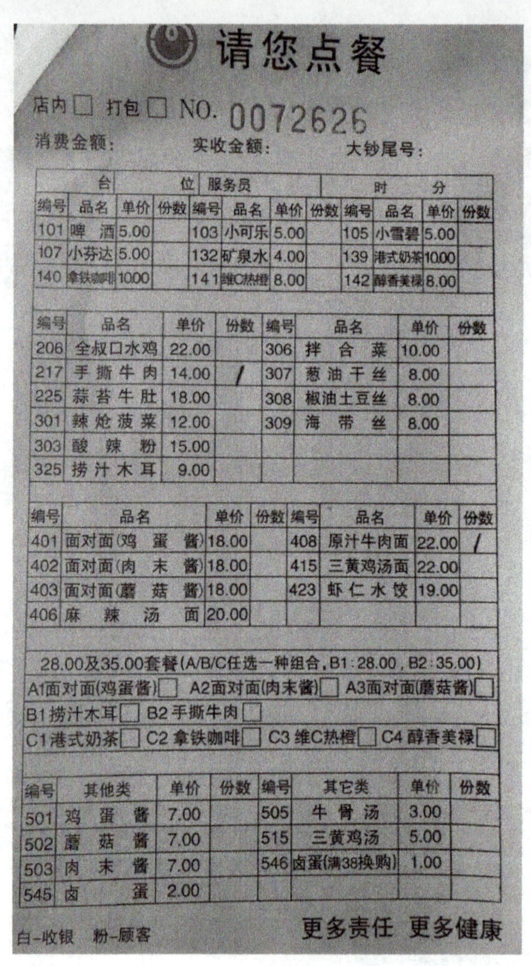

请您点餐

店内□ 打包□ NO. 0072626

消费金额： 实收金额： 大钞尾号：

台	位	服务员				时	分				
编号	品名	单价	份数	编号	品名	单价	份数	编号	品名	单价	份数
101	啤酒	5.00		103	小可乐	5.00		105	小雪碧	5.00	
107	小芬达	5.00		132	矿泉水	4.00		139	港式奶茶	10.00	
140	拿铁咖啡	10.00		141	维C热橙	8.00		142	醇香美禄	8.00	

编号	品名	单价	份数	编号	品名	单价	份数
206	全叔口水鸡	22.00		306	拌合菜	10.00	
217	手撕牛肉	14.00	/	307	葱油干丝	8.00	
225	蒜苔牛肚	18.00		308	椒油土豆丝	8.00	
301	辣炝菠菜	12.00		309	海带丝	8.00	
303	酸辣粉	15.00					
325	捞汁木耳	9.00					

编号	品名	单价	份数	编号	品名	单价	份数
401	面对面(鸡蛋酱)	18.00		408	原汁牛肉面	22.00	/
402	面对面(肉末酱)	18.00		415	三黄鸡汤面	22.00	
403	面对面(蘑菇酱)	18.00		423	虾仁水饺	19.00	
406	麻辣汤面	20.00					

28.00及35.00套餐(A/B/C任选一种组合，B1:28.00，B2:35.00)

A1面对面(鸡蛋酱)□ A2面对面(肉末酱)□ A3面对面(蘑菇酱)□

B1捞汁木耳□ B2手撕牛肉□

C1港式奶茶□ C2拿铁咖啡□ C3维C热橙□ C4醇香美禄□

编号	其他类	单价	份数	编号	其它类	单价	份数
501	鸡蛋酱	7.00		505	牛骨汤	3.00	
502	蘑菇酱	7.00		515	三黄鸡汤	5.00	
503	肉末酱	7.00		546	卤蛋(满38换购)	1.00	
545	卤蛋	2.00					

白-收银 粉-顾客 更多责任 更多健康

中国某面馆点菜单

此程序的重点为语言、文化和内容的输入，引导学生看懂菜单。如果这个菜单是该主题单元教学的第一个语料，建议教师先从大方向着手，然后用归纳的方式带出细节。教学顺序如下：

step1：教食物类名称，如面、米饭、饺子、汤、酱等；

Step2：教食材类名称，如鱼、肉、海鲜、蔬菜、蛋等；

Step3：用词汇扩展的方式教常见的食物，如牛肉、猪肉、鸡肉、羊肉、鱼肉等；

Step4：教口味类词语，如酸、甜、苦、辣、咸等；

Step5：教烹饪类词语，如冷、热、烫、炒、卤、凉拌、手撕等。

教完食物类名称，再教饮料名称，然后就可以带着学生看菜单了。

- **友情提示**

运用真实语料时，不需要语料中的每一个字都教，也不要求学生全部内容都看懂或听懂，而要根据教学的主题来决定需要理解的部分。丰富的语料可以在不同的教学阶段使用，如果这一阶段的教学目标只是能认识一般餐馆菜单中常见的菜品，那么以上的教学内容就足以达到教学目标。

▶第三道教学程序：教学评估

这一阶段教师可以设计各种活动来评估学生的学习成果。活动宜由简而繁，先听读后说写，并尽量用语境来引导活动的设计。简单的语境如：

（1）老师上次回中国时，和妹妹到附近的小吃店吃饭，根据这个点菜单，我们吃了什么？一共花了多少钱？

（2）老师的妈妈吃素，爱吃辣，如果她要我打包几个菜回家给她吃，我可以点些什么？

（3）老师的爸爸不吃牛肉，只吃海鲜或鸡肉，我可以帮爸爸点些什么？

（4）我决定帮妈妈买一份椒油土豆丝和一份麻辣汤面，帮爸爸买一份鸡汤面和一个卤蛋，一共多少钱？

第二种沟通模式：双向的人际间交流互动

▶情境对话

你和你的朋友到中国旅游，现在正在一家小吃店讨论该点什么吃的。讨论后请在菜单上填写桌号和份数，并自行结算总额。

第三种沟通模式：单向的表达演示

▶发短信

你今天第一次吃到地道的中国小吃，很兴奋。你想发个短信给你的中文老师，告诉他你今天吃了什么、味道怎么样等。

教学案例2：描述外表

第一种沟通模式：单向的理解诠释

第一道教学程序：导入主题

寻人启事

张红，女，65岁，短发，身高1米65左右。2017年11月2日早上10点左右走失。当时身穿红色立领外套、深蓝色裤子和黑色皮鞋。

如有好心人知其下落，请速与本人联系，当面重谢！

联系人：张女士

电　话：12345678900

地　址：山东省菏泽市牡丹区佃户屯办事处

一则寻人启示

学生根据语料回答下列问题：

（1） What do you think this text is? How do you know?

（2） What kind of information is usually available in this type of text?

（3） Identify three things you recognize in this text.

▶第二道教学程序：理解式输入

学生先填写能掌握的信息，然后教师带着学生看语料做理解性输入。

Gender	
Current age	
Missing since	
Missing from	
Clothing description	
Identifying characteristics	
Other information	

第三种沟通模式：单向的表达演示

▶第三道教学程序：教学评估

协寻失踪儿童海报

You are volunteering at a Chinese nonprofit organization for children. You are helping creating posters for missing children. Select a case from the images below and create a poster to help the parents look for their missing child. At a minimum, please include the child's name, gender, age (birthday), distinct feature(s), and what he/she was wearing on the poster.

Be as detailed and specific as possible!

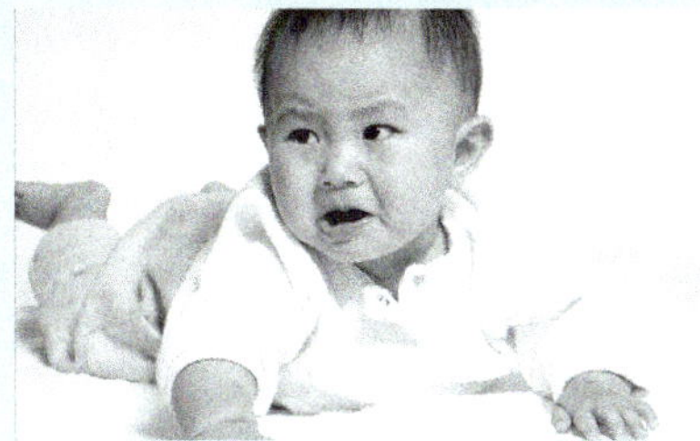

寻子

名字：陈大虎

性别：男生

生日：2001年12月8日

失踪时间：2017年1月

外貌：黑色的短头发，白色的皮肤，很高，有一点儿胖，小眼睛，小嘴巴和小鼻子。

穿着：他穿了天蓝色的背心，黑色的外套，蓝色的衬衫，蓝色的牛仔裤和蓝色的鞋子。

学生作品1

失踪儿

名字：火虎龙

性别：男

失踪日期：2017年10月1日

生日：2013年9月1日

穿着：他穿白色的衣服，深蓝色的短裤，深蓝色和绿色的鞋子。

外貌：他的头发是黑色的，很短。他很矮。他的眼睛小小的。

学生作品2

教学案例3：关于我

第一种沟通模式：单向的理解诠释

为女儿征婚

女儿：1984年出生，身高1.68米，体重55公斤，未婚，上海户口。

简况：硕士，毕业于澳大利亚悉尼大学，现在浦东美资投资咨询公司，从事金融分析师工作，月薪1万元以上。

性格：开朗大方，热情活泼，聪明善良，知书达理，秀外慧中。

爱好：旅游，电影，唱歌。

父母：均在上市国企工作。

寻：条件相当的优秀男士。

一则征婚启事

▶**第一道教学程序：导入主题**

学生根据语料回答下列问题：

（1） What do you think this text is? How do you know?

（2） What kind of information is usually available in this type of text?

（3） Identify three things you recognize in this text.

▶**第二道教学程序：理解式输入**

学生先填写能掌握的信息，然后教师带着学生看语料做理解性输入。

Personal information	
Occupation	
Hobbies and interests	
Personality	
Education	

▶**第三道教学程序：教学评估**

（1） 评估：双向的人际间交流互动——口语评估语境

You are participating a summer Chinese language camp in China. It's the first day of the camp, and your counselor is asking everyone to do a "getting to know you" activity with a partner. You need to talk to a partner and get to know each other. You will introduce each other to the group at the end of the activity.

Alternative: Find three people in the group who share your interests and hobbies.

（2） 评估：单向的表达演示——口语评估语境

You are participating a summer Chinese language camp in China. It's the first day of the camp, and your counselor is asking everyone to do a brief self-introduction.

（3） 评估：单向的表达演示——写作评估语境

上海相亲角

Create a poster for a friend or yourself!

Include a picture on the poster.

Part I: Personal profile

Part II: A short paragraph (3-5 sentences) about you/your friend.

学生作品参考：

Kenneth Levy

名字： 肯尼思

年龄： 23岁

身高： 181厘米

体重： 71.9公斤

兴趣： 画画，跑步，打网球，看电影

• 我是科林。我是很温柔的人。因为我说话轻轻的，慢慢的。

Alex Young

名字： 杨安

年龄： 21岁

身高： 170厘米

体重： 65.7公斤

兴趣： 玩电脑游戏，打篮球，吹小号，打牌

• 我很帅。我喜欢玩电脑游戏，打篮球，吹小号和打牌。我皮肤是褐色的，脸长长的。我很聪明，因为我帮助朋友做功课。

• 友情提示

使用真实语料教学前，必须先用反向式主题单元设计（详见第63页），将学习目标及学生的学习成果评估方式都设定清楚，然后根据每个教学副主题的教学目标来搜集语料。副主题的教学内容应由浅入深、环环相扣，导向终极的学习目标，学生便能自信地展现学习成果。真实语料就在我们的生活中，随手可得，零食的包装、提款机的收据、衣服的标签，都可以当作语料。教师们应养成收集语料及归纳到教学主题的好习惯。如果因为各种因素（如教材、教学大纲、教学时间等）的限制而无法过多地运用真实语料教学，也可以在教学中尽可能地运用适当、可用的真实语料。真实语料中丰富的语言、文化和内容都是很好的学习材料，能引发学生的兴趣，成为课堂教学的亮点，带来意想不到的惊喜和收获。

【编者　Maggie Chen】

英语小智囊

语言误区

✕避免使用的词：busy, difficult

✓应该使用的词：engaging, challenging

> 小提示：不要告诉学生和家长学生在课堂上能100%听懂中文。其实全部听懂会让学生感到无聊。我们希望学生每天上课时能接触到10%到20%的新词语和句型，以引起他们的学习兴趣和积极性。

实境范例

如何向指导老师请教选择及运用真实语料?

例句：

（1） Could you please give me some examples of the kinds of authentic materials you use in your unit on...?

（2） What kinds of authentic materials do you use to teach...?

（3） Could I get your help with planning lessons around this short video? I am not sure how to design different lessons for my Chinese 1, 2, and 3 classes using the same authentic material.

情景范例

（1） 开学后向家长介绍目的语教学的一封信

Dear Parents,

Greetings! You may have heard from your children that I am speaking in Chinese about 90 percent of the time in Chinese class and that I expect the students to speak in Chinese too. Some of your children may even have said it's a little scary or frustrating at times. I thought I'd take a moment to explain why I am doing this so that you can help your child to understand why this strategy will help him/her learn.

Research shows that the best way to learn a language is by *using the language to learn the language*. When students are exposed to a new language in this way, they are able to *acquire* the language much as an infant learns to speak his or her native tongue. Students who acquire a second language end up with better pronunciation and a more natural speaking style than those who learn it as an academic subject, and they learn it more quickly as well.

Furthermore, when we use only Chinese in the classroom, children use Chinese as all languages are meant to be used: to communicate actual meaning. When a student successfully conveys to me that he/she needs to go to the bathroom or borrow a pencil, or that he/she won an athletic event the day before, that student experiences the joy and satisfaction inherent in communicating meaningful content.

My job is to create this positive learning environment by making the Chinese I use in the classroom comprehensible. I do this by using images and videos, body language, expressions, and a number of other strategies. If I am doing my job right, Chinese class should be fun!

That said, students all learn at different rates, and there may be times when your children feel a little anxious or frustrated. This is to be expected, and a little bit of stress is actually good for two reasons. First, it means that your children doesn't understand absolutely everything, and this is as it should be. I deliberately use a small amount of new language that I know most students won't understand and will need to puzzle out. This is where the learning takes place! Second, students need to become accustomed to not understanding everything. When they go to China for the first time, they will be surrounded by large amounts of incomprehensible language, so they need to learn to relax and accept that they won't be able to capture and digest every word they hear. A huge part of learning a language is simply guessing meaning based on context, and we need to give students a chance to practice this skill.

As we continue into the school year, please stay in touch and let me know if you are getting any indications that your children are overwhelmed or feeling consistently anxious about Chinese. I will take whatever steps I can to adjust my teaching to meet your children's needs.

Please also let me know if you have any questions.

Thank you,
Ms. Wang
Chinese Teacher
Apple High School
lwang@applesd.org

（2）向家长解释真实语料用途的一封信

Dear Parents,

Greetings! As we are beginning our third week of school, I thought I'd take a moment to explain what authentic materials are and why we use them so much in Chinese class. Authentic materials are Chinese language materials that were created by and for native Chinese speakers as part of everyday life. Authentic materials are both written and spoken—they can include product packaging, street signs and shop signs, social media posts, web sites, TV shows and movies, restaurant menus, fliers, train tickets, maps, handwritten notes, voice messages, and much more.

When students learn Chinese through authentic materials, they learn not only the language, but also increase their knowledge of the world and their understanding of Chinese culture. Authentic materials help us bridge the gap between the classroom and the outside world. They provide depth and content to our language class.

Because authentic materials are so important, I am always looking for more! If you come across materials written in Chinese (at a Chinese restaurant, on a box that was shipped from China, etc.) please feel free to share them with me. I will most likely find a way to use them in the classroom!

Thank you so much for your help, and please let me know if you have any questions.

Ms. Wang
Chinese Teacher
Apple High School
lwang@applesd.org

第四节　特殊教育学生

01 特殊教育学生（1）

背景

马伟是Apple Elementary School中文沉浸式项目三年级的中文教师，方莹是该校一年级的中文教师。他们的班里都有在课堂管理上比较有挑战性的**特殊教育**[1]学生。

情景再现

- **情景一**

开学初，马老师在给全班学生讲数学乘法时，Jack在他的座位上不停地自言自语，并拿旁边同学的文具来玩，使得其他学生的注意力不时地被分散。马老师提醒"Jack，加油，请坐好！"并把他的位置挪到了第一排，但是Jack还是管不住自己，仍然在说话、影响其他同学。根据课堂规则，马老师叫Jack把他的**行为表现夹**[2]下降了一格，没想到Jack立刻站起来大喊大叫，然后跑到教室后面，钻到桌子下面继续大喊大叫。马老师试图让Jack安静下来，他却大喊着跑出了教室。马老师立刻走到教室门口，先请隔壁教室的教师帮忙看管自己的班级，然后去通知了校长。马老师和校长在走廊上找到Jack后，校长带Jack去了办公室，马老师则回到自己的班级继续上课。下课后，马老师和搭档教师Paul Clark就Jack的课堂表现进行了交流。

马伟

Hi, Pat. How was Jack in your class today? I am exhausted. Jack is the most challenging student I have had here.

Paul Clark

Me too. Judging from Jack's behaviors, I think he may have **ADHD**[3]. We should make a **behavior plan**[4] for him and start collecting data about his classroom behavior. Then we can talk with his parents about how he is doing during **parent conferences**[5].

马伟

I totally agree with you. Let's start using a behavior plan tomorrow.

第二天，马伟和搭档教师Paul在Jack的桌子上贴了一张behavior plan，并开始收集Jack的一些日常行为信息。10月份开家长会时，马伟和Paul就Jack的课堂行为跟Jack的家长进行了比较深入的沟通。家长意识到Jack可能患有ADHD（多动症），所以找学校申请了对Jack进行特殊教育鉴定。学区心理老师来观察Jack之后，马伟和Paul填写了关于Jack的问卷，最后确定Jack符合ADHD的症状。家长按照医生的建议开始给Jack服用药物进行治疗，后来Jack的状况改善了很多。

• 情景二

方莹是小学沉浸式一年级的教师，她的班上有十几个学生。开学初，她觉得课堂管理比较有挑战性，所以邀请学区的mentor Alice Miller来参观她的课堂并帮助她改进。Alice看到方莹上课的时候，有五六个学生经常不在状态，有两个学生干脆钻到桌子下面玩耍，其中一个女学生叫Amanda Fox，患有ADHD。她一会儿钻到这个桌子下面，一会儿又跑出来钻到别的桌子下面，严重影响了课堂秩序。方莹提醒了好几次，Amanda还是跑来跑去，最后方莹把Amanda安排到教室后面的位置，远离别的学生。Alice在教室后面听课，坐在Amanda旁边，Amanda还是在座位附近走来走去，Alice说："Amanda，would you like to sit by me for a minute? "Amanda坐了下来，没有再走来走去，但是她的手一刻都闲不下来，还把自己旁边的椅子拆开然后又组装回去。Alice夸Amanda说："Amanda! You have gifted hands. I think you will do great in Chinese too. Here's a pencil and paper. Would you like to draw and write some Chinese characters?"Amanda听了Alice的夸赞眼睛一亮，说："Yes, thank you! "她拿起笔就开始在纸上画画、写字。

放学后，Alice跟着方莹一起送学生们上校车回家，期间Amanda一直主动牵着Alice的手。送完学生，Alice和方莹谈及Amanda："Ying, Amanda is a smart girl, and she is very handy—she even figured out how to take a chair apart and put it back together. She just needs more love and attention, and if she has some hands-on stuff to do during class, she will do really well. "

• 情景三

Emily Green是马伟老师班上患有癫痫病的特殊教育学生。开学初，Emily的妈妈向马老师介绍了Emily的情况，并说了Emily癫痫病发作时的处理方法，马老师也仔细看了Emily的IEP（Individualized Education Plan，个人教育计划）文件，对Emily的情况和应对措施有了基本了解。

一天，马老师正在给学生上课，Emily的身体突然抽搐起来，脸色青紫，双眼上翻，呼吸急促，其他学生见状都慌乱起来。马老师知道Emily的癫痫病发作了，他立刻打电话给办公室，将情况告知校长和校医，然后迅速组织学生撤离到隔壁搭档Paul老师的班里，并移除了Emily身边可能给她带来伤害的课桌椅等物品。校长和校医来了以后，马老师和他们一起帮助Emily平躺在地板上并保持侧卧姿势。几分钟过后，Emily不再抽搐，呼吸变得平缓，身体也逐渐恢复常态。校长和校医把Emily带去医护室休息，等待Emily的妈妈来接她回家。

1. 特殊教育（Special Education）：美国特殊教育法《残疾人教育法》（The Individuals with Disabilities Education Act, IDEA）规定属于以下十三类别的3岁—22岁的残疾或障碍学生，不管程度如何，都有权接受学校免费并满足其个体需要的特殊教育服务。

（1） Autism（自闭症）

（2） Deaf-Blindness（丧失听力和视力）

（3） Deafness（丧失听力）

（4） Emotional Disturbance（情绪障碍）

（5） Hearing Impairment（听力障碍）

（6） Intellectual Disability/Mental Retardation（智力障碍）

（7） Multiple Disabilities（多重障碍或残疾）

（8） Orthopedic Impairment（肢体障碍）

（9） Other Health Impairment（其他健康障碍）

（10）Specific Learning Disability（特殊学习障碍）

（11）Speech or Language Impairment（口语或语言障碍）

（12）Traumatic Brain Injury（脑部伤害）

（13）Visual Impairment Including Blindness（视力障碍）

特殊教育学生在公立学校可以享受的服务主要有以下几种方式：

（1） SETSS (Special Education Teacher Support Services)/Resource Room

特殊教育学生待在常规班级中，特殊教育教师全程陪同特殊教育学生并给予他们帮助；或者特殊教育学生自己待在常规班级（如有肢体障碍者等），但是每周会有若干时间去特殊教育教师处接受特殊教育的服务（如语言矫正和动作技能矫正等）。

（2） ICT（Integrated Co-teaching）班级

学生被安排到由一个持有特殊教育执照的教师和一个经过特殊教育培训的助教带领的班级里。在这种班级里，特殊教育学生的比例不能超过学生总人数的40%，他们需要与非特殊教育学生一起进行学习。

（3） NEST班级

这种班级针对有高度自闭症的特殊教育学生，班级里同样有一个持有特殊教育执照的教师和一个经过特殊教育培训的助教教师，高度自闭症的特殊学生会和一些正常学生及一些其他特殊教育学生一起进行学习。

（4） Self-contained班级

这种班级主要针对有严重残疾的学生，他们会和其他残疾学生在一个独立的小教室里进行学习。

特殊教育过程一般包括Child Find（寻找）、Referral/Screening（转介）、Evaluations（评估）和IEP（Individualized Education Plan，个人教育计划）四个环节，常规教育教师可以参与每一个环节。

（1） Child Find（寻找）

这一环节主要是寻找可能需要特殊教育服务的学生。作为常规教育教师，如果发现班上有可能需要特殊教育服务的学生，需要及时告知学校相关人员，如发现有视力或听力障碍的学生，需要及时告知学校的医护人员；如发现有学生不是IEP学生但是需要特殊教育的，也应向学校申报等。

（2） Referral/Screening（转介）

这一环节主要是审核可能需要特殊教育服务的学生是否符合该州的相关规范或标准，并收集相关资料和信息，如他们是否获得了符合教学大纲规范的恰当教导，他们学习能力的评估是否按照该州的标准来进行，以及他们的行为表现是否在学校环境中产生等。作为常规教育教师，在转介环节，可以留心观察、收集学生在学习和行为表现上的相关资料和信息，以便学区、特殊教育教师和家长需要时使用。

（3） Evaluations（评估）

这一环节是看家长是否同意对学生进行特殊教育的评估和测试，如果家长同意，需要由学区代表（Local Education Agency, LEA）、常规教育教师（至少一位）、学生家长和熟悉学生可能符合特殊教育条件的相关人士组成一个评估团队，这个团队需要对学生是否符合特殊教育资格进行评估和测试，并在60天内做出评估报告。常规教育教师在这一环节是评估团队的一员，要尽可能地收集学生在学习能力和行为表现等方面的信息，配合团队完成对学生的评估和测试。

（4） IEP（Individualized Education Plan，个人教育计划）

这一环节是由学生家长、学生（14周岁以上）、学区代表、一位常规教育教师、特殊教育教师和其他相关人士组成IEP团队，为符合特殊教育资格的学生制定个人教育计划（IEP）。IEP文件里会陈述学生所属的特殊教育类别和所享受的特殊教育服务内容。作为常规教育教师，最好对IEP文件有基本的了解，知道里面包含的内容，理解IEP团队的期望目标，知道在IEP执行过程中如果遇到问题或突发情况应该向谁求助，知道在常规班级中如何给特殊教育学生提供帮助和照顾（如降低教学难度、减少教学任务量、提供视觉/听觉辅助、增加任务时间、使用电子工具等）。

2. 行为表现夹（behavior clip）：下图是用于辅助课堂管理的挂图，每一张挂图上写着相应的行为表现及后果，挂图旁边夹着写有学生号码或名字的夹子，依据学生的表现，老师会让学生把夹子往上升格或往下降格（表现好则向上移动，表现不好就向下移动）。

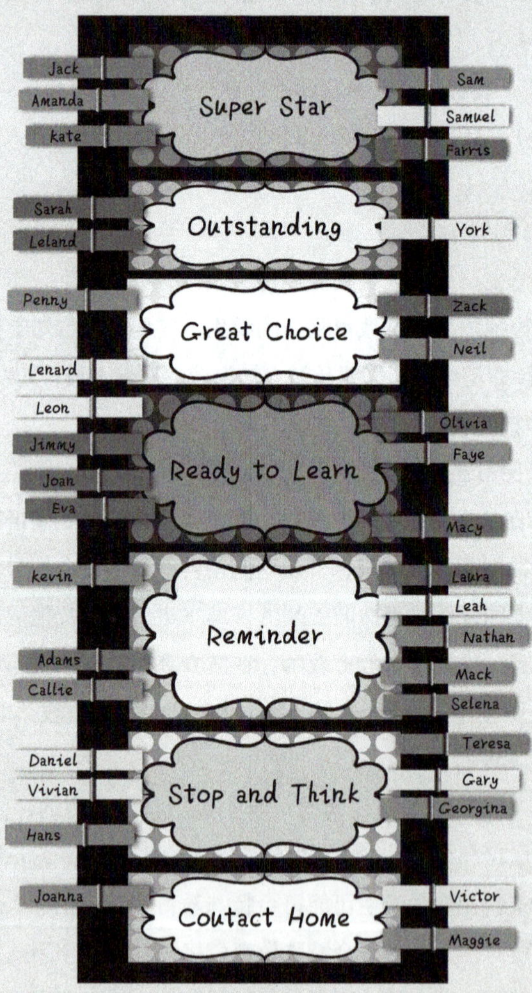

行为表现夹和挂图样例

小学低年级（一—二年级）学生行为表现夹挂图样例

小学中高年级（三—六年级）学生行为表现夹挂图样例

3. **ADHD (Attention Deficit Hyperactivity Disorder)／ADD (Attention Deficit Disorder)：注意缺陷多动障碍，简称多动症。**表现为与年龄和发育水平不相称的注意力不集中和注意时间短暂、活动过度、容易冲动、学习困难、行为有障碍等症状。
4. **Behavior plan（行为表现表）：针对在行为表现上需要帮助的学生做的行为表现表，**一般贴在学生桌子上或由学生自己保管，学生每天检查自己的行为表现，老师依据情况给予学生帮助或奖励。

Daily Behavior For ______ Date ______

Stay in my spot!

Morning Routine ✓ Homework Turned In ✓ Lunch Number Moved ✓ Planner Open	☺ 😐 ☹
Read to Self LLI	☺ 😐 ☹
Speech/ Morning Meeting	☺ 😐 ☹
Daily 5 Read to Self / Writing / Listen to Reading	☺ 😐 ☹
Spelling	☺ 😐 ☹
Recess	☺ 😐 ☹
Computer Lab	☺ 😐 ☹
Writing	☺ 😐 ☹

很好	好	开始	加油	不好
😃	☺	😐	☹	😟

行为表现表样例

5. **Parent conference（学生家长会）：美国学校一年一般会开两次家长会（10月和次年2月）。在家长会上，教师会就学生的学习及表现情况和家长进行沟通。**

分析

• 案例分析

1. 在Jack说话并影响其他学生时，马伟老师先鼓励Jack做好一些，再换位置，最后才让Jack把行为表现夹下移一格的做法是正确的。美国的课堂管理以正面鼓励为主，要

“对事不对人”。

2. 在Jack跑出教室后，马伟老师让隔壁班的教师看管自己班上的学生，然后通知校长，并和校长一起去找Jack的做法也是正确的。在美国，教师不能让学生处于无人看管的状态（万一出事就是教师的失职，教师会有麻烦）。
3. 很多特殊教育学生缺乏爱和关注，像Alice一样真心去关心他们，才能更有效地帮助他们。
4. Emily的案例中，马伟老师的应对措施是值得称赞的。如果自己的班级里有特殊教育学生，一定要仔细查看学生的IEP文件，并及时和IEP团队成员进行沟通，这样才能更加清楚地了解学生的状况，为随时可能出现的突发情况做好应对的准备。
5. 在工作中，如果碰到问题难以解决，可以请教搭档、指导教师或同年级的同事等。有问题要及时沟通和请教。
6. 在教学过程中，教师要尽量收集、整理学生的各种数据，这不但对学生的学习很有帮助，而且万一出现问题，这些数据也将是很好的证据。

• 文化点

美国实施免费义务教育，公立学校从幼儿园到十二年级的教育都是免费的。另外，依据“No Child Left Behind”的政策，学校需要根据需求设置特殊教育班，为特殊学生提供免费的、满足其个体需要的特殊教育服务。

• 友情提示

1. 自闭症和多动症是教师在美国教学中接触比较多的特殊教育例子。自闭症和多动症被归类在IDEA（《残疾人教育法》）的第9个类别“Other Health Impairment”中，所以患有自闭症和多动症的学生也属于特殊教育对象。大部分患有自闭症和多动症的学生都会在常规班级中接受教育。
2. 根据规定，教师不能提出让学生家长给学生申请做特殊教育鉴定的建议，只能由家长自己提出申请，这点教师们要特别注意。在鉴定多动症时，一般会请教师填写问卷，以便进行更详细的诊断。
3. 患有多动症的学生在确诊后一般会服用药物进行治疗，很多治疗多动症的药物会有一些副作用，所以很多家长会不时更换药物。服药期间或者更换药物期间，学生可能会出现情绪低落、狂躁不安等症状，建议教师及时告知家长并和家长沟通。
4. 特殊教育学生的情况应保密，教师不得跟任何无关人员提及特殊教育学生的情况，学生的IEP文件也应妥善保存，不能让任何无关人员看到。

拓展练习

1. Ben是一名患有自闭症的学生，在班上基本不说话，问他问题他也从来不回答。但是Ben喜欢听音乐，即使是在课上，只要一听到音乐，他就会摇头晃脑、大声哼唱，影响其他学生学习。如果你是Ben的教师，你会如何帮助他？
2. Tom是一名患有多动症的学生，服用治疗多动症的药物已经有一段时间。最近因为家长要给他换另外的药，所以这几天暂停服药。今天上课时，Tom的注意力已经开始不集中。课间休息的时候，负责看管学生的教师Mary说，Tom在休息的时候很生气地追赶另外一个学生Emily，并想要打她。如果你是Tom的教师，你会怎么做？

参考文献

可以访问以下网址，获取有关美国《残疾人教育法》中对十三类别的特殊教育学生的更多资料：https://www.parentcenterhub.org/wp-content/uploads/repo_items/gr3.pdf

【编者　卢景富】

02 特殊教育学生（2）

背景

美国特殊教育法《残疾人教育法》规定，只要是符合条件的特殊教育学生，无论程度如何，都有权接受学校免费并满足其个体需要的特殊教育服务。在美国，很多学校几乎每个学期、每个班都会有特殊教育学生，这样的混合班级在美国公立学校很常见。

一般来说，教师在开学前会拿到特殊教育学生的名单，教师需要阅读每个学生的教育计划卷宗，做好自己学科的相关笔记，看学生需要什么样的帮助，并跟每个学生卷宗的负责教师约见、会谈，建立合作。

每个学生因为情况不同，对不同科目的要求也不同。教师需要重点查看跟自己科目相关的资料。比如，有的学生要求坐在离教师近的地方，有的要求单独考试，有的要求教师全程帮忙念题目和答案选项，还有的要求教师提前提供考试提纲和复习单等。有相关任务的教师要认真执行，否则不但是教师失职，严重的可能还会造成学校被罚款、被投诉、甚至上法庭等不良后果。

王芳老师的新学生Amanda Fox患有**Asperger's**[1]（亚斯伯格症）。这是王老师第一次接触这类特殊学生，王老师以前接触过患有自闭症和学习障碍的学生，但Amanda和他们不一样。Amanda完全没有智力障碍，相反，她非常聪明，对语言知识的接受非常快。

情景再现

• 情景一：开学前的准备——与家长保持联系

在学期开始前两天，王老师收到了一封家长来信。这位家长是两个孩子的母亲，她的两个女儿都即将在王老师的班里学习中文，一个上高三，另一个上高一。在邮件中，家长告诉王老师她的大女儿患有亚斯伯格症，并详细解释了这个学生以前的经历和出现突发情况时的应对方式。因为这是王老师第一次接触患有亚斯伯格症的孩子，所以她上网查了一些资料，进一步了解了可能遇到的情况及处理方法。接着她和负责这名学生的特殊教育教师Mike Jones沟通了这名学生的情况。Mr. Jones建议她把这名学生放在教室后方的位置，并允许她上课走动。如果这名学生出现低于B的成绩，王老师要先知会Mr. Jones，Mr. Jones会以这名学生能接受的方式通知她。开学前一天下午，王老师接到了学生的IEP，之后跟Mr. Jones开了一个会，确保自己充分了解这个学生的情况和应对方式。

以下是家长的来信：

Hi Ms. Wang,

My daughter, Amanda Fox, will be a student in your 4th Block Mandarin Chinese class. I wanted to send an email to let you know a little about her. Amanda has Asperger's and I thought it might be helpful to share a few of her personality traits with you.

She's a smart kid and likes being helpful. One of the traits of her personality you're likely to notice is that socially, she can sometimes struggle to fit in, and the older she gets the more aware of this she has become. Loud noises have always been difficult for her, as well as getting her hands dirty. Her handwriting is not the greatest, and although this is something we are working on, it still leaves much to be desired. She's always been very competitive and likes to finish things first, which is not helpful where the handwriting is concerned.

She's been mainstreamed in school since the 2nd grade and has always made good grades, mostly A's and B's. She doesn't like to have negative attention called to her in front of others and sometimes she overreacts when she receives a less than desirable grade. These things can sometimes make her act out by saying things like "I don't get any respect" or "I'm not being treated fairly". If someone becomes upset with her, her behavior will escalate (verbally). So the best way to handle these situations is to remain calm without raising your voice. I'm certainly not telling you how to handle your classroom, only passing along things we have learned through the years. Amanda is aware of the rules and know that we expect her to follow them. Also, it's very helpful for Amanda to be able to stand up and walk a little during class. Usually, her teachers seat her near the back of the class so that it's less disturbing to others in the classroom.

Many of these situations are covered in her IEP and Mr. Mike Jones is very familiar with Amanda. Interestingly enough, her sister Brittany, a freshman, will also be in this class.

One thing I would ask is that you keep me aware of any situation you feel needs to be addressed at home. We always talk over these situations and how Amanda could have handled them better, so it helps me to know what's going on.

My home phone is 123-4567 and my cell is 123-5678 (cell is the best number to reach me). I work from home, so please feel free to contact me at any time with any issue that may arise or questions you may have. Of course, feel free to email me at this address if that is your preferred method of communication.

Thanks so much for your time and we're looking forward to a great second semester!

Mrs. Fox

以下是王老师的回信：

Dear Mrs. Fox,

Thank you for your email. I really appreciate the opportunity to learn about Asperger's before the start of the semester. I have done some reading, and I understand that people with Asperger's may experience some social and communication deficits, and may have rigid or restricted interests. I have also discovered that many scientists and musicians throughout history, including Mozart, Einstein and Newton, had Asperger's. It helps to know what to expect, and I will do my best to help Amanda feel safe and comfortable in my classroom. Along those lines, I understand that she will do her best if she is not sitting next to unfamiliar students, so I plan to have her sit next to her sister Brittany.

Through conversations with Mr. Jones, I have learned that Amanda is very bright and always does her best to do a thorough job on all of her assignments. Mr. Jones spoke highly of Amanda, and he also said that you are very supportive. I will learn more about Amanda once I receive her IEP.

I look forward to a great semester and very much appreciate your support.

Sincerely,

Fang Wang
Chinese Teacher

• 情景二：开学前的准备——与IEP卷宗管理教师[2]的会议

每个特殊教育的学生都有自己的IEP，由不同的特殊教育教师管理。开学前，教师们应该和自己名单上的IEP学生的管理教师开会，了解学生的情况、注意事项和突发情况的应对方法。在美国，约见教职工作人员或校长的最好方式是写邮件，这样可以让对方根据自己的周计划来安排最佳开会时间，也可以减少打扰别人的时间。

Dear Mr. Jones,

Good morning!

I just received Amanda Fox's IEP and I'm wondering when you might have time to discuss about how to support her. If you could meet sometime today, that would be great. I have a department meeting from 1:00 to 2:00 this afternoon. Other than that, I am available. Please let me know what time might work for you.

Thank you.

Fang Wang

经过邮件交流，两位教师约好早上九点在Jones老师的教室见面。

Good morning, Mr. Jones! Thanks for your time!

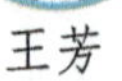

王芳

No problem! I'm glad to help.

Mike Jones

Thank you! Here are the notes I took from the email that Amanda's mom sent as well as her IEP.

王芳

Let me take a look... This looks great! Amanda is quite intelligent and learns quickly. She is also very sweet and tries her best. She will follow the rules you set in your classroom and will try to meet your expectations. She likes to please her teachers, so praising her when she does a good job will make her happy.

Mike Jones

王芳

I'm looking forward to meeting her. Here's the seating chart I designed for this class. What do you think?

Mike Jones

Hmm... It looks good. I would suggest you to put her in the back corner. Move these kids away from her... That should be good. And you don't have to put her sister next to her. Also, please allow her to leave her seat and walk around.

王芳

Thank you! That's very helpful. And should I let her work with other students when we are doing projects, or is it better to let her work alone?

Mike Jones

Let her work with other kids. If there is a problem, then please allow her to work on her own. She is not good at socializing, but we are trying to give her opportunities to practice. If she starts to look anxious or shut down, please contact me and I will come to get her.

Whenever she gets a B or below, please don't show the grade to her. Just hand the work to me, and I will discuss the grade with her in a way that she can accept. Don't surprise her with a low grade.

In addition, when we have a fire drill, you need to let her know in advance and allow her to leave the room. Loud noises like that will likely cause her to scream, pull her hair, or hit her head on the wall.

王芳

Thank you very much! I'm glad you shared all of this with me.

Mike Jones

You are most welcome. Please keep in touch. Send her to me or call me whenever you need help. Even when it's in the middle of the class, I can still come to assist you.

王芳

Thanks. I will keep in touch.

- **情景三：学生上课时发生的情况**

片段一：全班一起看一段短视频，思考并回答问题。

Amanda

Grrrr...（捂住耳朵，并表现出焦虑情绪）

王芳

What's going on Amanda? Is the volume too loud?

Amanda

YES! I CAN'T STAND IT!

王芳

I'm sorry Amanda. I will turn it down right now.

这次以后王老师才知道上课放音频和视频材料也要小声一些，否则会触发学生的情绪。

片段二：王老师给学生们分组，学生们在进行小组合作的作业。

Amanda

IT'S ALL ME! IT'S ALL ME!（把文具摔在地上并尖叫起来）

王芳

What's the matter Amanda? Please calm down and talk to me.

Amanda

IT'S ALL ME!

王芳

Shhh... Calm down. I can hear you.

Amanda

It's all me. I am the only one working at the project. Everybody else in my group is not doing what they are supposed to do.

王芳

Thank you for telling me! Let me talk to other students and get their input. Okay? Just sit down for now, and I will be back to you in a second.

Amanda

Yes Ms. Wang.

Thank you Amanda!

王芳

王老师问了其他学生怎么回事，其他学生说他们正在讨论任务分配，但是有的学生不同意，所以还在讨论，并没有开始做。

Okay Amanda, if you would like to continue working with your group, you can try to work at their pace. If you want to work at your own pace, you can work by yourself and I will extend the deadline for this project for you. How's that?

王芳

Really? I can work by myself ? Yes that's what I would like to do.

Amanda

Thank you Amanda! Next time just talk to me and together we can work things out.

王芳

Yes Ms. Wang.

Amanda

王老师给了Amanda一份任务和材料，稍作解释以后Amanda开始做她的任务，并在大部分小组完成之前就很好地完成了。

1. **Asperger's：亚斯伯格症候群（Asperger's syndrome／Asperger's，简称AS）是神经发展障碍的一种，可归类为孤独谱系障碍（Autistic Spectrum Disorder）其中一类。** 外界一般认为它是“没有智能障碍的自闭症”。在精神病学常用的美国心理学会的诊断基准（DSM-IV-TR）当中，则称之为“亚斯伯格障碍”。其重要特征是社交困难，伴随着兴趣狭隘及重复特定行为，但相较于其他泛自闭症障碍，仍相对保有语言及认知发展。
2. **卷宗管理教师：这些教师管理学生的IEP，负责跟家长联系、配合教师的正常教学，每年修订学生的IEP。** 这些教师平时有自己的、专门给IEP学生上的课，学生上主课（数学、英语、历史和科学）时，他们会去任课教师的班里协助任课教师，并在IEP学生旁边提供辅导和讲解。

分析

• 案例分析

首先，和家长Mrs. Fox沟通时，王老师让家长觉得她们是一个团队，共同的目标都是帮助孩子，所以在沟通的时候用了积极的语调和大量的积极词语。王老师明白与家长保持联系是非常重要的，所以在学期初和学生表现良好时，王老师就给家长写邮件，表达积极的合作关系。在初期和IEP学生的卷宗管理教师Mr. Jones沟通时也比较坦诚，对IEP有不明白的地方（如怎样安排Amanda的座位、应对突发情况具体措施）就马上请教。另外，王老师还把每次的沟通都记录了下来（虽然各个学校系统不一样，但都要求记录）。

第二，在Amanda出现问题的时候，王老师先和学生谈，在课堂上解决了问题，让课堂得以继续进行，课后再和IEP学生的卷宗管理教师谈。过去的经验告诉王老师，请专业的人士进行调节和处理，以及和家长进行沟通往往是更有效的。学生的家长往往比较敏感，如果在电话中或邮件中用词不准确很容易让家长产生误会，从而给沟通带来困难。

第三，王老师常用寻求帮助的口吻和态度与Mrs. Fox及Mr. Jones沟通，她会提前想一些处理方案，再以寻求建议的方式请他们帮忙。学生顾问（学校里为学生提供学业、个人和社交、职业规划等方面的帮助的教育团队）也非常了解每一个学生，学生有问题时可以和他们谈，需要跟家长沟通时也可以请他们帮助。除了上述资源以外，这个学生的其他任课教师也是很好的帮手，常常能给王老师提供一些具体可行的建议。

• 文化点

一般的学生是出现比较严重的行为问题（如长期不交作业、有严重挂科情况）时才会开家长会，但是IEP学生即使没有任何问题也需要时常开家长会，会议的目的是修订学生的IEP。需要到场的人有学生、家长、IEP教师、任课教师（比如中文教师）、校长或副校长。任课教师主要谈论学生在课上的表现、进步的方面和需要改进的方面，以及IEP的执行情况和学生的反馈。会议结束的时候，在场的IEP团队需要签字，并记录在案。

- **友情提示**

教师需要做好学生档案的保密工作。首先，IEP学生的所有档案教师都要保密，学生的IEP最好锁起来。在邮件中谈论学生的时候最好用名字缩写或字母代替学生全名，邮件的标题通常只写“Student”或“Student of Concern”。其次，除了跟校方以外，教师不可以跟任何人谈论IEP学生，也不可以在社交网站上提及IEP学生。第三，教师在任何情况下都绝对不可以让其他学生知道哪些学生是IEP学生或透露学生的生理障碍、学习障碍以及精神障碍。

拓展练习

1. 在你的课堂上，一个IEP学生成绩不太好，常常上课睡觉，醒的时候却又和旁边的学生说话，不好好学习，你应该怎么办？
2. 一个IEP学生上课的时候玩手机，你按校规拿走了手机，并请他（她）下课后来取，结果学生开始情绪激动，用手扇自己的脸，一边扇一边骂自己很蠢，还揪自己的头发。此时，你应该怎么办？

【编者　彭洁】

英语小智囊

语言误区

× 应该避免使用的词：disruptive, frustrating

✔ 可以多用的词：impressive, show improvement, show growth

实境范例

1. 如何向家长表达学生扰乱课堂、让课堂无法进行下去？

例句：

（1） Tom could have handled things better by staying in his seat.

（2） Tom could have handled things better by keeping a calm voice.

（3） I need your support in helping Tom be successful in my class.

> 小提示：尽量提前跟IEP教师和校长沟通好，听他们怎么谈论和遣词。

2. 如何向学生和家长提出要求？

例句：

（1） I need your help. We are a team.

（2） My goal is to help... learn, and I need your support.

（3） I really want to see improvement in your child's behavior in class.

（4） I want to improve how I work with your child to serve him/her better.

> 小提示：以求助的口吻提出要求，较易得到家长和学生的支持。

情景范例：电话留言

跟家长联系时，常常需要打电话。在美国，电话留言也很常见，留言要清楚、正面。

I have enjoyed having your child in Chinese class. He/She has worked hard and learned a lot. Recently, however, I have been having difficulty managing ... Could you please help me with... ? I need your support to help me better serve your child. I would love to see him/her being happy and productive in class.

第三章、课堂管理

第一节 制定课堂规则（小学）

背景

在美国，小学的中文项目主要分为非沉浸式和沉浸式。在很多开设非沉浸式中文项目的小学，中文项目和音乐、体育、美术等课程属于specialty programs或activities。在这一类学校，中文常常只开最基础的课，也就是“中文一”。也有少数开设非沉浸式中文项目的学校有“中文二”甚至“中文三”的班级。方老师所在的小学开设的中文项目是非沉浸式项目，全校五个年级的学生都上中文课。

小学生活泼好动，如果没有设置合适的课堂规则，课堂教学效果就会大打折扣。那美国小学的中文课，应该设置怎样的课堂规则呢？

理论广角

- **小学课堂规则设置的要求**

开学的第一节课，教师们一定要将课堂规则清楚而有效地展示给学生们。因为学生的年龄比较小，所以教师要采用简单、直观而生动、有趣的形式让学生知晓课堂规则。

▶要求一：课堂规则要简单易懂

小学生注意力集中的时间比较短，很容易遗忘教师讲过的内容。因此，小学生的课堂规则要简单易懂，便于学生们记忆。比如下面的课堂规则，每一条规则都对应着身体部位。上课时，教师边说明课堂规则边让学生们指着相应的身体部位，学生们很快就能理解并记住它们。例如：

注意看（Pay attention）——对应“眼睛”
注意听（Listen carefully）——对应“耳朵”
保持安静（No talking）——对应“嘴巴”
请举手（Raise your hand）——对应“手”
把手放好（Keep your hands to yourself）——对应“手”

▶**要求二：课堂规则要直观形象**

学生记住课堂规则只是第一步，教师还需要时刻提醒他们。因此，教师们最好将课堂规则贴在教室的显眼位置（比如教室的最前方），并配上相应的图片帮助理解。这样一来，学生一开始上课，视线中就有相应的课堂规则，他们就会时刻提醒自己遵守这些规则。教师可以参考并利用下图：

注意看

Pay attention

注意听

Listen carefully

保持安静

No talking

请举手，把手放好

Raise your hand and keep your hands to yourself

▶**要求三：介绍课堂规则的形式要生动有趣**

对于小学生来说，课堂规则是一项无聊、枯燥、无趣的内容。教师在介绍课堂规则的时候，学生们的注意力往往会更加分散，因为这项内容并不能很好地激发学生的兴趣。为了使课堂规则的介绍更加生动、有趣，教师要尽量采用游戏的方式帮助学生记忆，"我说你做，我做你说"的游戏就很适合小学生——教师大声说出规则指令，学生快速完成指令，之后反过来，教师做动作，学生大声说出规则指令……这一活动不仅增强了学生的参与度与积极性，也会让学生对课堂规则记忆深刻。

• 小学生遵守课堂规则的奖励措施

小学生自制力相对较差，所以我们除了在日常教学中注重激发学生的求知欲之外，还可以在必要的时候采取一定的奖励措施加以辅助。奖励的措施可以丰富多样，既可以有物质的奖励，也可以有精神的奖励。下面是几种学生们非常喜欢的奖励措施：

▶奖励方式一：积累“印章”“贴纸”等来兑换物质奖品

为了让学生们更好地遵守课堂秩序，以更认真的态度上中文课，方老师采取了积累“印章”换奖品的奖励措施。开学初，方老师为每名学生准备了一个文件夹。每节课结束后，方老师都会对学生们本节课的课堂秩序进行点评。只要学生们认真遵守课堂规则，方老师就会在他们的文件夹上盖上一个印章。积累不同的印章数可以兑换不同的奖品，比如5个印章可以兑换一个小纸伞，10个印章可以兑换一个中国剪纸，15个印章可以兑换一个中国结等。满墙的奖品等着学生们去兑换，因此学生们都尽自己所能遵守课堂规则，认真学习中文课。

其实，与“印章”类似的积累奖励的形式还有很多种，比如积累贴纸、“人民币”（一种自制的卡片）、卡片等，都会对学生们认真遵守课堂规则有较好的促进作用。

学生们的奖品墙（部分）

▶奖励方式二：“提要求”等精神奖励的方式

课堂规则的奖励形式多种多样，精神奖励也是很重要的方式。在课堂中，如果学生能够非常出色地遵守课堂规则、完成学习任务，在班级中起到很好的表率作用，方老师会请这些学生提一些合理的要求来作为奖励。比如，奖励学生课余时间玩儿舞狮的狮头、太极扇，敲一敲中国的鼓或者跟中文教师合照等。丰富多彩的精神奖励能激励学生们遵守课堂规则，同时也是一种传播中国文化的方式。

▶奖励方式三：学期末颁发证书

每学期末美国学校都有表彰环节，中文课也不例外。因此方老师会给本学期在课堂上表现出色的学生家里发送喜报，并在期末进行全校表彰，这对于学生们来说是非常大的荣耀，对方老师的课堂管理起到了很大的帮助作用。

Chinese Class Award

Your child has been chosen to receive a special award in **Chinese** class. Our ceremony will take place on Friday, **Feb 14th, 2018.** We hope to see you there.

Mrs. Fang

Confucius Classroom Teacher

发给美国家长的邀请函

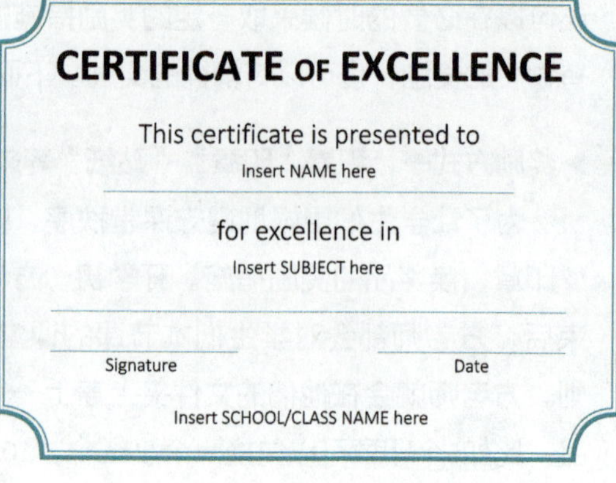

CERTIFICATE OF EXCELLENCE

This certificate is presented to

Insert NAME here

for excellence in

Insert SUBJECT here

Signature Date

Insert SCHOOL/CLASS NAME here

发给美国学生的证书

• 小学生违反课堂规则的处理步骤

即使对课堂规则进行了细致的讲解，提供了丰富的奖励措施，依然会有学生违反课堂规则。针对这部分同学，要采取适当的步骤，帮助他们及时认识到自己的问题并加以改正。

▶步骤一：采用提醒、暗示、提问等方式让偶尔违反课堂规则的学生尽快改正

在课堂上，经常会有个别学生出现开小差、不认真听讲或者发出声音干扰其他同学的情况。针对学生偶尔出现的小问题，教师要及时采取合适的措施，提醒学生改正问题。

首先，教师可以盯着这位学生看几秒钟，暗示他“老师注意到你了，希望你及时停止违反课堂规则的行为”。如果这名学生依旧我行我素，教师可以利用合适的时机走到其桌前，轻敲桌子示意这位学生。如果此时教师实在不方便走到学生的桌子前，可以叫这位学生回答问题。这样学生就会意识到教师已经关注到他／她的行为了。如果这位学生依然不能及时改正，而他／她的行为影响到了其他学生，可以为他／她在教室的安静处安排一个**Think chair**[1]，等他认识到了自己的问题之后再到座位上。学生改正了自己的问题之后，要及时表扬他的行为，如“Jack gave us a good answer.”或“Jack is listening so carefully.”等，让学生们获得改正问题的成就感。这样既保护了学生的自尊心，还让学生对中文教师更增了一分敬意。

▶步骤二：寻找时机，与几次违反课堂规则的学生进行面对面交流

如果有个别学生几次违反课堂规则，而提醒、暗示、提问等方式并不能起到很大的作用时，就需要寻找合适的时机，与该学生单独交流，找到他／她违反课堂规则的原因和解决的办法。有针对性地给这位学生进行教学和课堂指导。但是教师不要单独和学生进行一对一交流，教室里一定要有其他教师或者学生在场。如果不得已必须要和学生单独谈话则一定要确保房间的门是开着的，以免引起不必要的麻烦。另外，教师还要将所

有的解决方法、过程、时间都一一清楚地记录下来，以便日后与校长和家长沟通时有据可循，让其知道教师处理问题采取的各项措施，也可以更好地保护自己。

▶步骤三：针对多次违反课堂规则的学生，要与classroom teacher或其他相关教师交流，共同寻找解决办法

针对多次违反课堂规则而屡教不改的学生，要及时与classroom teacher或其他相关教师交流，从他们的处理办法中找到可以为自己所用的方法。同时，教师们彼此交流意见，也都会在各自的课堂中严格管理这名学生，对课堂管理也有很大助益。在美国，千万不要担心寻求帮助会让校方觉得自己无能。相反，校方希望教师懂得利用身边的所有资源来解决问题。

▶步骤四：如果学生违反课堂规则的情况反复出现且不能得到及时的解决，就要让家长配合我们的工作

如果学生违反课堂规则的情况反复出现，就要将学生的情况及时反馈到家长那里。因此，教师会下发Chinese Class Progress Report（详见本节附录1）给学生家长，并让家长签字。还可以在必要的时候与家长进行邮件或者面对面的交流。在交流中，教师要多去倾听，请家长多讲讲学生的情况。这样教师不仅对孩子的家庭背景、心理上的挑战等情况有了更加全面的了解，还可以让家长知道教师很愿意倾听他们交流孩子在家里的情况。有效的家校双向交流会促使家长更愿意配合我们的工作，帮助我们共同改正学生的问题。

▶步骤五：对于严重违反课堂规则的学生，要及时召开学校领导、classroom teacher、任课教师参与的家长座谈会

家长座谈会规模虽小，但却需要我们严肃且认真对待，在召开之前做好充分准备。首先，教师要提前给学校领导、classroom teacher、相关教师和家长发送邮件告知座谈会的时间、地点、内容提要。其次，要准备好这位学生各学科课堂表现的日常行为记录本、家校反馈单、家校沟通的往来邮件、作业本等相关资料。这样教师在座谈会中说的每句话都能做到有理有据。再次，要提前做好座谈会地点的布置工作，地点最好安排在学校固定的家长接待室，也可以选择学生所在的教室或者中文教室等。座谈会的形式可以多样化，比如圆桌式、面对面式等，但应以方便家校进行自由对话和交流为前提。最后，要做好家长到校的接待工作。

召开家长座谈会，不是为了指出孩子的错误，而是为了让家长和学校形成合力，共同探讨、发现学生违反课堂规则的原因和内在动机，通过家校合作的方式，帮助该学生获得更好的成长。所以，我们在交流中要注意说话的方式、语气，让家长真切感受到我们以孩子进步为出发点的诚意，让家长座谈会成为促进孩子成长的一个桥梁。

情景再现

- **情景一：教师处理不当的例子**

（上课后。）

方老师

Good morning, everyone! Let's review our rules. Today I would like to remind you of our third rule: no talking. Please raise your hand before talking in class. If you break this rule, I will record it in your daily behavior log. You are all familiar with the daily behavior log, right? OK, now let's open our textbooks.

（课堂一直很顺利，直到下课前五分钟，Jack和周围同学大声说起话来，其他同学都齐刷刷地看着方老师。）

Jack, please no talking without raising your hand in our classroom.

方老师

Jack

（继续说话）

You know class is not over yet. Please follow the rules.

方老师

Jack

I don't want to follow the rules.

Come outside. Let's talk.

方老师

（教室外。）

方老师

You know the rules, right?

（沉默）

Jack

方老师

You need to follow the rules in my class. I asked you to stop talking, and you refused. If you are not willing to follow the rules, then I have no choice but to record this in your daily behavior log（详见本节附录2）. Is that what you want?

No.

Jack

方老师

Well, you have another option. If you come to our classroom to study Chinese for 30 minutes after school, then I will not enter this in your daily behavior log.

I'm very busy after school. I don't have time to come in.（径直离开）

Jack

• **情景二：学生严重违反课堂规则，教师不报备给学校**

学生A和B在中文课堂中打起架来。在打架的过程中，白人学生A用类似“You are black! So shut up!”这样的语言侮辱黑人学生B。方老师发现情况后，及时将两人打架的情况制止，还利用课下时间单独找两人交流情况。但是事后却没有将此事报备给学校和家长，导致第二天家长气势汹汹地到学校找校长，校长却因为不知道这件事情的原委而非常被动。

• **情景三：教师在开学第一周生动、有效地将课堂规则介绍给学生**

（准备好PPT，PPT上分页写好各条规则。）

方老师

Hello everyone! Today we are going to talk about our class rules. Here are some rules I have come up with. If you have any suggestions, I would love to hear them. The first rule is: look.（出示“看”的图片）What does the word “look” mean?

Look at the teacher.

学生

学生

Look at the board.

Great! Is this something you can do?

方老师

学生

Yes, we can.

All of you are looking at me. You are doing so well. I think all of you can do this. OK, let's look at the second one: listen.（出示"听"的图片）So how can we follow this rule?

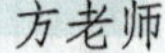

方老师

学生

Listen carefully to the teacher, and do not interrupt others.

方老师

Great！Now show me your hands and listen to me carefully.

（学生将手放到耳朵旁边，做认真听的样子。）

方老师

You are doing great! The third rule is "keep quiet while listening," so please be quiet when I ask you to be（做保持安静的动作）. If any of you break this rule, there will be consequences. There are four levels. The first time, you will receive a warning. The second time, you will have a one-minute detention after class. The third time, you will receive Think Sheet and Notify Parents form. The fourth time, you will have to talk to the principal. Now here is the fourth rule, "follow the teacher's instructions". This is very important. Now let's play a game. It's called, "I say, you do; I do, you say."

OK!

学生

（师生在游戏中复习课堂规则。）

1. **Think chair：思过椅**。在教室里单独留出来的一张椅子，用于惩罚不守纪律的学生。类似于美国家长常用的time out方式。一般建议一个教室里只放一张，多了起不到作用。椅子可以面向课堂，也可以背对课堂。如果班上没有太多不守纪律的学生或者担心学生会觉得这是一种侮辱，可以换成其他方式。

分析

• 案例分析

▶情景一

情景一的情况在美国学校非常常见。美国的小学生都比较自由、活泼，在课堂上自由说话的现象时有发生。遇到这样的情况，教师对违反课堂规则的学生的处理会显示出教师的教育智慧和专业素养。如果处理不当，不仅会使学生拒绝听从教师的课堂规则，甚至会引起学生的反感，引发师生矛盾。

本情景中的方老师就是因为处理不当，引发了学生与教师对立的情绪。

首先，方老师处理时没有给学生机会，而是直接将学生的问题在全班面前指出来。教师没有站在学生的角度上考虑问题，伤害了学生的自尊心，学生必然会站在教师的对立面。

第二，方老师这节课还没有下课，就在教室外和这位学生谈话，教室内的学生没有学习内容，就会秩序混乱，教师在全班同学面前的威信也会受到影响。

第三，方老师最后做出了让步，让Jack放学后通过再学习30分钟的中文来避免被记录的惩罚，但教师的让步会导致学生们不那么遵守课堂规则。而且，通过学习30分钟的中文来避免惩罚会让学生增加对中文课的厌恶。

第四，作为小学教师，与学生说话的语言生硬而没有温度，容易让学生产生距离感，不利于课堂的管理和问题的解决。

遇到学生偶尔违纪的情况时，方老师应该先采取提醒、暗示、提问等方式，给学生自我改正的机会。学生也能从教师的处理方式中感受到教师在给自己面子，这样学生更愿意主动改正问题，同时也会增进师生间的感情。 其次，全班同学都在看着方老师怎么解决这个问题，因此教师一定要有所行动，比如，教师可以表扬教室内最遵守课堂规则的几位学生，并及时给予奖励，让学生们明白教师对课堂规则的严格要求。最后，教师应利用师生共同的课余时间及时沟通问题，但是记得一定要站在学生的角度考虑问题，使用类似“刚才在课上是不是有没听懂的问题，所以想问问其他同学？”等语言，这样学生就会放下戒备，真诚和教师交流，更容易帮助学生认识到自己的错误。

▶情景二

本情景中教师在发现学生违反课堂规则后，马上采取了一定的措施，这些措施都是及时且必要的。但是，学生A严重地违反了课堂规则而且出现了语言上的攻击和侮辱，这对于学生B及学生B的家长来说是极大的侮辱、更涉及了种族歧视。遇到这样的情况，李老师却没有及时报备给classroom teacher或校长，导致问题激化，学生家长的情绪非常激烈。

遇到情景二的情况时，除了要严谨地处理问题，还要第一时间将所有情况及时报备给学校或者classroom teacher，这样学校就会依据学校的处理方式，有步骤、有策略地解决这件事情。校方会及时解决这个问题，不至于让家长找到学校，变得非常被动。其次，李老师针对这两位学生的课堂情况要做好详实的记录，并对这两位学生的表现进行跟踪记录，方便留下相关的证据。最后，针对如此严重的情况，教师应及时在全班同学面前再次重申课堂规则，并教导学生正确的做法。

▶情景三

本情景中，方老师设置的课堂规则值得借鉴。

第一，本情景中方老师设置的课堂规则简单、容易记住，这对于小学生来说非常重要。因此这样的课堂规则设置是成功而有效的。

第二，方老师在课堂中用游戏的方式让学生记住课堂规则。这样，学生们不仅能记住课堂规则，还会觉得中文课特别有趣，增加学习的兴趣。

第三，方老师在课堂中运用了图片和动作的形式，让学生很容易就理解了规则的意思，学生的印象也会非常深刻。

第四，方老师还将违反课堂规则的处理办法清楚地展示出来，让学生知道违反规则的后果。

• **友情提示**

1. 课堂中表扬学生要具体、有细节

   避免经常使用“你真棒！”“你太聪明了！”这种宽泛的表扬。可以用更具体的如“你今天坐得真端正”“你今天听讲特别认真”等表扬方式。美国教师用的表扬法一般分为三步：表达惊讶、声明困难、要求解释。比如：今天你上课听讲特别认真！能做得这么好真不简单。我很好奇你是怎么做到的？

2. 批评学生要注意场合和方式方法

   首先，切忌在公开场合批评学生。如果学生违反课堂规则，按照规定执行即可，但一定要在保护学生自尊心的前提下，让学生认识到自己的问题并加以改正。其次，避免直接批评学生。我们可以借鉴“三明治批评法”：先肯定学生的表现、表达自己的关心，然后是建议、批评（说事实），最后可以加上鼓励学生的话。比如：“你一向表现不错的，最近发生什么事情了吗？连着两天的作业都没做，所以按规定我今天必须把你留下来。如果有什么困难，请你一定提出来，我尽量帮你。希望你接下来认真做作业。”这样学生就会明白教师是真正在帮助自己，而不是站在自己的对立面批评自己。最后，如果教师是和学生课外一对一面谈，教室的门要打开，这样既是保护学生，也是保护教师自己。

3. 课堂规则制定了就要严格执行

课堂规则制定好了之后，一定会有人违反，新教师一定要有心理准备。但学生对规则的认同是教师严格按照规则管理的结果，教师应按照规则执行，并做到公平、公正、公开。

4. 做好学生违反课堂规则的记录工作

针对学生违反课堂规则的情况，教师要用行为记录表及时记录。如果学校有相应系统，就在系统里记录，如果没有，就自己做表格记录。针对学生的课堂情况也要做好详实的记录，并对学生的表现情况进行跟踪记录，以便日后与校长和家长沟通时有据可循，让其知道教师处理问题采取的各项措施，也可以更好地保护自己。

5. 不要轻易将学生送至校长室

学生违反课堂规则，如果教师自己就可以解决学生的问题，不要轻易将学生送到校长室。一是这样做得多了容易让校长认为教师对于学生无能为力、显示出教师的专业能力不够，二是教师也会因此在学生中失去威信，三是对解决学生问题也不能起到特别明显的帮助作用。

拓展练习

1. 上课铃已经响了，教师刚到教室，发现一个学生把教室里的铅笔折断、用透明胶粘上做成飞镖，并把天花板当作标靶，正玩得不亦乐乎。其他学生的注意力都被他吸引了过去。这时候教师该怎么办？
2. 如果学生三次违反课堂规则，教师已经告知下课后留下五分钟，但是学生一下课就不见人影了。这时候教师该怎么办？

附录

• 附录1　Chinese Class Progress Report

Chinese Class Progress Report

Name:

Date:

Dear Parent,

I am sending this note out of concern of your child. He / She is having difficulties in Chinese class. In our class, students are expected to follow our rules as participate in all activities. The reason for this note is one or more of the following:

________Student uses equipment inappropriately.

________Student does not follow directions, does not listen or does not watch demonstrations.

________Student does not participate in class activities.

________Student talks out, interrupts or disrupts learning.

________Student does not stay on task in small group activities.

________Student does not use self control during instruction.

________Student has trouble getting along with partners or team in a small group activities.

I have checked the concern that applies to your child. I hope this letter will help you understand why I am concerned about your child's performance in Chinese class. If you have any questions, please contact me at school. Thank you for your cooperation.

Mrs Fang

Chinese teacher

Please sign and return on the next school day.

Parent/Guardian：____

Signature

• 附录2 Daily Behavior Log

Daily Behavior Log	
Class Rules: 1. Be on time and ready to learn; 2. Be respectful; 3. No devices; 4. No bullying; 5. Follow the teacher's instructions.	Consequence: 1st Offence: Warning 2nd Offence: Think Chair 3rd Offence: Detention 4th Offence: Think Sheet (Notify Parents Form) 5th Offence: Principal's Office

续表

Name	Warning	2nd Offence	3rd Offence	4th Offence	5th Offence

【编者　徐艳杰、刘艳君】

第二节 制定课堂规则（中学）

背景

刘佳到校已经两周了，在参加了学区的统一培训、布置完教室之后，刘佳又制定了中文版的课堂规则，并在第一周的时候教给了学生。学校给她安排了一位mentor Beth，从第一周开始，Beth负责引导刘佳按照规定日期学习学区的**《新教师指导手册》**[1]。Beth第一周每天课后都会来跟刘佳见面，指导她完成《新教师指导手册》。但是刘佳发现学区培训的内容和学校的规定还是有所不同，她需要进一步了解学校的相关规定，而刘佳到校后还没有来得及去仔细了解。

情景再现

刘佳

Beth, thank you so much for helping me understand this guide. I'm a little confused, however, because I've found some differences between the school district's guidelines and those of our school.

For example?

Beth

刘佳

The school district suggests that we teach our students to raise different numbers of fingers various needs, such as one finger for to ask for paper, two fingers to ask for permission to sharpen a pencil, three fingers for permission to use the restroom, and so on. However, I've been to a few other teachers' classrooms, and I have not seen many other teachers using this strategy.

Yes, the school district only makes suggestions, but the final choice is up to you. The same holds true with the school's guidelines. You can decide what works best in your classroom. For example, some teachers use **voice levels**[2], but I don't.

Beth

Beth

（先看了一眼刘佳的教室）Do you have the poster that lists the school's classroom rules?

What does it look like?

刘佳

It has the **school mascot**[3] on it, and three words: Engage, Respect, Behave.

Beth

I have seen the poster in other teachers' rooms, but I don't know where to get one.

刘佳

You need to get one because when the principal comes to your class, she will expect to see it. I might be able to bring one to you tomorrow, or you can go ask for one at the front office.

Beth

OK, thank you. How else should I display classroom rules?

刘佳

（Beth仔细看了一下刘佳的教室，她发现教室前后都贴了这周学过的课堂用语中英文版以及“业精于勤荒于嬉”之类的励志话语。）

Have you shown your rules to your students?

Beth

Yes, yes, I have. I can show you a copy of my **classroom procedures**[4]; the rules are included in it.

刘佳

（刘佳拿出她制作的课堂规则。）

CLASSROOM PROCEDURES

▶ **GREETINGS**

When you greet me, you say “老师好”. When you say goodbye to me, you say “老师再见”.

▶ **CLASS DIRECTIONS**

Class is starting: 上课！ Stand up: 起立！ Sit down: 坐下！ Class is over: 下课！

▶BEFORE CLASS

Sit down and do the bellwork while one student in your group collects homework.

▶DURING CLASS

Behave yourself and respect others. Raise your hand for questions. There should be only one voice in the classroom except during group activities. I won't answer questions that don't relate to the content of the class when I am teaching.

If you disturb others or don't behave yourself, I will first warn you, then send you to the Think chair. If you continue this behavior, I will assign a one-minute detention after class. If that does not work, I will send you to the counselor. And finally, if needed I will hold a conference with your parents.

▶BORROW SOMETHING FROM ME

If you forget your pencil (or something else) and need to borrow one from me, please give me one of your shoes. I will return it to you when you return my pencil.

▶AFTER CLASS

Please clear your desk and the floor around you, return your books, push in your chair, and collect all of your things. I am not responsible for things you leave behind.

▶BEFORE LUNCH

I will send you to the cafeteria (only for period 3).

▶DISMISSAL

I will end class several minutes early so you can catch the bus, but you need to wait for me to dismiss class before you pack up your things (only for period 6).

▶BATHROOM

Please say"老师，我要去厕所／洗手间。" Only one student a time, and you can only go once during a class period.

▶GET A DRINK OF WATER

Please say"老师，我要喝水。" Only one student at a time.

▶PRIZES

If you earn extra points, you can select a Chinese gift:

A Chinese knot for 5 points;

A bookmark kit for 6—10 points;

A paper cut kit or a large double-sided paper cut for 15—19 points;

A Chinese painting by Ms. Liu if you earn 20 points!

In addition, you will earn a sticker or a stamp for homework that is well done.

Beth: I think you have too many rules; I usually list no more than five. Otherwise, they will be too hard for students to remember.

刘佳: So I should reduce the number of rules?

Beth: I would if I were you. Also, your list of rules includes rewards, which may be confusing for students.

刘佳: Well, I thought it would be better if I included everything in one list. OK, I will make a separate list for rewards.

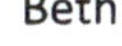

Beth: Maybe you can separate out your consequences as well.

刘佳: How should I do that?

Beth: It's up to you what to put in your **consequence list**[5]. I would usually begin with a warning, then move on to a one-minute talk, **lunch detention**[6], and then an email to parents. If a student continues to be disruptive, I would send him or her to **ISR**[7] or write a referral. If, after taking all of these measures, a student still does not change his/her behavior, your class may not be the right fit and you might suggest that the student transfer out.

刘佳: Oh, we have students who are that hard to reach?

Beth

We have all kinds of students at our school, and it's sometimes hard to predict how things will work out for them in your class.

Well, so far I think all of my students are great. I really enjoy having them.

刘佳

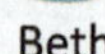

Some teachers go by the maxim, "Don't smile before Christmas."

Beth

Why? The students will say I am too mean if I don't smile in my classroom. I think they are sweet.

刘佳

They will test you and challenge your limits soon. You might find this is not the case, but I doubt it.

Beth

后来，在刘佳的教学过程中，果然出现了Beth提到过的情况，第二个月初就有两个学生被学校转出中文课堂。

为此，刘佳认真地进行了反思，她不仅专门花了一节课时间跟学生面对面讨论应有的课堂规则，并让学生建议、参与制定课堂规则，还跟其他几位教师一起组建了一个课堂管理讨论组，每周专门抽出两次放学后的时间进行学习和讨论。她还利用备课时间到其他教师的教室里去听课取经。同时，她还不断地根据学生的情况随时调整她的课堂规则、后果和奖励制度。

结合学生的实际情况，她还发现学区建议的座位安排依然解决不了她的实际问题，于是把座位排成大大的U字形，并且把捣乱的学生放在最前面，告诉他们什么时候表现持续一周比较好了就回到后面去，配合奖励制度，这一招非常管用，后来甚至都没有学生被送去Think chair了。她还建立了自己的个人网站，设立了每周之星、每月之星和学期、年度之星，并且及时把这些名单上传到个人网页上。

不同时期制定的后果、Think chair前贴的话、课堂规则、奖惩制度见本节附录。

关键词

1. **《新教师指导手册》：New Teacher Guide。**美国教育界对新教师的培训工作非常重视。比如刘佳到达学区之后就参加了学区的新教师培训，然后从开学第一天开始跟着mentor学习学区的这本手册。随着新教师对学校和学生逐渐熟悉，学习频率也由最开始的每天一次变成每周一次，再到后来的每个月一次。整本手册需要一年的时间完成，各项学习内容都有具体的建议完成时间，并要求导师和新教师签字。在此期间，主管校长还会前来听两次课并打分，成绩和反馈会连同进度表一起提交给学区。

   除此之外，参加孔子学院总部／国家汉办——美国大学理事会赴美汉语教师项目的教师还在国内参加了一个月的项目集训，到美国后又进行了一周的培训和实训，学期开始后又进行每周或每月的网络培训。每周的培训由GTA（guest teacher advisor客座教师顾问）分别负责小学、初中、高中和沉浸式的教师培训，每月的培训则是由大学理事会的项目负责人邀请项目外的专家进行讲座和答疑。该项目同汉办其他项目一样，还有岗中培训，一般会在学期中间进行。

2. **voice level：教室音量控制量表。**如下图，一般分为五级，分别为安静、低语、同伴讨论、课堂陈述以及室外。美国的中小学课堂没有班干部和班主任，有些教师会给每组安排一个voice watcher，由学生自愿报名担任，负责管理上课时本组成员的说话音量。

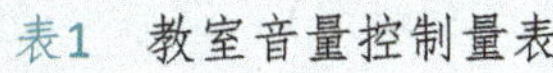
表1　教室音量控制量表

3. **school mascot：学校吉祥物。**美国每所学校（包括大、中、小学）都有吉祥物，一般是动物。比如刘佳所在的学校吉祥物是panther（山猫），李婷所在学校的吉祥物是ram（公羊）。学校办公楼前和礼堂会悬挂吉祥物的头像，有些校园里还有吉祥物的雕像。吉祥物一般会印在学校销售（不强制统一购买）的T恤、卫衣、书包及其他文具上。举办全校性活动时，吉祥物也会出来与大家互动。如刘佳所在的学校有一个赞助性的panther run活动，操场上拉着印有山猫头像的横幅或旗帜，一个学生打扮成山猫给大家加油，师生们身穿印有山猫头像的T恤绕着操场跑步，赞助商根据跑的圈数提供相应数额的赞助款用于学校的扩建或设备升级。
4. **classroom procedures：教学流程。**美国人喜欢把要做的事情条理化、明晰化，教师会在上课前把教学流程写在白板上（只有一块白板的教室写在左侧，有多块的会写在单独的一块白板或电子白板上）让学生知道今天要学什么，有哪些步骤，有什么课堂游戏或活动，分别有多少分钟等。熟悉了美国的教学以后，王丽把这个流程做到了PPT里，并简化到四五页，省去了大量做PPT的时间，同时也提高了课堂教学效果。
5. **consequences list：后果清单。**美国人做事喜欢提前知道后果，以便更好地做出符合自己情况的选择。对待中小学生同样也可以用这种方式，制定好课堂规则以后，告知学生违反规定的后果，有些学生知道了后果就会很自觉地遵守纪律，积极主动地去争取课堂奖励；有些则喜欢挑战教师的底线，对于这样的学生，列出的后果清单一定要严格执行，让他／她知道教师言出必行。

   一般按照以下顺序处罚违纪学生，每个步骤又包含多个小步骤：教师单独处理（警告、课后一分钟谈话、思过椅、午餐留堂）→联系家长处理（电子邮件或电话联系家长，推荐电子邮件）→学校介入处理（年级教师谈话、校内禁闭、家长—教师—学生会、课程劝退）→校外处理（学区转介、停学查看、退学）。

   相比较而言，利用奖励和良性竞争鼓励形成良好的学风会比使用惩罚效果更佳，但是对于新教师和非常顽劣的学生，后果清单仍然十分重要。
6. **lunch detention：午餐留堂。**由于美国中小学课间时间很短，放学后要赶校车，因此教师要就纪律问题找学生谈话只有两种方式：一是课后一分钟，在自己的教室门口，避开其他学生；二是午餐时间，把学生留下来“一起吃午饭”。但是午餐留堂，学生可能会告教师性骚扰，教师在没有证据的情况下很难为自己开脱，所以刘佳从来没有对任何学生真正实行过午餐留堂。
7. **ISR：in school restriction的简称，校内禁闭。**一般远离教室，房间内有课桌椅，由专门的纪律教师负责，督促学生复习或做教师提供的练习。根据学生违反纪律的程度，有的关一天，有的要关三天。ISR的下一步可能是学区转介（referral），也有可能是停课查看（suspension），被停课的学生一般只能待在家里或监护人的住处。很多学生害怕回家面对家长，或者家长监护人要上班等原因不在家，此时他们会争取早日回到课堂；有些学生不存在这些问题，那下一步就可以是家长—教师—学生会了。但建议教师不要跟家长、学生单独见面，而应该尽量争取学校领导和其他任课教师在场，并提前做好与校领导及其他

教师的沟通工作。当然，如果新教师自己有把握，之前也跟家长沟通过，那么也不一定需要其他教师或领导参加。

分析

• 案例分析

1. Don't smile before Christmas.对于新教师或者首次进行跨文化教学的教师而言，资深教师的忠告很有参考价值：学生（尤其是初中生）会想尽办法来试探新教师的底线，看新教师有没有课堂管理经验等，对于外教更是如此。比如在刘佳班上出现过一个特别不守纪律的学生，各种程序都走遍了，最后被请出了中文课，可是他在别的教师班上一直都"如天使一般安静"。

   一开始不向学生示好，即使学生觉得教师很严厉（harsh）或者不近人情（mean），纪律管好了以后，学生对教师的好感会增加，一定要记住：教师的威信不能受到挑战，要让学生知道教师的底线和他们违反纪律后应承担的后果。

2. 吃了亏的刘佳花了大力气整顿课堂纪律，收到了很好的成效。我们来梳理一下她值得学习的做法：

   （1）跟学生面对面讨论应有的课堂规则，并让学生建议、参与制定课堂规则。大部分美国学生对自己的学习动机比较明确，所以他们也不喜欢课堂上有人捣乱、影响自己学习。因此他们会把其他教师的有效管理模式介绍进来，这样做可以使新教师快速借鉴，同时有利于提高学生的责任感，而且规则是学生自己参与制定并签字同意的，违反的时候被处罚就不能找教师的麻烦了。

   （2）跟同事一起组建一个课堂管理讨论组，定期学习。这种做法有利于从教师的角度，更加全面、细致地了解可能会出现的情况，提前做好预防的措施。

   （3）到其他教师的教室里听课取经。现场观摩，可以看到很多平时讨论时被忽略的细节是如何处理的。课后如果有时间，可以跟任课教师进行进一步沟通和交流。另外也可以请学校领导或其他有经验的教师来听课，听完之后请他们给出反馈。

   （4）感情建立好了，后期课堂管理可能就不再需要条条框框了。但是前期一定要制定规则、严格执行和适时调整。

   （5）把座位排成大U字形，并且把捣乱的学生放在最前面，同时配合奖励制度。这种做法是刘佳尝试过的、在不影响班级活动的同时能最有效地管理课堂纪律的座位安排方式。这种方式使捣乱的学生离教师最近，不敢造次（经验证明，当学生与教师处于比较近的身体接触范围内时，学生不会捣乱），同时他们跟自己的朋友被隔开，不能影响其他人。由于觉得坐在前面很丢面子又很没趣，这些被隔离出来的学生一般很快就会端正态度，不到一周就可以回到原位。

（6）建立自己的个人网站，设立“每周之星”“每月之星”和“学期、年度之星”，并且及时把名单上传到个人网页上。设立个人网站是美国教师的惯常做法，方便学生和家长在家查看复习要点、家庭作业等。学生课后自学或复习。“每周之星”“每月之星”“学期之星”和“年度之星”是一种阶梯式的竞争机制，引导学生一步步地前进。通过这种方式和加分表（详见本节附录），刘佳所教的120个学生里，有10多个学生的期末总成绩超过了100分；80%以上的学生拿到了A的等级。

文化点

1. 关于座位安排。由于一个班级大约有40到60名学生，国内的公立中小学一般采取横竖排分组的方式。这种排座位的方式便于管理纪律，但是不便于学生分组互动。刘佳也尝试过四至五人一组，但是仍有学生捣乱，影响整组的同学。学区建议把不守纪律的学生放在教室的四个角落，但是刘佳发现这样全班的纪律都容易被他们带坏，于是她采用了案例当中提到的方式。

   美国常见的座位安排方式有以下几种：横竖排分组型、圆桌分组型、全班圆圈型、全班U字型。刘佳在此基础上加了一种“方桌改进版”。

横竖排分组型

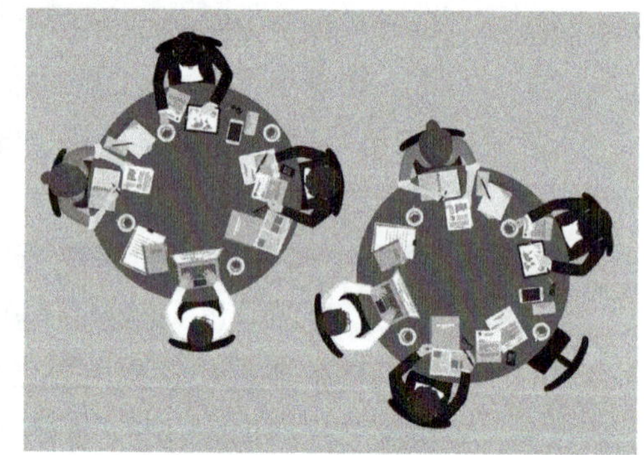

圆桌／分组型

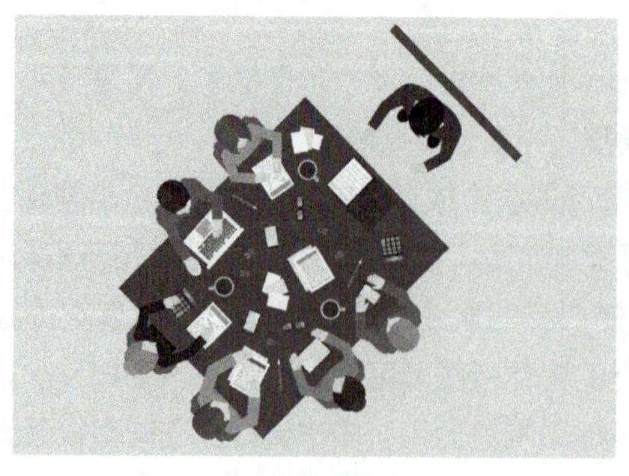

方桌改进版

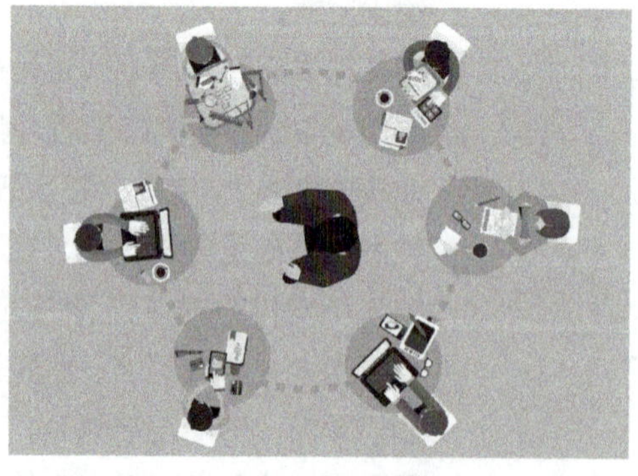

全班圆圈型

座位安排要考虑以下几点：（1）分组成员的选择。有些教师会把性格不同的学生安排在一起，有些会把学习程度高低不同的学生安排在一起。新手教师排座位时，应该尽量避免让学生自己挑座位和组员，尤其不要让“朋友”坐在一组；（2）教师在教室里的移动路线。教师在课堂上与学生的距离对课堂纪律有直接影响，做活动或课堂作业、测试时教师也要在教室里来回走动，因此排座位时要考虑教师的移动路线。（3）是否方便做小组活动。一般来说，圆桌分组型最方便小组活动；横竖排分组型不方便做小组活动。全班圆圈型和全班U字型可以保证纪律，分组活动时让学生离开座位即可，比较方便。（4）学生距离白板的位置。有些教师会在教室的三面墙上都挂上白板，这样不论哪个方向的学生都可以看到。定期轮换座位的方法也可以借鉴。刘佳采取的四至五人一组对面式是对圆桌式的改进，也是一种不错的方式。

全班U字型

2. 美国教师会在课堂上给予学生很多支持，示范通常是采取to-with-by（也叫“I do, we do, you do.”）的形式，教师先示范一遍，再带着学生做，确定学生完全明白要做什么之后，再让学生自己做。相比而言，美国教师的课堂指导语更加明确，课堂步骤更加明晰，学生可以随时向教师提问甚至质疑，而教师则会仔细、耐心地回答，因此学生更自信地完成学习任务。

霍尔提出，中国文化是一种高语境文化，更强调通过学习者自己去领悟。美国文化则是低语境文化的代表，其成员期望所得到的信息是详细、清楚而明确的。否则，人们会提出问题，直到完全弄清楚为止。（唐德根，2017）

这也解释了为什么美国的学校会给新手教师配mentor，因为美国人已经习惯了提供和接受详细的指导。

- **友情提示**

1. 先学纪律再上课。在课堂管理方面，教师80%的精力都花在20%的学生身上。因此，开学第一周，先要专门训练学生学会中文版的课堂规则，尽量减少20%带来的负面影响。后面可以根据实际情况增减，如果有学生一周没学会的，则需要反思是自己的规则太多了还是学生不配合，然后再对症下药。
2. 不想让学生捣乱，那就不要让学生闲着，让他们时刻要有事情做。美国学生很看重分数，通过奖励制度，不仅可以使不同程度的学生都有学习任务可完成，而且学生会不自觉地形成良好的学风，自然地减少课堂管理问题。同时，还可以设立不同的教室分区，如阅读角、游戏区、电脑区、单词区、奖励区等等。先做完课堂作业或活动的学生可以去看自己想看的书或者在电脑上玩中文游戏，写加分表上的汉字、对话或文章等。

   但是，同样的管理方式在不同的学校效果也不一定相同。新教师要记住：课堂管理能力与学历背景、以往的教学经历等都关系不大，新教师必须了解美国学生的特点，多向本校有经验的美国教师学习，结合自己的实际情况慢慢摸索出适合自己学生的管理模式。

   同时，教师在严格要求的前提下，应该设法让学生知道自己对他们的关爱之心，尽量多用爱心和正能量去感化他们。比如刘佳从国内给学生带来了很多奖品和教室装饰用品，跟学生熟悉以后，有学生问她花了多少钱，她没有直接回答，只是说在美国不方便买，后来还要家属买了带过来；平时刘佳也经常加班把学生的作品展示到礼堂和办公区域，还让他们体验包括中餐和春节等多种多样的文化活动，帮助想要提高的学生获得额外学分，给缺课的学生补课等，学生渐渐感受到了她的用心，捣乱的学生越来越少，帮她宣传中文课的学生越来越多。节日和任期结束后离开的时候，刘佳还收到了很多礼物以及家长的致谢邮件。

   此外，我们还可以从《正面管教》这本书中学到引导、教育、训练、定规矩等多种正面管教方法并直接运用于中文课堂上。
3. 以上说的是实践经验，下面结合理论来进行更深一层的阐述：

   克拉申认为，可理解的输入加上低屏蔽效应、低焦虑环境，就一定能习得第二语言。其中低屏蔽效应和低焦虑环境指的是习得者在情感上必须对输入采取开放和接受的态度（Krashen，1985）。情感因素包括学生的学习动机、态度和性格。因此，“在中文教学的过程中，教师还应该注意提高学生的学习动机，端正学生的学习态度，适度调整学生的焦虑性格，排除学生的抑制。”（刘珣，2000）

具体来说，我们可以采取以下措施促进课堂管理：

（1） 提高学生的学习动机：学习动机分为内部动机和外部动机。有内部动机的学生自己主动想要学习，不用教师或家长督促。而课堂管理主要是通过奖励、表扬、竞争等外部动机来巩固主动学习的内部动机。如刘佳采取的加分制度、奖品兑换制度和“每周／月／期／年之星”都是激发学生上进心的很有效的外部动机。有条件的话，还可以请孔子学院、孔子课堂的教师或者学习中文、使用中文的年轻人到课堂上跟学生分享经验，让学生明白学习中文对认知能力的好处，引发他们对中文学习的好奇心等。

（2） 端正学生的学习态度：态度是构成动机的主要因素之一，分为积极态度、一般态度和消极态度。教师的知识、经验和个人魅力会在很大程度上影响学生的中文学习态度。因此，我们在进行课堂管理时，一定要注意展现自己最好的一面，表现出对学生的关爱之心，精心安排教学活动，引导学生把学习态度调整到积极态度。

（3） 调整学生的焦虑性格：一般认为焦虑与学习态度和学习成绩呈负相关，过多焦虑会造成思想负担，增强抑制，阻碍中文学习，此时教师应鼓励学生做好准备，想出克服困难的办法，看到有利条件和已取得的成绩，增强学生自信心，缓解学生的焦虑。但是，一点焦虑也没有可能造成学生纪律涣散、没有学习动力和上进心，也不利于中文的学习，因此，教师应给学生适度的焦虑以促进其学习。

（4） 排除学生的抑制：从青少年时期（初高中阶段）开始，个体的自我意识进一步发展，害怕暴露太多而使自己的自尊心受到伤害，常采取抑制的方法保护自我。教师在进行课堂管理时，一定要注意方法，不要伤害到学生的自尊心，不可取笑或放任其他学生取笑同学在学习上犯的错误，致使其产生抑制。可以利用丰富的课堂活动、适当的奖励和竞争机制营造良好的班级学习氛围，带动有抑制性格的学生。

参考文献

【1】刘珣.对外汉语教育学引论[M].北京：北京语言大学出版社，2000.

【2】唐德根.跨文化交际学[M].长沙：中南大学出版社，2017.

【3】Krashen, S.D. The Input Hypothesis: Issues and Implications[M].London: Longman Group Limited, 1985.

附录

附录1 后果

1	Verbal warning	口头警告	1	Verbal warning	口头警告
2	Think chair	面壁思过	2	Think chair	面壁思过
3	Teacher-student talk	师生谈话	3	See counselor	见教务办
4	Parent contact	联系家长	4	See principal	见校长
5	ISR	留校察看	5	Remove from Chinese class	劝退

左边的后果表是开学时期制定的，右边的是在两个学生被劝退以后做出的简化，教师可以根据自己的实际情况进行选择。思过椅可以面壁，也可以面对班上的同学。刘佳采取的是让学生面壁的方式，所以叫做“面壁思过”。

附录2 Think chair上的话

面壁思过

Think about it.

You could make a different choice!

附录3 Classroom rules

虽然还是有10条，但这是刘佳跟学生一起讨论后制定的，而且每个学生签字之后都会放在自己的文件夹里，上课就可以翻到。课堂规则的人称从一开始的“you”改为了“I”，这是美国人常用的方式，强调“我要做什么”，而不是“你应该做什么”。虽然只是人称的转换，功效却大不相同。

Rules for Chinese Class

As a polite and engaged student, I respect the following guidelines:

1. During whole group discussions, there should only be one person speaking at a time.
2. If I want to talk with my shoulder partner, I will speak quietly enough that the teacher can't hear me.
3. I will not disturb other students in any way, including taking other students' belongings. I will also keep my cell phone away during class so no one will be disturbed by it.
4. I will always raise my hand to ask a question.

5. I will always wait my turn quietly when the teacher is helping other students.
6. I will always ask for permission to move about in the classroom.
7. I will write questions I have that are unrelated to the teaching of the day in the question book. and sign with my full English name and Chinese name. I am aware that these questions will not be answered until the end of the class.
8. I am aware that when I have completed an assignment, I should review material that I have previously learned.
9. At the end of class, I will clean up my table, push the chairs in, return the books I used, throw away any trash, and put my binder or folder neatly on the shelf.
10. I will keep all my bell work, notes, and artwork neatly in my binder.

I am aware that apart from the consequences, the result of violating any of the above will be that my name appears on the black list, and I will lose the chance to be "Star of the Week". If I violate these rules twice in a week I may get a referral.

Date: ______ Name: ______ Chinese Name: ____________

1. question book：问题本。学生经常会有各种各样的问题，可是有些问题跟教学无关或者会耽误教学进程，不适合在课堂上解释。但是如果不回答又会打击学生的积极性和对教师以及对中国的兴趣和好感。有了问题本，学生可以在上面写上想问的问题，课后教师再在本子上写上答案或者解释，学生则可以在课前或课后翻看解答。对于课堂管理而言，让学生把问题写到问题本上可以有效避免有些学生借问问题扰乱课堂秩序。
2. black list: 黑名单。有奖就有罚，对于积极学习的学生，可以使用“每日之星”“每周之星”和“每月之星”以及其他各类奖品进行激励，而对于不遵守纪律的学生，可以使用黑名单以示警告。如刘佳规定，一旦当天上了黑名单，就不能拿“每周之星”，进而就拿不到“每月之星”了。

附录4 奖惩制度

为方便学生随时查看，刘佳把这些表贴在了教室后面的奖品墙上。在美国，小贴纸即使是对部分高中生（有些高中生觉得小贴纸很幼稚）也一样有效。

小贴纸	50个	100个	150个	200个	500个
礼物（1个）	中国结	零钱袋	团扇	茶叶一盒	装裱好的国画
	普通筷子	精装筷子	舞蹈扇	生肖／风景绢扇	象棋／汉字多米诺／中国地图拼图
	书签一套	毽子	冰箱贴	剪纸套装	精美太极扇
	扑克牌一副	单幅剪纸	普通太极扇	木制玩具	太极服一套
学分	5分	10分	15分	20分	50分

▶奖品兑换规则

1. 小贴纸可以兑换奖品或者学分；
2. 学分也可以换奖品，如果要提高成绩，必须另外挣学分（刘老师平时规定，学生作业和笔记超过规定时间，晚交一天学分少10%，超过三天后不再收取，该项得分为零。可以通过收集100个汉字、自己写对话并说出来、写作文三种方式来挣学分，详见额外学分表）；
3. 学分不能换成小贴纸。

▶奖品设立规则

建议学期一开始就设立奖品墙，展示给学生看，引起他们的兴趣和竞争意识。了解到学生的喜好以后，可以把他们喜欢的奖品调高分值，不太喜欢的降低分值，并跟小贴纸结合，提高他们的课堂积极性。根据经验，中国结是美国学生十分感兴趣的奖品，精装筷子、锦缎零钱包、绢扇、太极扇、太极服、毽子、脸谱冰箱贴、木制玩具（也包括汉字多米诺）、教师的书画作品、象棋等学生也比较喜欢。

▶注意事项：

1. 奖品不易购买，教师最好从国内带。小贴纸在网上购买非常便宜，而且学生更喜欢中国的小贴纸。
2. 万圣节到圣诞节期间学生会吵着要糖果，教师如果奖励糖果，必须要求学生课后才能吃。

▶给学生的英语版本

Stickers	50	100	150	200	500
Gifts	Chinese knot	Coin purse	Round fan	Traditional tea	A Chinese painting by Ms. Liu
	Regular chopsticks	Fancy chopsticks	Dancing fan	Painted fan/ Zodiac fan	Chinese chess/ Dominos/ China map jigsaw puzzle
	Bookmark	Shuttlecock	Fridge magnet	Book of papercuts	Fancy *Taiji* fan
	Playing cards	Paper cut	Regular *Taiji* fan	Wooden toy	*Taiji* suit
credit	5	10	15	20	50

学生心动以后，还要告诉他们如何行动，让他们觉得只要努力，拿到500个小贴纸也不是遥不可及的，只要努力，很快就能拿到。刘佳的班上有刚学中文的学生在一个月内已经拿到了200个贴纸。高年级的学生通过写作文和对话已经拿走了部分20分的奖品。如果觉得他们拿的速度太快，可以加大游戏和考试难度，并引入惩罚措施。

▶如何获得小贴纸

项目	游戏	对话、读生词	写作业	考试	活动任务
奖	宾果：每次宾果且能说出来的人得1个贴纸，（九个词语的宾果可以要求学生双宾果才能拿到小贴纸）	流利做完，无错误的每人1个贴纸	每班最先无错误完成的得2个贴纸，前3名或前5名（视班级人数而定）得1个贴纸	每次笔试满分和听写全对得10个贴纸（只给得满分的学生）	小组类：最高得分组每人得3个贴纸，第2名得2个贴纸，第3名得1个贴纸
	苍蝇拍：领先组全组每人得1个贴纸（全班分成两组，可以多玩几次，只要人数相等，学生可以随意组合）	正确回答问题得1个贴纸，正确回答挑战性的问题得3个贴纸	学习新词语时，分享如何记住汉字，根据数量和有效程度得1—3个贴纸	“每周之星”得5个贴纸，“每月之星”得15个贴纸	个人类：如小书被评为优秀得2个贴纸
惩	读对话或者读生词时，两人一组进行，读不出来的拿出2个贴纸给搭档 （“惩罚”一项，要到大部分学生都拿到至少50个以上贴纸才能执行）				

▶给学生的英语版本

Ways to Earn Stickers

	Games	Classroom Oral Practice	Classwork	Quizzes Tests	Projects
You win stickers	Bingo: Whoever bingos and can say the words in both Chinese and English gets 1 sticker each time.	Fluent with no mistakes, 1 sticker each time (dialogues or reading).	The first student to complete work with no mistakes get 2 stickers, the first 3 or 5 students get 1 sticker.	Full score for quiz or dictation gets 10 stickers.	The group with highest score gets 3 for each person, second place gets 2, and third place gets 1 sticker.
	Fly Swatter: Each one in the winning group gets 1 sticker each time.	Answering a question correctly gets 1 sticker, answering a difficult question gets 3 stickers.	Share helpful ideas about how to remember Chinese characters gets 1–3 stickers.	Star of the week gets 5 stickers, star of the month gets 15 stickers.	Excellent individual projects gets 2 stickers.
You lose stickers	Win or Lose	Give 2 stickers to your partner if you fail to do the dialogue fluently, or if you fail to read words correctly after practice.			

【编者　骆美婵】

第三节 中小学课堂管理案例——积极课堂氛围的营造

背景

宽松，和谐，民主的课堂氛围可以使学生获得积极的情感体验，调动学生的学习积极性，使师生双方投入到教学和学习中，具体有以下一些方法可供参考。

教学案例

• 制定班级规章制度

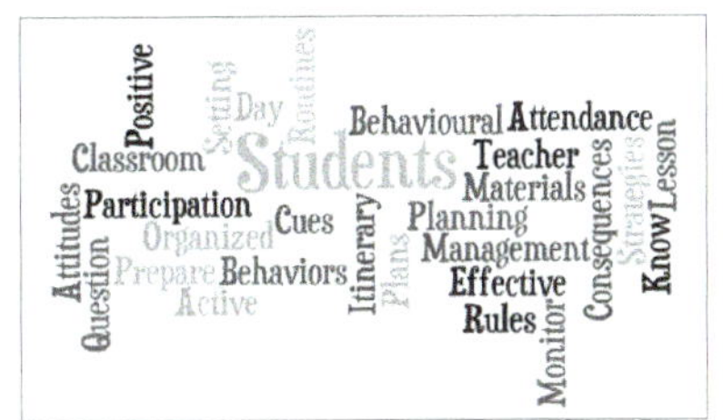

关键词：学生、积极、态度、课堂、行为、计划、教师、有效、规则、策略、管理等

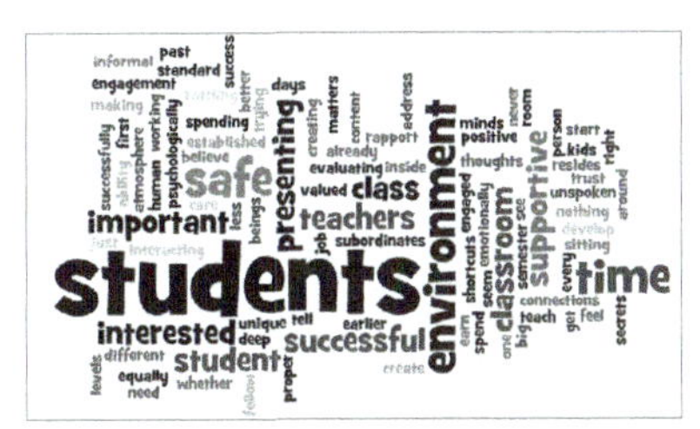

关键词：学生、成功、感兴趣、支持、环境、平等、信任、互动、安全、关怀等

从上面两幅图的关键词中可以看出，教师需要做充分的准备以及大量的工作，才能营造出一个以学生为中心的积极课堂。而班级的规章制度的制定应以学生为中心，强调他们能做什么。

• 中小学规章制度范例

▶范例一：小学

小学规章制度（示例1）（英语版）

在非沉浸的学校，如果学生中文水平有限，可以用简单易懂的英语做成海报挂在教室显眼的位置。而对于中文水平较高的学生，规章制度就可以用中文来展示。

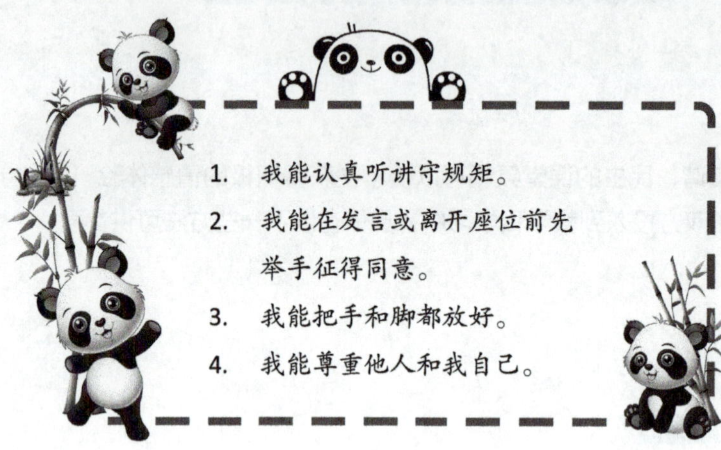

小学规章制度（示例1）（中文版）

▶范例二：小学

眼睛眼睛看

耳朵耳朵听

嘴巴嘴巴闭

手和脚都放好

小学规章制度（示例2）

在讲授这些规则的时候，教师可以用TPR的形式边教边展示，如下图：

yǎnjing
眼睛

kàn
看

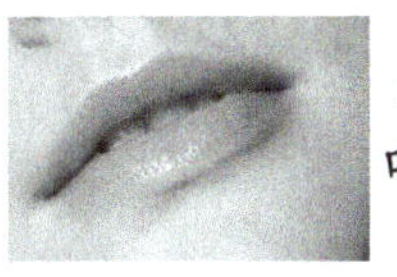

zuǐba
嘴巴

bì
闭

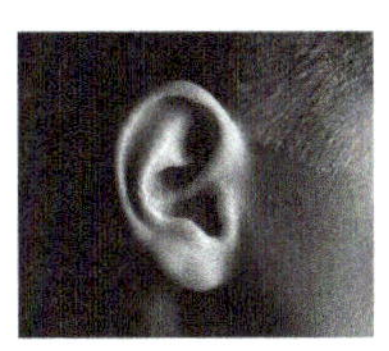

ěrduo
耳朵

tīng
听

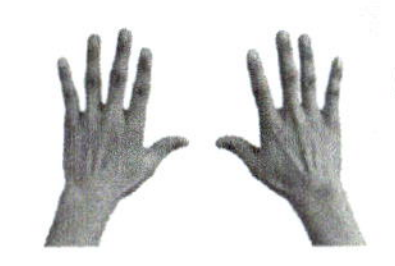

shǒu
手

jiǎo
脚

fàng hǎo
放 好

小学规章制度（示例3）

教学步骤如下：

1. 教师边说边做。教师把海报挂在墙上，一边指着每一条规则，一边说，一边演示，让学生通过教师的演示先对规章制度有一个初步的了解。
2. 教师做，学生跟着做。教师一张一张地展示图片，指着自己的身体部位，一边说，一边做动作，并让学生跟着做。
3. 教师带领学生做Simon Says的游戏。教师边说边做。
4. 教师继续带领学生做Simon Says的游戏，教师只说不做。
5. 请表现好的学生上台带领全班做Simon Says的游戏。

▶范例三：中学

Class Expectations	课堂期望
I CAN	我能
Listen To Instructions 	认真听讲守规矩 
Enter & Exit Prepared 	课前课后做好准备 
Always Try My BEST  	总是尽力做到最好  
Respect Myself & Others  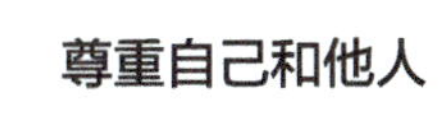	尊重自己和他人 
No Excuses 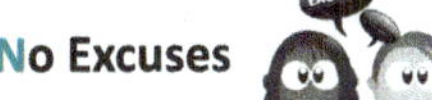 	没有借口  

中学规章制度（示例1）

建议将中、英文版规则都挂在教室，英语版可以让学生更容易理解。当学生的表现没有达到期望的目标时，教师可以指着墙上的中文来重温规则，既可以让学生清楚教师要强调的规则，又可以让学生多看和多听中文。

课堂规则需要反复操练和强调，教师应及时表扬表现好的学生，用好的表现去影响不良表现。若有学生违反规则，教师应及时指正，并坚持执行规则无松懈。

- **井然有序、舒适的环境**

▶**范例一：小学教室布置颜色鲜明，活泼、明亮**

教学内容展示区

教学内容展示区

学生小组活动，书写及手工制作区

学生上课活动区

阅读区

课堂规则展示区

学生档案文件夹存放区

学生冥想静思区

奖品展示区

学生作品展示区

如果班里有非常情绪化的学生，可以在教室里放一把舒适的椅子，布置一个可以让学生能舒适的坐上去冥想静思的地方。学生可以在这个地方坐5分钟后再回到课堂参与课堂活动。这个方法对一些特殊学生非常奏效。

▶范例二：中学无课桌教室

课桌靠墙摆开，教室里只留下椅子，可以根据课堂活动的设计随意摆放：摆成如图所示的圆形，或两人、四人、六人等小组合作形。学生可以坐在椅子上用小白板书做练习，教师可以巡视检查学生是否理解了教学内容，更可以灵活走动开展各种语言活动。学生亦可以把椅子搬到桌子旁做练习、考试、手工等。非常适合语言教学。

▶范例三：考虑周到的布置

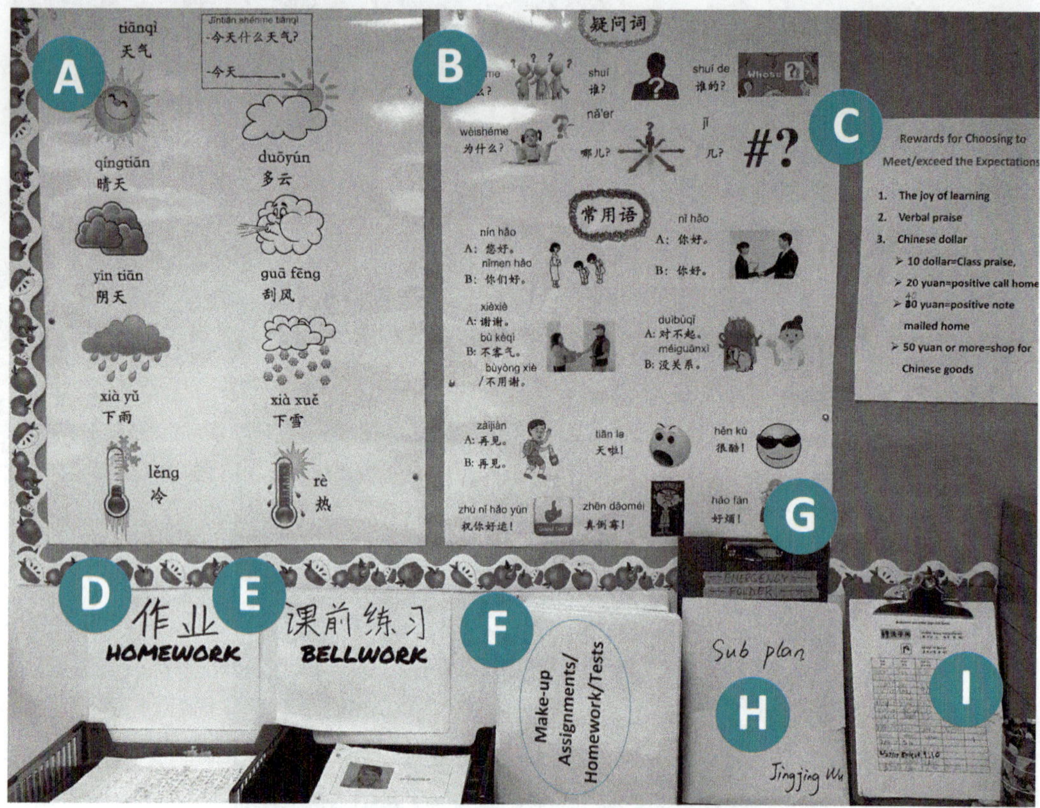

1. 图A、B：天气、疑问词、常用语海报。每天上课都会用天气和疑问词来提问。
2. 图C：奖励措施小海报。显眼的奖励措施可以时刻提醒学生做到最好从而获得奖励。
3. 图D、E：作业、课前练习文件夹。这是学生进教室后马上提交作业和拿课前练习的地方。
4. 图F：补考试卷和补交作业文件夹。这可以提醒教师有哪些学生需要补课或补考。如果当天有学生没有来上课，教师可以在给学生准备资料或考卷时，在上面写上未到学生的姓名及日期，学生回来后，可以直接在这个文件夹拿走属于他们的练习题，做完补交给教师，若有遗漏的考试也可以和教师约定时间进行补考。
5. 图G、H：代课教师和紧急情况文件夹。如果来不及临时做代课教案，这个代课教师文件夹的教案就可以救急。代课教师文件夹里有学生的名单、详细的教案和座次表。紧急情况文件夹（应含有学生的名单，紧急出口地图等），用于火灾演习或紧急离校。
6. 图I：出教室喝水、上洗手间记录夹。为了学生的安全，学生出教室都需有记录。如果发生什么特殊情况，教师自己有档案记录为证。

• 建立课堂常规程序

▶范例一：小学

1. 教师可以在学生进门的时候播放音乐，学生一边跟着音乐唱歌，一边排队坐到指定的位置。教师也在门口一边对学生唱歌，一边和学生挥手或握手迎接学生。
2. 学生入座后可以挑一个简单的中文歌热身，或者以投球的方式向学生提问复习学过的语言点。
3. 开始新课。
4. 课桌椅到地毯换坐时可以放短小的音乐铃声帮助学生安静、快速入座。
5. 离开时，学生可以一边一起唱再见歌，一边在门口排队。

▶范例二：中学

<table>
<tr><td colspan="2">2017年9月1日星期五　晴天 　夏天 </td></tr>
<tr><td>Objective:
1. I know some things about Ms. Wu.
2. I understand how to participate in the "Secret Students" and "Match up" activities.
3. I can tell someone my name in Chinese.</td><td>Bellwork:
Fill in the blanks on the syllabus.</td></tr>
<tr><td>Agenda:
1. Syllabus
2. Get to know Wu Laoshi
3. Chinese names
4. Class rules
5. Secret student</td><td>Homework:
1. Read and sign the syllabus along with your parent/guardian.
2. Fill out the online information survey—All About Me.</td></tr>
</table>

1. 在学生进教室前，在白板上展示这节课的教学目标、课前练习、上课内容和课后作业。
2. 学生进教室放好书包后，就直接去课前练习文件夹（bellwork folder）中取这一节课的练习纸。Bellwork的练习题一般不超过3分钟，可以帮助学生进教室后迅速静下心来进入学习状态，也可以给教师足够的时间和学生打招呼，并做好课前准备工作。
3. 三分钟后让学生把Bellwork收起来，用中文把白板上的英语Objective，Bellwork，Agenda和Homework和学生讲一遍。并让学生把作业记录在他们的笔记本或日程记录本上。
4. 开始上课。

5. 下课前两分钟让学生收拾好所有的文具，完成还未完成的bellwork，或者给学生一个简单的exit card，让学生填完，出教室的时候交给教师。

- **巧用下课前2分钟**

为了避免下课铃响后手忙脚乱，教师可以用这个下课前2分钟清单提醒学生做好整理工作，给教师足够的时间为下一堂课做好准备。

2 Minutes Until Dismissal Checklist

- ☐ My agenda is filled out correctly.
- ☐ My work is turned in or put away in my binder.
- ☐ All the items that the teacher lent to me are put away in the appointed places.
- ☐ The area around my desk is clean and tidy.
- ☐ I have gathered all the items I brought to class.
- ☐ I have thanked the teacher and a classmate for something they helped me with today.

下课前检查清单

下课前2分钟还可以让学生自我评价这节课的表现。下面两张表是学生自我评价表，可以作为学生的exit card。如果学生的自我评价和教师记录的有出入，教师可以第二天找他谈话，及时纠正学生没有做好的地方。这个自我评价表给了学生自我反思、自我衡量的机会。

▶范例一：小学生自我评价表

自我评价 My Self Evaluation

名字:　　　　　　　　　　　　　　　日期:

This is how I think I am doing.				
1. 我能认真听讲、守规矩	(waving smiley)	☺	😐	☹

续表

This is how I think I am doing.				
2. 我能先举手，后发言或离开座位		☺	😐	☹
3. 我能把手和脚放好		☺	😐	☹
4. 我能尊重我的老师和同学		☺	😐	☹
5. 我没有借口		☺	😐	☹

▶范例二：中学生自我评价表

自我评价 My Self Evaluation

名字：　　　　　　　　　　　　日期：

This is how I think I am doing.				
1. 我能认真听讲、守规矩		☺	😐	☹
2. 我能做好课前课后的准备		☺	😐	☹
3. 我能尽力做到最好		☺	😐	☹
4. 我能尊重自己和他人		☺	😐	☹

• 交给学生自我管理的主动权

学生参与班级管理，拥有一定自主权，不仅可以让学生自己做主、协助教师管理班级，也给了学生锻炼领导才能、学会认真负责的机会。

▶范例：学生参与管理工作申请表

Classroom Job Application

You may apply for up to two jobs, although you may only receive one job offer each term. You are not guaranteed to receive the job you apply for. Please be sure that you fully understand the responsibilities of the job you are applying for and that you are ready to speak about why you are the best candidate for that job if you receive an interview. Only fully complete, neat, and accurate job applications that are handed in on time will be considered. Good luck.

Name:________________________ **Date:**________________________

Please place number 1, 2, 3, 4, 5 next to the classroom job you wish to apply for. 1 stands for your first choice, 2 stands for your second choice, etc. Be sure to read each job's responsibility before applying. Each job will last for a month period at which time new employees will be hired.

______ **Classroom Manager (￥10/month)** ______ **Behavior Manager(￥10/month)**

______ **Materials Manager (￥10/month)** ______ **Homework Manager (￥10/month)**

Why would you like to have this job—Choice 1? (Please write in complete sentences)

____

____

What have you done in the past that will help you do this job well? (Please write in complete sentences)

____

____

What strengths do you possess to help you do this job well? (Please write in complete sentences)

____

____

Please copy the following statement on the lines below:

I promise that if given ANY classroom job, I will perform it to the best of my abilities.

____

____

By signing below, the parent and the student agree to the above statements.

____

Student Signature

申请成功的学生如果工作认真、负责、出色，教师可以奖励10元的假纸币，可用于学期末举办中国市场时买礼物。

- **“停止—思考—选择”三步法**

当学生出现行为问题时，教师可以先给学生一个眼神或手势进行提醒，如果这个学生还不改正行为，教师就需要采取行动让这个学生停止正在做的不当行为，反思自己的行为，并做下一步的行为选择。

低年级的学生可以到“思过椅”上静思3分钟再回到课堂。但如果是高年级的学生，这样做会伤害学生的自尊心，让他们在同学面前失去面子，适得其反。

比较好的方法是给学生自我反省表，让他／她停下正在做的事情，根据表格上的内容来反省自己的行为。学生填完表格后，可以把表格交到教师规定的地方，再参与到课堂活动中。课后教师一定要就填好的表格与学生进行谈话，确定学生认识到自己的错误，并愿意改正。

▶范例一：小学生自我反省表

小学生年龄小，无法做深层次的思考，所以反思表中应提供合适的图片和选项，下面的反思表形象直观，简单易懂，非常符合学生的年龄特征。

行为反思表（Behavior Think Sheet）

名字：________________ 日期：________________

你感觉怎么样？How are you feeling?

害怕	生气	难过	担心	______
hàipà	shēngqì	nánguò	dānxīn	______
scared	angry	sad	worried	______

发生了什么？What happened?

______Not on task	______Not following directions
______Using unkind words	______Being disrespectful
______Talking without permission	______Pushing or hitting

你下次会如何不一样？What will you do differently next time?

____

____

____

____

____

____

你准备好回课堂了吗？Are you ready to return?

平静

píngjìng

calm

注意力集中

zhùyìlì jízhōng

focused

▶范例二：中学生自我反省表

中学生需要更深层次的思考题来帮助他们反思自己的行为，并做出下一步选择。

行为反思表（Behavior Think Sheet）

名字：______________ 日期：______________

I have made choices that have caused myself to need to stop and "Think about it."

我做了一个让我需要停下来"反思"的选择。

1. What was my behavior? 我之前有什么行为？

____

____

____

2. What were the reasons for my behavior? 我为什么会有这个行为？

____

____

____

3. How did my behavior affect others and myself? 我的行为对他人和自己有什么影响？

____

____

____

4. What is my plan to improve my behavior? 改变这个行为的计划是什么？

____

____

____

5. Do I need to apologize to anyone? If so, to whom and why? 我需要向谁道歉吗？如果需要，应该向谁道歉？为什么？

____

____

____

学生：________ 老师：________ 家长：________

This is a warning. You can make better choices.
这是一个警告。下次你可以做出更好的选择。

中学生理解能力较好，教师课后需要找学生针对其填写的内容进行谈话，要确定学生从认识到自己行为的不当，并愿意悔改。每次学生填完反思表格后，教师需要向家长汇报当天的情况及学生所填表格的内容，让家长知晓事情的来龙去脉，以免事情严重后，家长不知情给自己带来麻烦。如果学生填表超过三次，教师一定要找家长进行座谈，和家长共同商讨帮助这个学生的措施。

- **用心感受——冥想**

“专注内心，用心感受，静下心来进行冥想”是目前美国对学生情绪管理最流行的一种策略。当学生有情绪上有波动的时候，教师可以把装有冷静卡相关物品的小篮子或小盒子交给学生，让学生对照冷静卡上每一页纸上的方法慢慢减压，用心感受，静心冥想。等学生恢复平静后再回到课堂参与课堂活动。

▶范例一：小学生冷静卡

Calming Cards (Mindfulness)

冷静卡（lěngjìng kǎ）

I can squeeze a stress ball.

我可以捏一捏压力球。

I can take 5 deep breaths to calm myself down.
我可以深呼吸5次。

I can do Yoga.
我可以做瑜伽。

I can imagine a peaceful place.
我可以想象一个平静的地方。

I can draw a picture.
我可以画一幅画。

I can write about my feelings.
我可以写一写我的感受。

I can give Kungfu Panda a hug.
我可以给功夫熊猫一个拥抱。

I can write to Po.
我可以给Po写信。

I can think happy thoughts.
我可以想开心的事。

教师可以把这一套冷静卡打印出来并塑封后放入一个盒子里，并在盒子里放入压力球、铅笔、彩笔、白纸、涂色的画。

▶范例二：中学生冷静大转盘

教师把下图中的转盘和一张白纸交给学生，让情绪有波动的学生转转盘，并根据转盘上的提示来思考他们的选择。学生可以用铅笔在转盘的中心转动，笔尖指向哪一个解决方法，学生就用这个方法去调节自己的情绪，并在白纸上写下自己的心情和选择。这个转盘的作用主要是给学生一点提示和指导，让学生一边玩“转铅笔”的游戏放松心情，一边通过转盘的提示来寻找解决问题的方法。

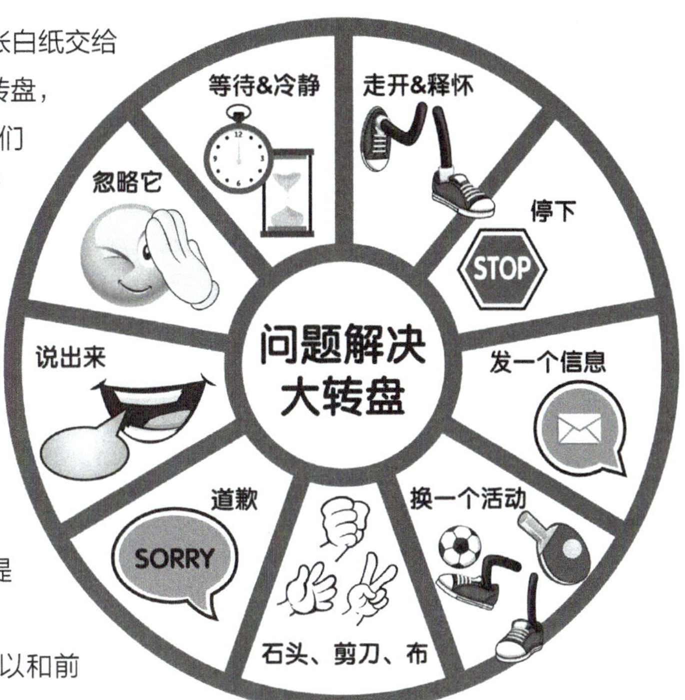

冷静卡和冷静大转盘也可以和前面的反思卡结合使用。

• 精神和物质奖励带来双赢的效果

▶精神奖励范例一：报喜卡片

当学生在课堂上累计获得20元人民币（教师自制版）时，学生可以向教师申请在指定时间给家里打报喜电话或邮寄报喜卡片。

Positive Call/Note Request Slip

Your name: ______

Your parent/guardian's name(s): ______ ______

Best number to reach your parent/guardian: ______

Email(s): ______ Mailing address: ______________________________

If there is no answer at the number above, another number: ______

Is there any other information that Wu Laoshi should know before she calls?

____

____

▶**精神奖励范例二：奖状**

教师也可以定期给表现好的学生颁发奖状，并在奖状上写上获奖的具体原因。可以是“每周之星”“每月之星”或每学期进行有针对性的奖励。

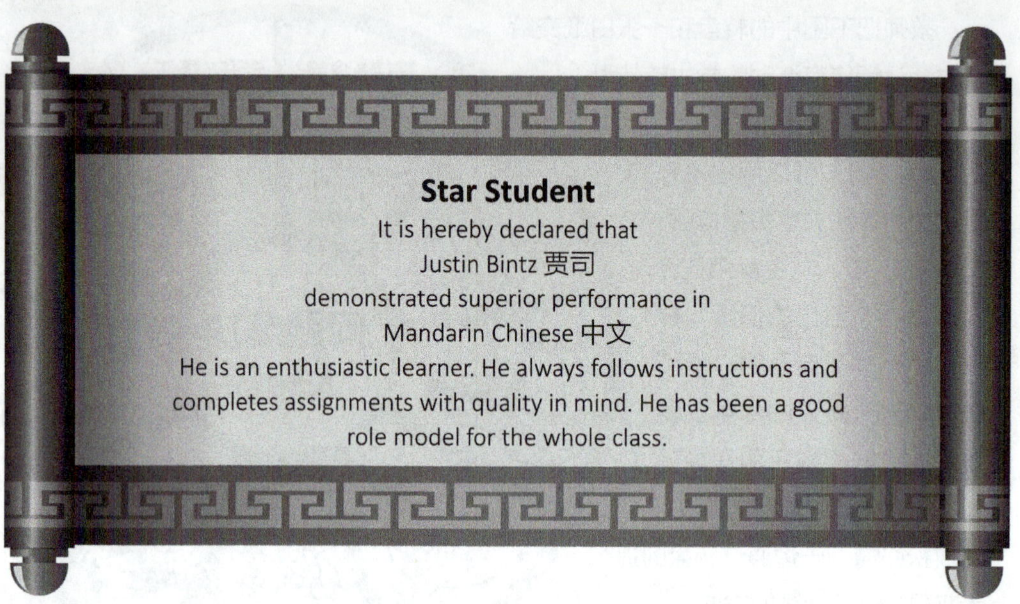

Star Student

It is hereby declared that

Justin Bintz 贾司

demonstrated superior performance in

Mandarin Chinese 中文

He is an enthusiastic learner. He always follows instructions and completes assignments with quality in mind. He has been a good role model for the whole class.

▶**精神奖励范例三：虚拟奖品**

在前面提到的中国市场（Chinese market）购物中，制作一些虚拟奖品（如图所示），并根据奖品的重要性来标价，如：和朋友合作—5元，教师的椅子—5元，第二次机会—10元，免考证—15元等。

Work With a Friend
和朋友合作
I can choose a partner to work with today.

Work With Friend

Teacher Chair
老师的椅子
I can sit in the teacher's chair for class today.

2nd Chance Card
第二次机会
I can have a second chance to redo one of my tests or assignments.

Five Minute Break
五分钟休息
I can have a 5 minute break to rest in class.

Free Homework
免作业
I can choose not to do homework today and still get full credit.

Extra Credits
附加分
I can request that up to 5 extra credit points are added to my test scores.

Free Quiz
免考证
I can get 100% credit no matter how well I do on this quiz.

Ask a Question
问一个问题
I can ask the teacher one "yes or no" question during the next assessment.

▶**精神奖励范例四：提名榜**

教师可以每周一让学生抽签，并对抽到的名单保密。这一周仔细观察被抽到的学生，记录他／她的闪光点，并在卡片上写下其他学生对这个学生的正面评价，周五上课前贴到提名榜上。提名榜能大大增加学生的自信心，并有利于增进学生之间的感情。

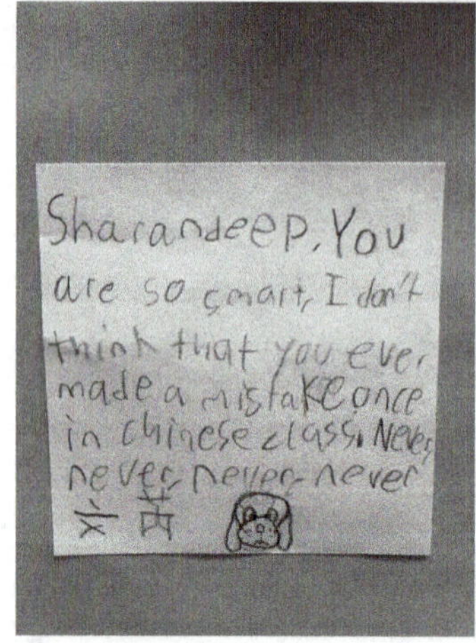

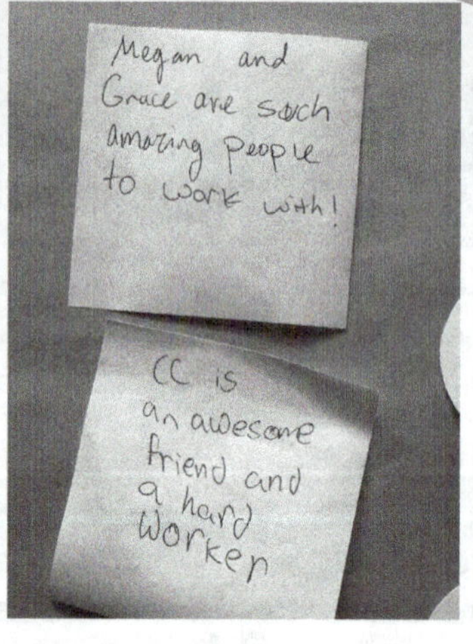

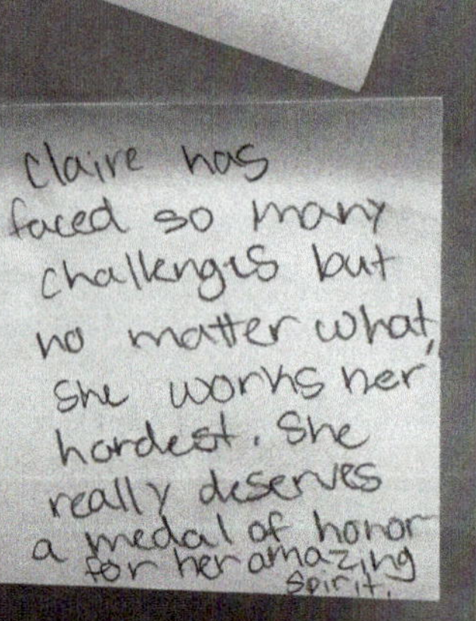

▶**物质奖励范例：中国市场**

学生在课堂上可以通过自己良好的行为表现和认真负责的态度获得奖金。如：认真完成作业得1元（假纸币），积极举手回答问题超过三次得1元，帮助他人得1元等。每学期末教师可以把一些有中国特色的小商品摆放在桌子上并标上价格，让学生用中文来购买。对于年龄稍大的中学生，教师也可以让学生当服务员帮助售卖商品。也可以让学生拿他们的闲置玩具或文具到“中国市场”卖，既可以让学生练习购物的中文，也可以让学生在购物过程中获得满足感。

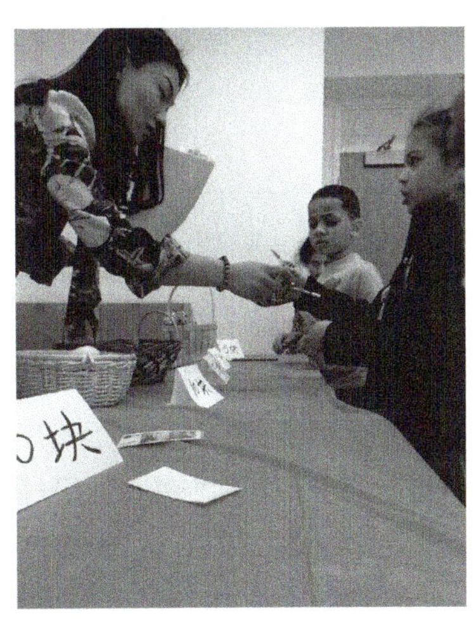

“中国市场”活动现场

“中国市场”活动现场

教师在给学生物质奖励时要注意以下几点：

1. 对于年龄太小的学生，一定要告知学生，所有奖品不可以入口，也不可食用。
2. 学生不可以在课堂上玩奖品。
3. 最好不要奖励糖果或其他食品，防止学生过敏或违反学校的规定。
4. 可以提前写信告知家长所发奖品。

总之，由于经费有限，教师们可以多用精神奖励，一句简单的表扬话语也可以让学生饱受鼓舞。

▶英语表扬话语范例

1. I like the way you handled that.
2. I'm glad you enjoy learning.
3. I'm glad you are pleased with this.
4. It looks as if you enjoyed doing this.
5. Wow! Your effort really shows here.
6. I have confidence in you.
7. Thanks, you helped a lot.
8. It was thoughtful of you to...
9. Thanks, you just made my job a lot easier.
10. Keep up the good work.

结语

以上范例都是一线教师在课堂中实践后觉得非常有效并仍在使用的方法。但是，教学有法，教无定法，贵在得法。课堂氛围不是一成不变的，好的课堂管理方法也不是单一、固定的。业已形成的课堂氛围也会出现一些突发状况，所以教师应随机应变，机智地变消极因素为积极因素，灵活运用文中提到的各种方法，用心营造和维持积极的课堂氛围。

【编者　吴静静】

英语小智囊

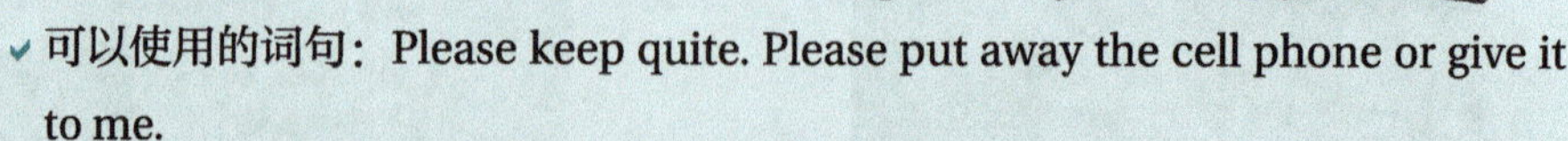

语言误区

× 避免使用的词句：Don't talk! Don't use cell phone!

✓ 可以使用的词句：Please keep quite. Please put away the cell phone or give it to me.

小提示：不要直接斥责学生“不能这样”“不能那样”，强硬的语气容易引起学生的抵触情绪，引发冲突。更好的办法是进行正面引导，心平气和地告诉学生“应该怎样做”，让学生配合。教师还应树立一个正面的榜样，让学生向其学习，达到正面强化（positive reinforcement）的目的。总之，教师要用客观的、心平气和的语气而不是责备的语气跟学生交流。另外，沉浸式中文教学的教师要用100%中文进行教学和课堂管理，非沉浸式中文教学的教师在进行课堂管理和处理突发事件时可以用少量的英语。

实境范例

1. 如何维持课堂秩序？

例句：

（1）Please keep the volume at a level that works for everyone.

（2）（眼神制止无效，站到学生旁边，如果学生无视老师的暗示，轻声）Amanda, this is your first warning!

（3）（警告三次无效后）Amanda, you now have a lunch detention, but if you are responsible for the rest of class, I will remove your name from the list.

2. 避免跟学生公开冲突，尽量私下和学生个别沟通问题，使其清楚教师的期待。

例句：

（1）Please think about whether what you're going to say will support everyone else's learning. If it won't, it's best to save it until after class.

（2）I would like you to meet me halfway/take responsibility for your learning.

（3）You were not the only student, you were just the student who I happened to see.

情景范例：学生受到处罚后电话或邮件通知家长

Hello Mr./Ms. Smith. This is Ting Li, the Chinese teacher from AMS. Do you have a minute to talk about Jack's performance in class?

Jack started out the school year well. However, in recent weeks he has started to... I am beginning to get concerned that he may not pass the class. Do you have time to talk to him about how things are going? I am hoping that if we work together, we can help him turn things around and end the semester strong.

拓展练习 · 参考答案

第一章 开学篇

第一节 初次见面寒暄

1. （1）原因：一是大部分美国人家庭观念很重，一般在结婚后会以家庭为中心来协调事业和安排其他。二是美国也有因为出差工作等不能与家人时刻在一起的情况，可能这些来聊天的教师并没有类似的经历，无法激发同理心。

   （2）回答："想念家人是肯定的。但是我在出发前好几个月，就做好了宝宝的思想工作，首先是告诉宝宝妈妈要离开一段时间，等妈妈在那边熟悉了之后，宝宝和爸爸就可以来看我；然后在出发前两个星期，每天同他一起倒数。宝宝接受了这个事实之后，送我去机场时都没有哭闹。到了美国，开学阶段的事情很多，孩子不在身边、没有干扰，所以生活、工作的环境都已经基本熟悉了，工作也已经在按部就班地顺利进行。每天上班的时候专心工作，上班之前和下班以后我都会跟家人视频通话，减少孩子的分离焦虑。与此同时，学区已经给我的家属开具了邀请函，家人也已经买好了感恩节过来的机票，他们会待上几个月，一边和我团圆，一边感受和体验美国的生活。"

   因为把前面的计划和具体的到达日期都说清楚了，同事们都觉得王丽既有爱心，办事又有条理，纷纷表示欢迎宝贝早日来学校玩，后来同事们见到她，就帮她倒数见到孩子的日子。

2. 王丽采取的方式是兼听则明，不对前任教师进行直接评价。

   她一方面记住了这两个学生对前任教师截然不同的看法，另一方面在事后从前任教师那里对不同学生有了大体印象。

   在现场，对第一个、不喜欢前任教师的学生，她说："我自己不会打乒乓球，但是这个学期我们会有很多其他的文化活动，你可以先看看教室里我已经做好的布置，提前了解一下。另外，这个学期关于语言教学我已经有了详细的计划，周一上课会跟大家说的。我希望你今年玩和学都开心。"

   对第二个学生，她说："谢谢你提供的反馈，相信你是一个很喜欢中文、学习也很认真的学生。以后我会注意对他的观察，帮助他提高的。"

开学第一天，王丽就做了一个KWL表（知想学表），对学生已经知道的知识、想要学习的知识和已经学会的知识进行了调查并做了一个汇总。

第二节 第一次全体员工会议

1. 以《Jackson County Middle School Handbook 2012—2013》为例，学校把学生的违纪分为四个级别：1级（Level 1）——说话、扰乱课堂；2级（Level 2）——多次说话、扰乱课堂、口头顶撞或者有比较过激的行为；3级（Level 3）——多次出现Level 2的违纪行为、打架、霸凌、人身伤害等；4级（Level 4）——武器、毒品、攻击等极端破坏行为。学校建议1级和2级由教师、学校辅导员和纪律专员来处理；3级、4级要通知家长，请社会、政府、甚至法律部门介入处理。所以情况（1）上课不认真听讲、跟同学交头接耳，首次发生时教师应该给予口头警告；多次发生则应该请辅导员、纪律专员协助处理，或者通知家长，开家长会解决。情况（2）属于2级违纪，不要与学生争吵，更不要发生肢体对抗，可以给学生lunch detention（午餐禁闭）或直接打电话请辅导员、纪律专员到教室里来解决。情况（3）属于严重违纪，任何伤害他人的行为在美国校园都是“零容忍”（zero tolerance），应该直接打电话让学校相关部门把学生带到校内禁闭，写referral（记过处分）并书面记录事情经过汇报给学校，等待学校处理。

2.

CERTIFICATE OF ABSENCE

Instructions: Complete and sign form and give to your supervisor for approval.

EMPLOYEE

Employee Name (Print)____（员工姓名，请用印刷体填写）____

This is to certify that it was (will be) necessary for me to be absent from my Cost Center on the following date(s). I have specified the number of hours I was (will be) absent for each date.

（填写请假事由和需请假的小时数或天数）____

____

Reason for absence (check one): （选择请假事由）

___Sick Leave (SK) ___Personal Leave Charged to Sick (PS)

___FMLA (Family Medical Leave Act) (FM) ___Union Duty (attach letter) (UD)

___Vacation Leave (VC) ___Non Duty Day with Pay (ND)

___Temporary Duty Elsewhere (TP) (SCTI/11-Month Instructional Only)

___Accrued Comp Leave (AC)　　___Non Duty Day without Pay (NP)

___Jury Duty (attach copy of notice) (JD)　　(Calendar C-11 Month Administrators Only)

（所属学校） #A0 （员工编号） or ____-____-____（社保号）

Cost Center　　Employee ID Number　　Social Security Number

（提交日期）　　（员工签字）

Date Submitted　　Employee Signature

SUPERVISOR

___Admin. Comp. Time (attach approval) (CT)　　___Line of Duty (Worker's Comp) (WC)

___Temporary Duty Elsewhere (TP)　　___Suspended Without Pay (SW)

___Military Duty (attach copy of orders) (MD)　　___Unauthorized Absence (UA)

（审批领导签字）　　（审批日期）

Supervisor's Approval of Absence(s)　　Date

第三节 开学前教学事务询问

02 开学前教学工作询问

1. 学校都有自己的管理规定，每所学校的管理方式、上下班、上下课、校车时间均不同。遵守学校规定是每位教师的工作准则。工作期间任课教师不能擅自离开工作岗位。早上7：40到校开始工作，下午3：15以后离开学校，这是正常的工作时段。此期间不应该迟到、早退、缺席。迟到、早退、缺席都是失职行为。堵车、天气恶劣也都不是迟到的理由。

   正确的做法是：李婷老师应该考虑到堵车、下雨等情况，根据学校要求提前出门、准时到校。学校每位教职员工都必须遵守学校规定，如果确实有突发事件和不可控因素导致迟到或者缺席，要尽快向学校相关部门报告，以便学校及时应对。

2. 中国教师之间通过电话、短信、QQ、微信联系，美国中小学教师之间大多通过电子邮件联系，很多问题也是通过电子邮件沟通、解决。所以每天查看电子邮件是非常必要的，写电子邮件和其他教师联系、沟通、询问问题解决办法是必须的。

   初到美国，面对大量的英语邮件和英语的管理工作，难免会遇到障碍和问题。借助手机app、翻译软件等工具就能顺利解决遇到的英语阅读障碍。坚持看电子邮件，也能提高自己的英语能力。

新教师在开学第一周，要先写一封电子邮件向校长问好，同时简单介绍一下自己。经校长同意后，可以给全校教师发一封电子邮件问好，让学校教师了解新教师、新教师开设的课程、新教师的教室，让大家知道你是谁、你叫什么、有什么爱好，这能帮助你认识更多的教师，为将来进一步与教师们交流奠定基础。

一定要养成每天查邮件的习惯，万一漏掉了重要信息，要尽快补救。正确的做法是：当李婷老师看到自己错过了规定时间，应马上给校长回信道歉，说明晚交课时计划的原因，并告知校长自己会尽快补交，保证不会再有类似的事情发生。任何情况下教师都要和校长、同事保持积极、良好的沟通。万一有疏漏，尤其是开学初，只要态度诚恳，尽早“亡羊补牢”，就为时不晚，校长会理解新教师开学初的忙乱，但千万不要一错再错、不予理睬，造成难以挽回的后果。

切记，犯错不可怕，只要积极沟通，真诚、勇敢地去认识、改正错误，而不是一味地找借口，校领导都是可以接受的；拖延、逃避都不是办法，只有沟通才是解决问题的关键。

3. 李婷老师的问题主要是代课教案准备不充分，不能单纯把看电影作为代课教案。如果中文电影的难度和学生水平不相符，或者比较枯燥，学生很快就会失去兴趣，可能会扰乱课堂。如果代课教师能力不足，容易出现课堂混乱的情况。

代课教案的准备非常重要。恰当的做法是：针对教学对象和教学内容，准备不同级别的代课教案。新教师可以向mentor询问如何准备教案，也可以借西班牙语或者其他语言的代课教案作为参考。准备教案要以教学内容为依据，为中文一和中文二的学生准备符合教学难度的汉字、拼音、语法或写作练习。同时还要考虑做练习的时间，如果学生在短时间内完成了教师布置的作业，可以让学生阅读难度适中的中文课外读物，并做课堂笔记。

第二章 教学篇

第一节 上好开学第一课

01 开学第一课（小学）

1. 幼儿园的学生年龄小，有好动、注意力集中时间较短的特点，教师在做设计的时候一定要遵循简单、有趣的原则。而面对相对高年级，如五年级的学生时，教师在介绍自己时可以把数字变成数学题（比如年龄28，可以改成15+13；再比如家庭成员数字6，可以改成18÷3），这样既增加了知识性，又增加了趣味性。
2. 一位优秀的教师一定是一位善于反思的教师。如果教师发现在教学过程中学生有多处不太理解的地方，那就要及时调整教学设计和方法，以便在之后的教学过程中再次巩固，直到学生理解、掌握。

02 开学第一课（初中）

1. 在给小学生介绍自己和制定课堂规则的时候要结合小学生的特点。小学生活泼好动，注意力集中时间短，更喜欢能够肢体互动的活动。所以在介绍的时候可以穿插一些小互动，比如体验踢毽子，答对问题奖励抱一下毛绒熊猫，和他们击掌，送小贴纸等。小学还需要注意说明和训练各种日常规则，比如怎么排队、举手说话、放午餐和作业等的地方和程序、去厕所的程序、每天上课的流程等。
2. 应结合高中学生的特点进行自我介绍。高中学生相对成熟、思想独立，在介绍的时候要注意增加一些让他们产生共鸣的内容，比如自己高中时候的生活、对未来的计划、中国高中生的学习、生活情况介绍等。制定规则方面，需要和学生共同商讨出最合适的规则，如果是制定学分、成绩等和学生未来报考大学相关的规则，教师则一定要做好充分的准备。

第二节 课堂教学设计与实例

01 中文沉浸式教学设计与实例（中文课）

1. 这样的做法效果可能不会很好。因为学生在接受了新知识之后，需要有一定时间来练习、消化和吸收，然后慢慢将学到的知识内化，再慢慢地外化、输出。所以，教师讲解完一个生词之后，只完成了“I do”这个环节，接下来还要完成“we do”“you all do”，最后才是“you do”。
2. 这样的做法效果可能不会很好。家庭作业不是教学的主要方式，而是让学生在家进行巩固学习。而且在美国，学生课后要参加很多活动，比如体育活动、音乐活动或其他的兴趣课等，所以，要合理布置家庭作业。通常情况下，家庭作业的时长可遵循：一年级每天10分钟，二年级每天20分钟，三年级每天30分钟……这个时间是用于所有家庭作业的总和，这就意味着二年级的20分钟包括完成英语、中文、数学和社会科学等家庭作业。因此，科学地布置家庭作业是一个需要好好研究的问题。

   中文的家庭作业一般有：按笔画、笔顺写字，完成上课做过的练习，去教材配套的网站上进行课文的再学习，完成教师事先设计好的在线问题，在线进行词汇操练等。可以根据听、说、读、写四项技能设计多种作业形式，让学生在家进行巩固学习。最好不要要求学生必须上交家庭作业，但可以对需要巩固学习的学生给出上交的建议。此外，尽量用正面鼓励和奖励的方式来肯定上交家庭作业的学生。

02 中文沉浸式教学设计与实例（数学课）

1. 要根据自己的教学情况和学生的学习情况综合反思这节课，看看是自己课程设计出现了问题，还是学生需要更多的时间去练习、掌握新概念。如果每个步骤都设计、操作地较好，那应该是学生需要更多的操练时间，可以考虑在第二天的教学中进行快速的再次教学（reteach），同时也多给学生一些练习机会。如果发现是教学中漏了哪个环节，或是哪个环节操作得不太好，可以考虑第二天再补上这个环节或重做这个环节。此外，在小学沉浸式项目中，可能会有一个英语教师搭档，可以让他/她在英语班帮你用英语解释相关概念，复习和巩固学生在中文班学习的新知识。
2. 这样做是不合适的，因为这违反了考试道德准则。我们不是为了考试而教学，而是围绕课程标准来教学，应该把重点放在如何按照课程标准把数学技能传授给学生，让学生能够运用所学概念来解答实际问题。考试是总结性评价的一种方式，是用来检查学习效果的，可以作为教师调整教学或进行差异化教学的根据。

03 中文沉浸式教学设计与实例（科学课）

1. 结合课程和语言学习目标，我们可以设计出五个循序渐进的核心问题：

   （1） 什么是火山?

   （2） 火山是如何形成的?

   （3） 火山可以分成哪三种？它们各有什么特点?

   （4） 火山喷发会形成哪三种地貌?

   （5） 如何预测火山喷发?

   然后根据这五个问题用SIOP教学模式或者其他教学模式（如反向设计教学模式、direct instruction等）来进行教学设计，设计过程可以考虑采用多样化的方法和策略来帮助学生更好地理解教学内容，如充分利用实物、模型、图片、视频等帮助学生理解词汇和概念，通过手工活动、科学实验、科学海报等提高学生的参与度，加深学生对科学概念、科学方法的理解和掌握。
2. 这种做法是不妥当的。中文沉浸式项目要求教师和学生必须使用全中文进行教学和沟通，教室里不得使用英语或者其他非目标语。中文沉浸式项目的教师都会有英语搭档，中文教师可以通过和英语搭档的合作来强化科学的教学，如中文教师在教科学的某一主题课时，可以让英语搭档在英语课堂给学生强化科学的词汇和概念，做英语的科学练习等。

04 中文课堂教学设计与实例（小学）

1. 教师可以用词卡、游戏、说唱、编故事、编话剧、小白板活动和手工等不同形式的操练活动帮助学生反复练习同一个内容。如案例所示，同一个教学内容——身体部位名称，吴老师前后使用了近30种不同的听、说、读、写活动来帮助学生反复操练身体部位的词汇，帮助他们掌握词汇，并灵活运用。
2. 这样做不妥。也许在短时间内，学生听懂了教师的指令，但学生却失去了最大限度听、说目标语的机会。建议教师在备课的时候多下功夫，多用图片和TPR的形式形象地向学生展示教学内容，让学生通过可理解的目标语输入，在最少的时间内、最大化地练习目标语。

05 中文课堂教学设计与实例（初中）

- 教学目标：

  （1） 学会读"运动，游泳，打篮球，踢足球，打棒球，跑步"。

  （2） 能用句型"我／他／她……喜欢 ＿＿＿＿＿。"表达自己喜欢的运动。

- 操练活动一：

  （1） 老师说运动名称（刚学习的新词），让全班同学一起表演相应的动作。

  （评估、反馈学生是否理解词汇意思）

  （2） 老师表演动作，让全班同学一起说出运动名称（刚学习的新词）。

  （评估、反馈学生是否掌握新词汇的发音和意义）

- 操练活动二：猜他喜欢什么运动？

  （1） 每小组限时1分钟，展示3张运动图片。

  （2） 一名学生背对屏幕，不能看到图片，根据小组其他同学的提问和动作猜测答案，并用句型："我／她／他喜欢 ＿＿＿＿＿。"表达出来。

  （3） 表演的学生根据教师出示的图片进行提问："我／他／喜欢什么运动？"

  （4） 最先成功完成全部内容的小组获胜。

  （评估、反馈学生的词汇和句型掌握情况）

- 操练活动三：调查报告

  调查班里5位同学喜欢的运动，并进行口头汇报。限时5分钟。

  注意：提前准备好调查报告的表格，发给学生，让学生在表格上标注或填写调查内容。并从表格中得到语言帮助。

  A：你喜欢什么运动？

  B：我喜欢 ＿＿＿＿＿。

  （反馈学生询问和回答"喜欢的运动"的学习效果）

06 主题式教学设计与实例

首先查看学校的校历和中国日历，参照校历标示出教学周、学校节假日、放寒假时间，然后根据教学周整体规划中文一第一学期的教学计划。在放小长假前或者假期结束后根据自己的特长规划一些文化活动。最后着手设计每个主题的标题，每个主题涵盖的小话题，每个话题的教学内容，以及每个教学内容需要安排的课堂活动。心中有了规划，就可以具体安排教学的每一个步骤。以下设计仅供参考，相信教师们还能创设更好、更适合学生的教学计划。

中文一　中文教学计划							
上课周次	上课时间	教学主题	教学内容	课堂活动	课后练习	下一堂课课堂检测	
						口语	汉字
第一周	第1节课 9月4日	第一个大主题 问候	介绍自己，介绍课程，介绍课堂管理规则，和学生签订课堂管理协定。 给学生取一个中文姓名（包括拼音和汉字），学习对话： ——你好！你叫什么名字？ ——我叫×××。	全班观看介绍中国的英语视频（视频长度在10分钟以内）	练习中文名字发音	练习上节课对话	
第二周	第2节课 9月11日	第一个大主题 问候	拼音：声母、韵母、声调、三声变调、“不”的变调 问候语： ——你好！你好吗？ ——我很好。/我不太好。/马马虎虎。你呢？ ——我也很好。 ——你叫什么名字？ ——我叫×××。他/她叫什么名字？ ——他/她叫×××。 “也”的用法	小黑板听音辨音；唱“你好”歌；列队练习问候的所有对话。 调查表：她叫什么名字？他叫什么名字？ 课堂演练：学生到讲台上介绍：你好，我叫×××，他叫×××，她叫×××，谢谢！	练习声母、韵母、声调及对话	对话	认字：你、我、他、她、好、很、呢、也、叫、什么、名字

第三节 语言教学策略

01 目标语教学策略与实践

1. 教师一定要认真阅读特殊学生的文件材料，尽量了解学生的特殊教育需求，并多和所在校区负责特殊教育的教师沟通。课堂内还是应该坚持目标语教学，课后可以给予这部分学生额外帮助。
2. 美国学校都要求教师给学生提供课后辅导，并且一般有固定的时间，教师应好好利用这个时间。另外，要在课堂内多给新来的学生“创造”机会练习。
3. 如果教师在使用目标语教学时，遇到大部分学生很难懂的地方，可以及时调整教学设计和方法。碰到关联词、语气词、介词、抽象名词等难以讲解的地方时，可以多找几张图片或者动画、多举几个例子，或者及时赞美和鼓励能理解的学生分享经验、给全班学生提示。教师不要轻易说英语，确实需要英语帮助教学时，可以参考使用文中提到目标语和英语转换的一些小策略。

第四节 特殊教育学生

01 特殊教育学生（1）

1. 建议先联系Ben的家长并询问Ben以前的教师，以便了解更多、更详细的信息，然后可以尝试以Ben的喜好作为沟通的切入点，慢慢拉近距离，让Ben熟悉、信任自己。

   在听音乐的问题上可以使用适当的干预手段，比如课堂上不出现音乐，或者将课程分解成10分钟一段，前8分钟Ben安心学习，完成力所能及的学习任务后可以换取2分钟，在小房间里带上耳机听音乐和尽情摇摆、哼唱，2分钟过后，切断音乐，让他回到教室继续学习8分钟，如此循环交替。
2. 碰到这种情况，建议教师先找Tom、Emily和其他可能知道情况的学生谈话，先弄清楚事情的来龙去脉，然后再做决定。同时，在班级里，把Tom的位置调得离教师近一些，这样可能会对他集中注意力有所帮助。此外，也要发邮件将Tom这几天的情况告知家长，并询问Tom在家里的情况，看看家长是否有任何需要和建议。

02 特殊教育学生（2）

1. 遇到学生睡觉的情况时要向学生、学生顾问和IEP教师了解是药物原因还是学生没有学习动机。很多特殊教育学生需要服用药物来控制病情，所以需要先分清楚原因。如果是药物问题，教师要和学生及家长沟通，找一个合适的时间帮学生补课；如果是学习动机问题，教师要先跟学生谈一谈，找到学生的兴趣点和选中文课的最初动机，可以采用课后辅导和及时鼓励的方式来帮助学生。如果学生还是没有改变，教师需要跟家长联系，列出学生几月几日、几点、睡了多久，教师的应对措施和学生的反应，如果有成绩单的话可以附上成绩单和学生因为睡觉错过的课堂作业。告诉家长，学生哪些方面做得好、哪些是学生的强项，不要只提出问题，而要建议怎样帮助学生提高成绩、减少课上睡觉的情况。教师要注意使用寻求帮助的口吻。

2. 首先安排其他学生自己做练习，然后立刻阻止这个学生自残的行为，记录下来，告诉IEP教师并跟学生家长联系。阻止学生自残行为的时候切记不要碰触学生，而是以语言劝阻，如“×××, please stop. I don’t want to see you hurting yourself like this.”

第三章 课堂管理篇

第一节 制定课堂规则（小学）

1. 不同的教师在面对相同的情况时可能会有不同的处理方式。有的教师比较幽默，在这种情境下可能会说：“这个飞镖是你做的吗？好漂亮，可不可以给老师看一看？”又或者：“老师之前都不知道你的飞镖玩得这么好，你练了多久了？”等学生讲完他和飞镖的故事后，告诉学生：“谢谢你和我分享你的想法。今天的中文课我准备了很多有趣的活动，相信一定也可以让你非常喜欢。请把飞镖收起来，不要让它出现在我们的课堂上，好吗？”
2. 如果学生违反规则后不接受相应的惩罚，这个行为也可以算作再次违反纪律。这一点需要在制定规则时和学生说明清楚。在这个例子中，学生一下课就不见人影了，相当于是第四次违反规则，后果是Think Sheet and Notify Parents。教师可以当天就给家长写邮件，并且要求学生填写Think Sheet，反思自己的行为。教师可以根据学生的具体特点，以及课时的多少，确定更新Behavior Log的时间，比如Daily Behavior Log 或者Weekly Behavior Log。

图书在版编目（CIP）数据

国际汉语教师生存指南．工作篇．上／（美）黄丽娟主编．-- 北京 ：高等教育出版社，2018.5（2021.9重印）
ISBN 978-7-04-049452-5

Ⅰ．①国… Ⅱ．①黄… Ⅲ．①汉语－对外汉语教学－教学参考资料 Ⅳ．①H195.4

中国版本图书馆CIP数据核字(2018)第079902号

策划编辑 李 玮　责任编辑 李 玮　封面设计 水长流文化　版式设计 水长流文化
插图绘制 齐 珏　责任校对 杨 曦　责任印制 耿 轩

出版发行 高等教育出版社
社　　址 北京市西城区德外大街4号
邮政编码 100120
印　　刷 固安县铭成印刷有限公司
开　　本 787mm×1092mm 1/16
印　　张 15.75
字　　数 315千字
购书热线 010-58581118
咨询电话 400-810-0598
网　　址 http://www.morefunchinese.com
http://www.hep.com.cn
网上订购 http://www.hepmall.com.cn
http://www.hepmall.com
http://www.hepmall.cn
版　　次 2018年3月第1版
印　　次 2021年9月第3次印刷
定　　价 48.00元

本书如有缺页、倒页、脱页等质量问题，请到所购图书销售部门联系调换

物 料 号 49452-00